Internet

Leichter Einstieg für Senioren

Leichter Einstieg für Senioren

Internet

E-Mail, Surfen, eBay & Co

GÜNTER BORN

Markt+Technik

Bibliografische Information Der Deutschen Bibliothek
Die Deutsche Bibliothek verzeichnet diese Publikation in der Deutschen Nationalbibliografie; detaillierte bibliografische Daten sind im Internet über http://dnb.ddb.de abrufbar.

Umwelthinweis:
Dieses Buch wurde auf chlorfrei gebleichtem Papier gedruckt.

10 9 8 7 6 5 4 3 2 1

07 06 05

ISBN 3-8272-6958-X

Lektorat: Birgit Ellissen, bellissen@pearson.de
Herstellung: Monika Weiher, mweiher@pearson.de
Korrektorat: Marita Böhm, München
Satz: Ulrich Borstelmann, Dortmund (www.borstelmann.de)
Druck und Verarbeitung: Kösel, Krugzell (www.KoeselBuch.de)
Printed in Germany

Inhaltsverzeichnis

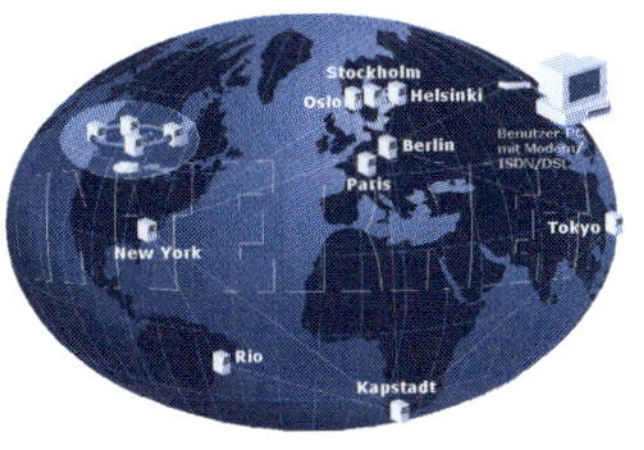

3 Im WWW sitzen Sie in der ersten Reihe 85

4 Sicherheit im Internet 137

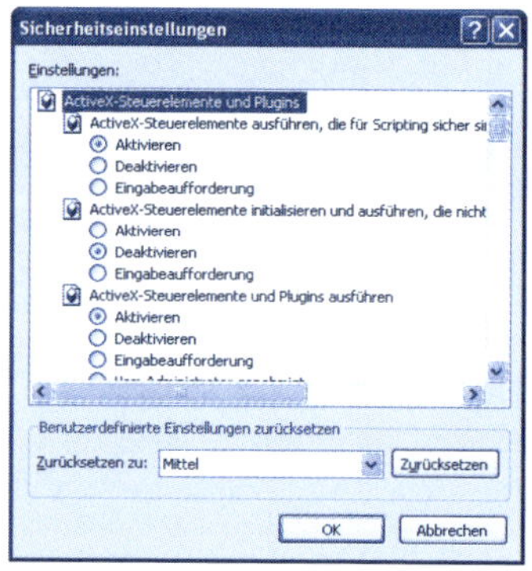

5 E-Mail für alle! 209

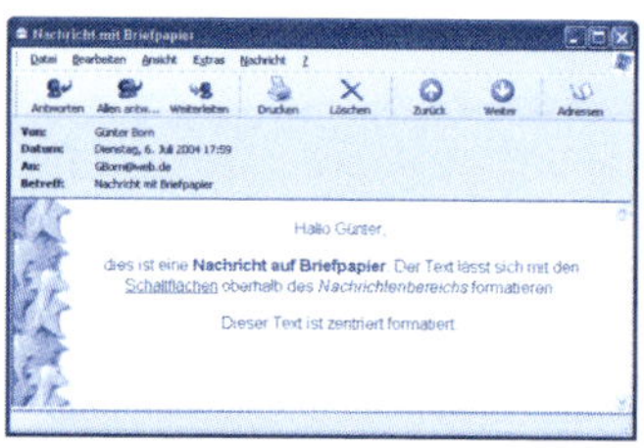

6 E-Mail smart genutzt 259

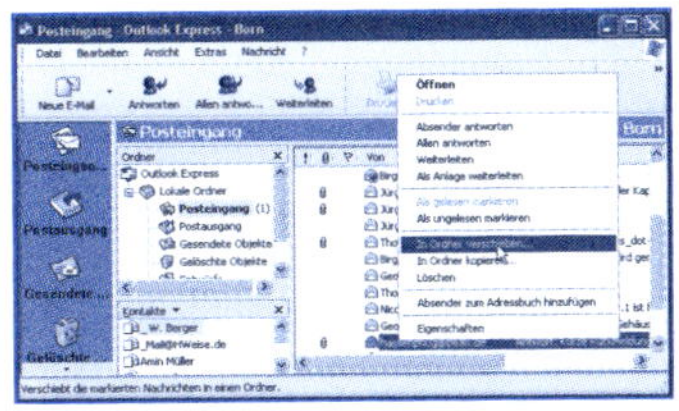

7 Chat, Foren und mehr 291

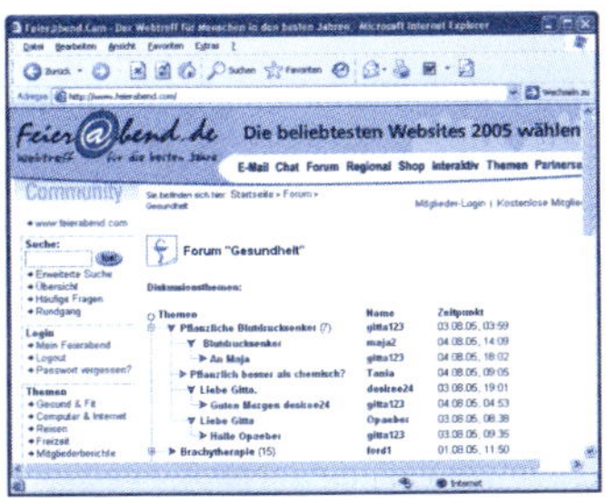

Anhang A: Kleine Hilfe bei Problemen 319

Lexikon 337

Stichwortverzeichnis 345

Liebe Leserin, lieber Leser!

Sie möchten das Internet mit all seinen Möglichkeiten kennen lernen? Dann kommen Sie mit auf die Reise in eine faszinierende neue Welt. Gerade für die Generation »50 Plus« eröffnen sich gänzlich neue Möglichkeiten und Chancen. Sie müssen für die Reise noch nicht mal das Haus verlassen – und das Internet schließt nie seine Tore.

Dieses Buch zeigt Ihnen, wie Sie ins Internet einsteigen und begleitet Sie, bis Sie wie ein Profi mit diesem Medium umgehen können.

Surfen im Web, der Austausch von E-Mails oder Chatten sind nach der Lektüre keine spanischen Dörfer mehr für Sie, sondern Funktionen, die Sie zukünftig nicht mehr missen möchten. Mit den Informationen und Schritt-für-Schritt-Anleitungen dieses Buchs ist der Einstieg ganz leicht und macht sogar Spaß. Nehmen Sie sich etwas Zeit und gehen Sie die Sache locker an. Vieles lernt sich durch Wiederholen quasi nebenbei.

Ich wünsche Ihnen viel Spaß und Erfolg im Internet.

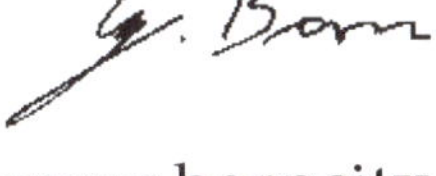

www.borncity.de

Haben Sie Mut!

Das Internet wird bisher vorwiegend von jüngeren Leuten unter 40 genutzt. Das finde ich äußerst schade. Selbst Baujahr 1955, eignete ich mir 1993 das nötige Wissen selbst an. Seit dieser Zeit habe ich die Entstehung des Internets (teilweise aktiv) mitbegleitet und eine faszinierende Welt kennen gelernt. Erfahrungsberichte von Seniorinnen und Senioren (von 50 bis über 90) zeigen mir, dass das Vorurteil »Internet ist nur was für Jüngere« so nicht zutrifft. Das Internet ist nicht geschlechtsspezifisch oder altersabhängig nutzbar, sondern bietet jedem etwas. Die Nutzung des Internets mit seinen Möglichkeiten wird künftig zum Alltag gehören und eröffnet gänzlich neue Perspektiven. Vor allem Ihnen, liebe Leserin – aber natürlich auch jedem interessierten Leser –, möchte ich Mut machen. Bisher ist noch kein Meister vom Himmel gefallen. Kommen Sie mit mir auf die Reise ins Internet.

So arbeiten Sie mit diesem Buch

Als Autor stehe ich natürlich vor dem Problem, dass die Zielgruppe der Leser ab 50 sehr unterschiedliche Interessen und Kenntnisse aufweist. Vor allem möchte ich in diesem Buch absolute Einsteiger(innen) und besonders Frauen ans Internet heranführen. Andererseits gibt es sicherlich Leser(innen) mit etwas Vorkenntnissen und die Kenntnisse nehmen mit der Zeit ja auch zu. Auch dann soll das Buch noch Helfer oder Ratgeber sein. Einige von Ihnen verfügen bereits über einen perfekt für das Internet vorbereiteten Computer und wollen gleich loslegen, während andere vielleicht schon an der Frage scheitern, was fürs Internet gebraucht wird oder wie der Computer ans Telefon angeschlossen wird.

Ich habe daher das Buch in mehrere Kapitel gegliedert, die unterschiedlichen Interessen gerecht werden. In **Kapitel 1** erhalten Sie einen **Überblick**, was sich eigentlich hinter dem Begriff »Internet« verbirgt, was Sie brauchen, um ins »Internet zu gehen«, und was zu beachten ist. Dort beschreibe ich auch die notwendigen **Schritte, um** den **Computer** für das **Internet fit zu machen**. Sie finden bei Bedarf Hinweise, um das Kabel gegebenenfalls selbst in die

Telefondose einzustöpseln und den Internetzugang in Betrieb zu nehmen. Weiterhin **zeige** ich Ihnen auch, **wie Sie** eine **Internetverbindung aufbauen und** später wieder **beenden**.

In **Kapitel 2** geht es dann wirklich los. Sie lernen die ersten Schritte, um im World Wide Web zu surfen. Wir **besuchen erste Webseiten** und schauen uns etwas um. Sie lernen auch die kleinen Tricks, um Webseiten aufzuheben, zu drucken oder später nochmals in Ruhe anzusehen.

Mit dem Internet sitzen Sie in der »ersten Reihe«. Nach den ersten Schritten möchten Sie sicherlich das »ganze Programm« erkunden. In **Kapitel 3** gebe ich Ihnen die notwendigen Hilfen an die Hand. Sie lernen, wie Sie **Webseiten** zu den Sie interessierenden Themen **suchen**. In einem eigenen Abschnitt unternehme ich einen kleinen Streifzug durch interessante Webseiten und zeige, wie Geldgeschäfte im Internet funktionieren. Probieren Sie die Seiten aus, um etwas mehr Sicherheit zu gewinnen. Ich habe aber darauf verzichtet, eine allzu große Zahl an Webseiten zu präsentieren. Einmal wissen Sie selbst viel besser als ich, was Sie im so genannten Web interessiert. Weiterhin ändert sich das Angebot an Webseiten fast täglich, so dass jede detaillierte Beschreibung schnell veraltet. Mit diesem Buch vermittle ich Ihnen das Wissen, um die benötigten Funktionen zu bedienen und weitere Erkundungen selbst zu unternehmen.

Damit das Internet in Ihrer Begeisterung nicht zum Risiko wird, finden Sie in **Kapitel 4** eine detaillierte Behandlung von Sicherheitsfragen. Was ist bei Bestellungen und Geldgeschäften zu beachten? Was versteckt sich hinter dem Begriff »Phishing« oder wie sichere ich Windows und die benutzten Programme ab? Auf diese und andere Fragen erhalten Sie eine Antwort.

Internet ist aber mehr als das Ansehen von Webseiten. Elektronische Post ist das Zauberwort, um schnell und komfortabel weltweit mit anderen Menschen zu kommunizieren. **Wie Sie an** ein eigenes **kostenloses Postfach im Internet kommen und** erste **elektronische Briefe verschicken**, lernen Sie in **Kapitel 5**.

Kapitel 6 zeigt Ihnen dann die »Hohe Schule« der Postbearbeitung. Sie lernen **Adressbücher** zu **führen**, sowie die ein- und ausgehende **Post** komfortabel zu **verwalten**. Den Kindern eventuell ein Foto per Internet zu **schicken** oder an eine Nachricht angehängte **Anlagen** auszupacken ist nach Lektüre des Kapitels auch kein Thema mehr.

In **Kapitel 7** erfahren Sie, was sich hinter dem Begriff »chatten« verbirgt und was Foren eigentlich sind. Könnten Sie gelegentlich ein FAX-Gerät gebrauchen oder wollten Sie nicht immer mal Ihrem Enkel oder Bekannten einen (Geburtstags)gruß per SMS aufs Handy schicken? Mit Ihrem Wissen aus diesem Kapitel bekommen die Kids große Augen – und Sie sind auch ohne eigenes Handy per SMS erreichbar.

Die **Pannenhilfe** im Anhang zeigt, wie Sie kleinere Fehler beheben oder Windows für Ihre Bedürfnisse anpassen. Schlagworte brauchen Sie nicht zu schrecken, vieles wird im Text erklärt, Begriffe aus **der Computertechnik** schlagen Sie im **Lexikon** nach.

TIPP

Bei Bedarf können Sie sich die wichtigsten Schritte auf einem Block mitschreiben und neben den Computer legen. Lassen Sie sich auch nicht verwirren, falls die Fenster auf Ihrem Computer nicht genau wie hier im Buch beschrieben aussehen. Sie benutzen dann eine andere Windows-Version. Mit den Erklärungen im Buch sollten Sie aber arbeiten können. Wenn etwas nicht auf Anhieb klappt: Versuchen Sie es später noch mal – vielleicht geht's dann und denken Sie dran: es ist noch kein Meister vom Himmel gefallen!

Schritt für Schritt ins Internet

Sie interessieren sich also für das Internet, haben bisher aber noch wenig Berührung mit diesem Thema gehabt? Sind Begriffe wie Internet, E-Mail oder World Wide Web noch »spanische Dörfer« für Sie? Keine Angst, hinter vielen Schlagwörtern versteckt sich häufig ziemlich Banales. Möchten Sie sich zuerst etwas orientieren oder möchten Sie wissen, was man für das Internet eigentlich braucht? In diesem Kapitel erhalten einen ersten Überblick, was sich hinter dem Internet verbirgt und wie man gegebenenfalls den Internetzugang einrichtet. Nach der Lektüre kennen Sie die wichtigsten Begriffe und wissen dann auch, was Sie alles brauchen, um das Internet nutzen zu können. Zudem wissen Sie, wie Sie ins Internet kommen. Sie werden sehen, das alles gar nicht so kompliziert ist.

Das lernen Sie in diesem Kapitel

1

- Das Internet im Überblick
- Was brauche ich fürs Internet?
- Die Internetverbindung einrichten
- Die Internetverbindung nutzen

Das Internet im Überblick

Wer heutzutage eine Zeitung aufschlägt, Radio hört oder das Fernsehprogramm verfolgt, kommt am Begriff **Internet** nicht mehr vorbei. Der Begriff ist mittlerweile in die Alltagssprache eingegangen. Vielleicht wissen Sie dabei gar nicht genau, was sich hinter diesem Schlagwort verbirgt und was man mit dem Internet machen kann.

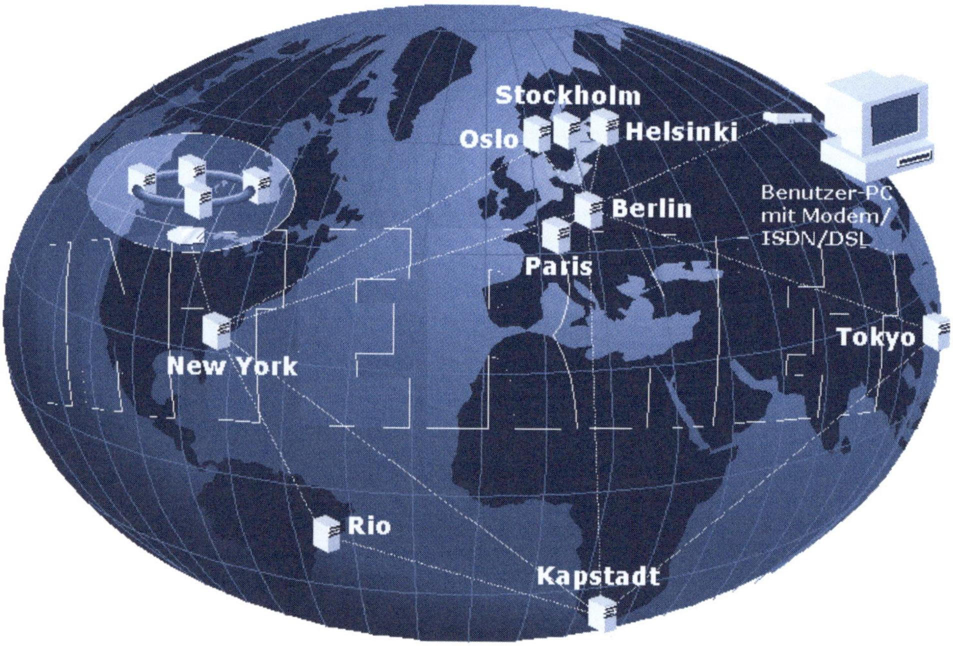

- Das Internet ist nichts anderes als eine Ansammlung vieler tausend Rechner, die weltweit von Instituten, Behörden, Firmen und gelegentlich sogar Privatleuten betrieben werden.
- Das Besondere dabei ist, dass diese Computer durch Telefonleitungen, Datenkabel, Glasfaser oder Satellitenverbindung miteinander verbunden sind.

FACHWORT

Das Wort **Internet** vereint die zwei Silben inter (für zwischen) und net (für Netz). Es handelt sich also um ein grenzüberschreitendes (oder internationales) Netzwerk. Ein **Netzwerk** verbindet mehrere Computer untereinander – beim Internet sind daher Computer verschiedener Länder untereinander verbunden.

Ein Rechner in New York kann über diese Datenleitungen beispielsweise Daten mit einem Rechner in Paris, in Rom oder in Berlin austauschen. Als Benutzer können Sie über normale Telefonleitungen eine Verbindung zwischen Ihrem Computer und dem Internet herstellen. Dann lassen sich die Funktionen des Internets nutzen.

Was lässt sich mit dem Internet machen?

Wenn Sie sich mit dem Thema Internet beschäftigen, steht sicherlich diese Frage zuerst im Raum: Was kann man mit dem Internet machen und was hat das für Vorteile? Das Internet bietet Ihnen eine riesige Auswahl an Funktionen (auch als **Dienste** bezeichnet), die Sie nutzen können.

- Der populärste Dienst ist wohl das **World Wide Web** (auch **WWW** abgekürzt). Es handelt sich dabei um Millionen von Informationsseiten (**Webseiten**), die weltweit auf so genannten **Webservern** gespeichert sind. Diese **Webseiten können** den aktuellen Wetterbericht, die Börsenkurse, die neuesten Nachrichten, Kochrezepte, Reisebeschreibungen, Werbung, Warenangebote und andere **Informationen enthalten**. Da die Webserver über das Internet miteinander verbunden sind, können Sie diese Informationsseiten über einen Computer mit Internetverbindung abrufen.
- Um Freunden, Bekannten, Behörden oder Firmen Nachrichten oder Dokumente (z.B. Fotos) zukommen zu lassen, ist »E-Mail« recht beliebt. Das Kürzel »E-Mail« steht für den englischen Begriff »Electronic Mail«, zu deutsch elektronische Post. **E-Mail** ist nichts anderes als ein **Dienst des Internets**, bei der ein Brief nicht auf

Papier verfasst, sondern **im Computer** hinterlegt ist und per Internet in einer Art von elektronischem Briefumschlag zum Empfänger transportiert wird. Der Vorteil: E-Mail ist preiswert; Sie zahlen nur die Teilnehmergebühren fürs Internet und die Telefonkosten zum nächsten Internetrechner. Zudem ist E-Mail schnell, denn eine Nachricht ist (weltweit) meist nach wenigen Minuten beim Empfänger. Einer E-Mail lassen sich noch Dokumente, Fotos, Programme etc. als Anlage beifügen. Das Ganze ist äußerst bequem, denn Sie können E-Mails auch dann schreiben, wenn Sie gerade mal keinen Umschlag oder keine Briefmarke zur Hand haben. E-Mail-Versand ist zudem, im Gegensatz zur Briefpost, rund um die Uhr möglich.

- **Chat** ist das englische Wort für »schwatzen« oder »plaudern«. Im Internet gibt es eine als Chat benannte Funktion, die eine »**Unterhaltung**« zwischen Personen ermöglicht. Dazu gibt es zu den verschiedensten Themen so genannte **Chaträume**. Ein solcher (virtueller) **Chatraum** lässt sich »betreten«, um mit anderen Teilnehmern über das vorgegebene Thema zu plaudern – oder Neudeutsch: zu »chatten«. Es gibt eine Vielzahl an Webseiten, über die sich Chaträume »betreten« lassen. Das **Chatten** beschränkt sich allerdings meist auf den **Austausch kurzer Texte**.
- Das Internet bietet weitere Dienste, wie beispielsweise das **File Transfer Protocol** (FTP), mit dem sich Dateien zwischen einem lokalen Computer und einem Rechner im Internet austauschen lassen. **Nachrichtengruppen** (auch als Diskussionsforen oder **Newsgroups** bezeichnet) erlauben ebenfalls den **Austausch von Informationen** zu bestimmten Themen **per Internet**. Die Beiträge der betreffenden Gruppe sind dann für Wochen oder Monate von dem Server abrufbar. **Blogs** sind eine Art Internettagebuch, das von einem einzelnen Besitzer oder verschiedenen Benutzern geführt werden kann.

Es ist also kein Problem, bequem aus Ihrem Wohnzimmer eine Reise zu buchen, die Wettervorhersage für Mallorca abzufragen oder die Fahrpläne der Bahn zu studieren. Auch ohne konkrete Reisepläne ist es an trüben Wintertagen manchmal ganz erbaulich, per Internet Bilder der entferntesten Reiseziele abzurufen und die »Seele auf Wanderschaft« zu schicken. Selbst das Telefonieren per Internet funktioniert mittlerweile. Die Möglichkeiten des Internets sind fast grenzenlos und täglich ergeben sich Neuerungen. Seitdem auch Kommunen, Behörden und Firmen ihre Angebote per Internet zur Verfügung stellen, wird das Internet noch wichtiger. Vermutlich wird sich diesem Medium zukünftig kaum jemand mehr entziehen können.

Und außerdem: Internet tut richtig gut! Ihnen eröffnen sich ganz neue Möglichkeiten, um Zeit und Raum zu überwinden. Sie halten Kontakt zur Welt, ohne sich aus den eigenen vier Wänden bewegen zu müssen. Im Internet haben Sie einen Briefkasten mit persönlicher Postzustellung direkt in Ihrem Wohnzimmer – was zum Beispiel bei einer Gehbehinderung eine große Hilfe sein kann. In den folgenden Kapiteln werden Sie einige dieser Dienste noch näher kennen lernen.

Was brauche ich fürs Internet?

Sind Sie jetzt neugierig geworden? Möchten Sie das Internet selbst erkunden und endlich mitreden können? Um online gehen und das Internet mit den in diesem Buch beschriebenen Funktionen nutzen zu können, müssen bestimmte Voraussetzungen gegeben sein. Wenn Sie **Zugang** zu einem **Internet-Café** haben, müssen Sie hier **nicht weiterlesen**. Dann ist die »Technik« bereits vorhanden und Sie können direkt zum nächsten Kapitel weiterblättern. Der **folgende Abschnitt skizziert** kurz die **Voraussetzungen**, um von **zu Hause aus ins Internet** zu **gehen**. Sie finden eine kurze Übersicht über die erforderlichen Geräte und erfahren, wie sich ein Internetzugang einrichten lässt.

Ein Computer muss her

Zunächst brauchen Sie natürlich ein Gerät, auf dem Sie die Programme zum Anzeigen von Webseiten, zum Verfassen elektronischer Post und so weiter nutzen können. Wenn wir einmal von

Handy oder zukünftigen Entwicklungen absehen, wird typischerweise ein Computer (oft auch als **PC** bezeichnet) für diese Aufgabe eingesetzt. Dabei ist es egal, ob es sich um ein tragbares Notebook oder um einen stationären Computer handelt. Es darf dabei durchaus ein älteres Computermodell sein. Besitzen Sie noch keinen Rechner, können Sie unter den vielen Komplettangeboten wählen. Der Preis für ein solches Gerät richtet sich nach der geforderten Ausstattung. Sofern Sie den Computer nur für das Internet nutzen möchten, reichen schon preiswerte Geräte ab 400,- Euro.

HINWEIS

Neben Windows-Rechnern können Sie natürlich auch Macintosh-Computer der Firma Apple oder auch PCs, die mit dem Betriebssystem Linux ausgestattet sind, verwenden. Aus Aufwandsgründen kann ich in diesem Buch jedoch nicht auf diese Geräte eingehen, sondern beschränke mich auf die überwiegend verwendeten Windows-Systeme.

Welche Programme brauche ich?

Um den Computer nutzen und ins Internet gehen zu können, benötigen Sie noch verschiedene Programme.

- Der Rechner selbst muss mit einem **Betriebsprogramm**, allgemein als **Betriebssystem** bezeichnet, ausgestattet sein. Meist kommt hier **Microsoft Windows** zum Einsatz.
- Um Webseiten aus dem World Wide Web abzurufen, brauchen Sie ein als **Browser** bezeichnetes Programm. Wer Windows verwendet, findet den **Internet Explorer** bereits als kostenlose Zugabe vor. Es gibt aber auch **alternative Browser**, wie den Firefox (kostenlos unter *www.firefox-browser.de* herunterladbar). Die Teilnahme an Chats erfordert meist kein eigenes Programm, da die betreffenden Funktionen über Webseiten bereitgestellt werden.
- Wer E-Mails schreiben und lesen will, kann dies bei vielen Anbietern über spezielle Web-Formulare mit einem Browser tun. Komfortabler ist es jedoch, ein E-Mail-Programm zum Bearbeiten der E-Mails einzusetzen. Auch hier ist es so, dass in Windows

bereits ein entsprechendes Programm **Outlook Express** enthalten ist. Dieses Programm eignet sich sowohl zur Bearbeitung elektronischer Post als auch zur Teilnahme an Nachrichtengruppen. Natürlich gibt es auch alternative Programme zum Bearbeiten von E-Mails, die aber in diesem Buch aus Aufwandsgründen nicht weiter behandelt werden können.

Unter dem Strich lässt sich also festhalten, dass Windows-Benutzer eigentlich alle benötigten Programme zur Nutzung des Internets vorfinden.

ACHTUNG

Wichtig ist, dass Sie aus Sicherheitsgründen immer mit der aktuellen Version des Browsers oder des E-Mail-Programms arbeiten. Zudem sollte Windows mit den aktuellsten Programmverbesserungen ausgestattet sein (siehe Kapitel 4). Daher möchte ich von Windows 95-Systemen abraten, da diese Windows-Version durch Microsoft nicht mehr gepflegt bzw. aktualisiert wird. Meine Empfehlung lautet daher, dass der Rechner mindestens mit Windows 98, besser jedoch mit Windows 2000 oder Windows XP ausgestattet sein sollte.

Modem, ISDN oder DSL-Anschluss?

Der **Zugang zum Internet** erfolgt in den meisten Fällen über eine Telefonleitung. Je nach Ausstattung oder Anforderungen kann dies **per Modem** über einen normalen analogen Telefonanschluss, über einen **ISDN-Zugang** oder für einen Breitband Internetzugang per **DSL** erfolgen. An dieser Stelle wird es (leider) etwas technisch.

Benutzen Sie einen normalen, so genannten **analogen Telefonanschluss**, benötigen Sie auch ein analoges **Modem**, um ins Internet zu gehen. Ein solches Modem ist in vielen Computern bereits (als Steckkarte) eingebaut.

Alternativ gibt es (wie hier im Schema gezeigt) externe Analogmodems, die sich als »Kästchen« zwischen Rechner und Telefondose schalten lassen.

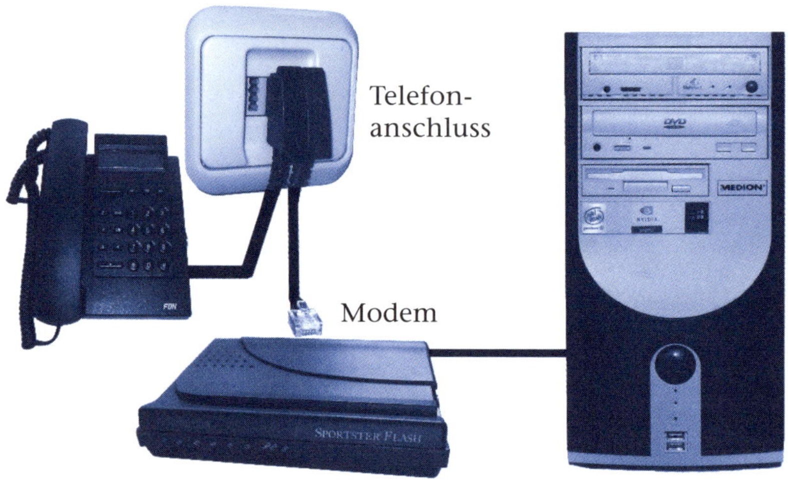

Dem Modem liegt ein Telefonkabel bei, dessen Stecker an einem Ende in eine der äußeren N-Buchsen der Telefonanschlussdose passt. Das zweite Ende weist meist einen durchsichtigen RJ-45-Stecker auf, der in eine Buchse des externen Modems passt. Ist ein Modem im Rechner eingebaut, finden Sie meist an der Gehäuserückseite eine entsprechende Buchse.

HINWEIS

In obigem Schema sehen Sie eine so genannte **TAE NFN** Telefonanschlussdose (Abkürzung für **T**elefon**a**nschluss**e**inheit) der T-Com. Die Buchstaben **NFN** stehen für die an den drei Anschlussbuchsen verwendbaren Gerätetypen (F= Fernsprecheinheiten wie Telefone, N = Nebengeräte wie Modem, Fax, Anrufbeantworter). Um Verwechselungen auszuschließen, sind die Buchsen ähnlich wie ein Türschloss mit Aussparungen versehen. Der Stecker eines Telefonkabels passt also immer nur in die (mittlere) **F**-Buche der Anschlussdose. Mit dem Modem wird Ihnen in der Regel ein für die **N-**Buchse passendes Kabel geliefert (rechter Stecker in obigem Schema). Notfalls müssen Sie probieren, in welche Buchse (die linke oder die rechte) der Stecker passt. Ist das mit dem Modem gelieferte Kabel zu kurz, müssen Sie den Computer entweder in die Nähe der Telefonanschlussdose schieben oder sich im Fachhandel ein längeres Modemkabel besorgen.

Bei externen Analogmodems, ISDN-Geräten oder DSL-Modems muss noch eine Verbindung zwischen dem Gerät und dem Rechner hergestellt werden. Bei analogen Modems erfolgt dies meist über eine serielle Schnittstelle.

Das vom Modemhersteller mitgelieferte Anschlusskabel besitzt an den Enden meist solche Stecker. Der eine Stecker passt auf die Buchse des Modems, das Gegenstück gehört zu einer Buchse an der Rückseite des Computers (oft mit »Serial« beschriftet). Stellen Sie als Erstes die Kabelverbindung am Modem und danach die Verbindung am Rechner her.

HINWEIS

Je nach Ausführung des Kabels gibt es schmale (9-polige) und breite (25-polige) Buchsen. An sehr alten PCs ist eine Buchse bereits durch die Maus belegt. Sie können beim Anschließen eigentlich nicht viel falsch machen, da die Buchsen am PC mit Stiften belegt sind und genau zum Stecker des Modemkabels passen. Zudem gibt es Adapter zur Umsetzung der 25-poligen auf die schmäleren 9-poligen Buchsen.

Bei modernen PCs oder Notebooks wird der Platz für das Anschlussfeld recht knapp. Viele Geräte (also auch Modems) sind daher mit dem so genannten **USB-Anschluss** erhältlich.

Ein Ende des vom Modemhersteller mitgelieferten USB-Anschlusskabels passt in die USB-Buchse des Modems. Das andere Ende besitzt meist den hier gezeigten Stecker, der in eine der am Rechner vorhandenen USB-Buchsen (hier rechts gezeigt) passt.

Also alles in allem keine weltbewegende Angelegenheit. Sie müssen lediglich die Verkabelung zwischen Telefondose und Modem und bei externen Geräten noch zwischen Modem und Rechner mit den vom Modemhersteller mitgelieferten Kabeln herstellen.

Die andere Technik, die zum Telefonieren benutzt wird, ist **IDSN**. Besitzen Sie einen ISDN-Zugang des Telefonanbieters (z.B. die T-COM in Deutschland), benötigen Sie eine so genannte **ISDN-Karte** oder ein spezielles **ISDN-Modem** für den Internetzugang. Die Karte wird üblicherweise im Rechner eingebaut. Ein externes ISDN-Modem ist ähnlich wie ein analoges Modem ein kleines Kästchen, welches zwischen Computer und ISDN-Anschluss zu schalten ist. Auch das ist nicht schwierig.

Wurde bei Ihnen ein normaler Telefonanschluss auf IDSN umgestellt? Die herkömmliche Installation mit der Telefondose des Telefonanbieters bleibt erhalten. Zwischen diese Telefonanschlussdose der Telefongesellschaft und den ISDN-Geräten wird aber eine so genannte **NTBA-Einheit** (**NTBA** steht für **N**etzwerk **T**erminator **B**asis**a**nschluss) zwischengeschaltet.

Der **NTBA** ist ein kleines Kästchen (im Schema links oben), der einerseits per Kabel mit der Telefondose der Telefongesellschaft verbunden wird. An der Unterseite finden Sie zwei ISDN-Anschlussbuchsen für ISDN-Geräte.

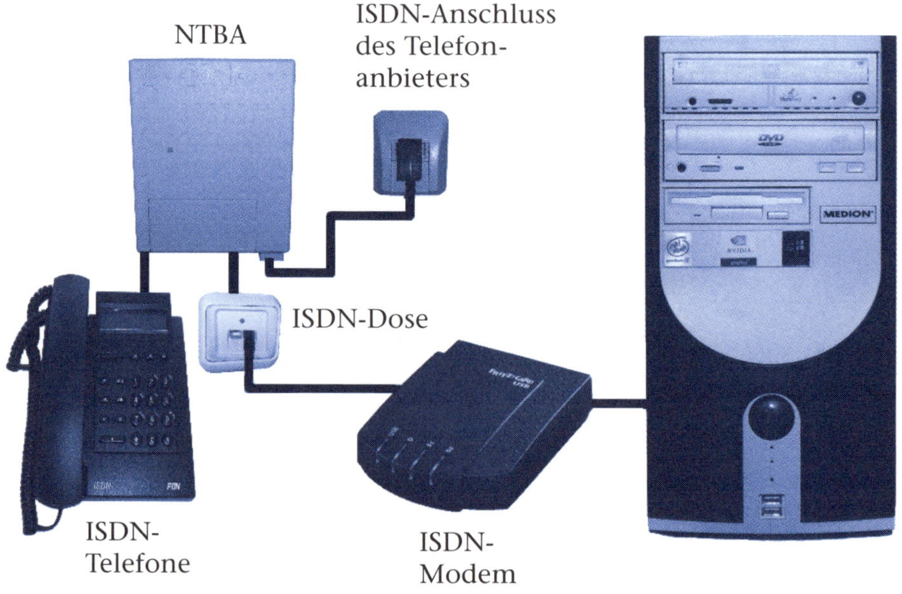

Je nach Ausführung werden die ISDN-Geräte direkt am NTBA angeschlossen oder es existiert eine hausinterne ISDN-Verkabelung mit mehreren ISDN-Anschlussdosen für die ISDN-Geräte.

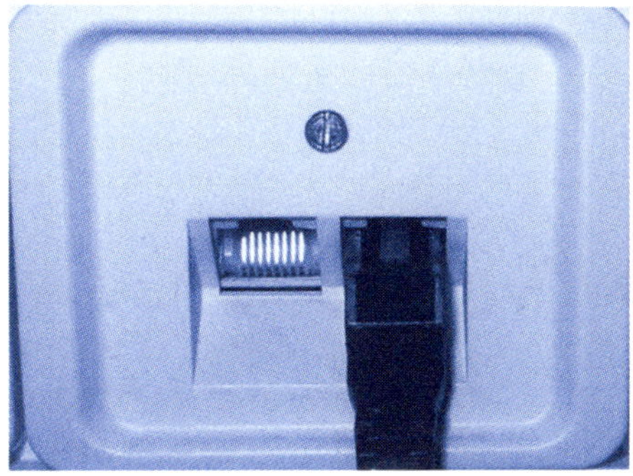

Einen **ISDN-Anschluss erkennen Sie** an der Anschlussdose, die etwas anders als eine analoge TAE-Dose aussieht. Die hier gezeigte Dose besitzt zwei Buchsen zum Anschluss von ISDN-Geräten. Verbinden Sie das vom Hersteller der ISDN-Karte bzw. des ISDN-Modems mitgelieferte Telefonkabel mit der ISDN-Buchse der Anschlussdose bzw. des NTBA.

Der andere Stecker des ISDN-Kabels kommt in die ISDN-Anschlussbuchse der ISDN-Karte bzw. des externen ISDN-Modems. Verwenden Sie ein externes ISDN-Modem, müssen Sie dieses noch über ein USB-Kabel mit dem Rechner verbinden. Das geht genauso wie oben beim analogen Modem beschrieben.

FACHWORT

ISDN steht für **Integrated Services Digital Network**. ISDN bietet gegenüber der herkömmlichen Telefontechnik mit analogen Modems einige Vorteile, wie drei Rufnummern auf zwei Leitungen (konkret spricht man aber statt von Leitungen von Kanälen). Ein ISDN-Anschluss bietet immer einen Datendurchsatz von 64 Kilobit pro Sekunde. Analoge Modems schaffen theoretisch zwar eine Geschwindigkeit von 56 Kilobit pro Sekunde. Tatsächlich arbeiten die Geräte aber meist mit ca. 40 Kilobit pro Sekunde. Die Angabe Kilobit pro Sekunde ist eine Maßeinheit für die Übertragungsgeschwindigkeit – je höher, desto besser. Sie können mit ISDN also wesentlich schneller Daten zwischen dem Internet und Ihrem Computer austauschen als über ein Analogmodem. Zudem lassen sich beide Kanäle zur Verdopplung der Übertragungsgeschwindigkeit bündeln.

ADSL (oder kurz **DSL**) steht für **Asynchron Digital Subscriber Line** und ist eine Technik, mit der über eine analoge Telefonleitung oder über eine ISDN-Leitung noch schnellere Datenübertragungsraten mit 1 Megabit und mehr erreicht werden. **DSL** erfordert aber spezielle Geräte (ADSL-Modems) sowie ein ADSL-fähiges Telefonnetz. Ob ein Telefonanschluss auf DSL umgestellt werden kann, erfahren Sie von Ihrer Telefongesellschaft. Dieser Anbieter kann auch über die monatlichen Kosten für einen ISDN- oder DSL-Anschluss Auskunft geben. Alternative Möglichkeiten zum Internetzugang (z.B. per Kabelanschluss oder per Satellit) werden wegen der geringen Bedeutung dieser Technik in diesem Buch nicht behandelt.

Wer besonders häufig das Internet benutzt oder große Datenmengen (Filme, Musik etc.) überträgt, benötigt einen so genannten Breitband-Internetanschluss. Dieser wird meist als schnelle **DSL-Verbindung** realisiert. Hierzu liefert Ihnen die Telefongesellschaft einen so genannten **DSL-Splitter**, der die übertragenen Telefon- und DSL-Signale auftrennt. Das Eingangskabel des DSL-Splitters wird mit der Telefondose des Telefonanbieters verbunden. Das Telefon oder die Telefonanlage (bzw. der NTBA) wird an der Telefonanschlussbuchse des Splitters eingestöpselt. Mit diesem Schritt haben Sie quasi den Splitter in die Telefonleitung eingeschleift, es lässt sich bereits wieder telefonieren.

Nun gilt es noch, die DSL-Signale für die Datenkommunikation gemäß dem hier gezeigten Schema anzuschließen. Der DSL-Splitter besitzt eine RJ-45-Buchse mit dem DSL-Ausgang.

Dieser DSL-Ausgang wird über ein vom DSL-Anbieter mitgeliefertes Kabel mit dem so genannten **DSL-Modem** verbunden. Vom DSL-Modem ist dann noch eine Verbindung (meist per USB-Kabel) zum Computer herzustellen. Einige DSL-Modems besitzen statt eines USB-Ausgangs jedoch einen Netzwerkanschluss. Dann liefert der Hersteller ein Netzwerkkabel mit, dessen Stecker in die RJ-45-Buchsen des Modems und des Rechners passen. Vorraussetzung ist in diesem Fall aber, dass der Rechner mit einem Netzwerkanschluss (LAN-Anschluss) ausgestattet ist.

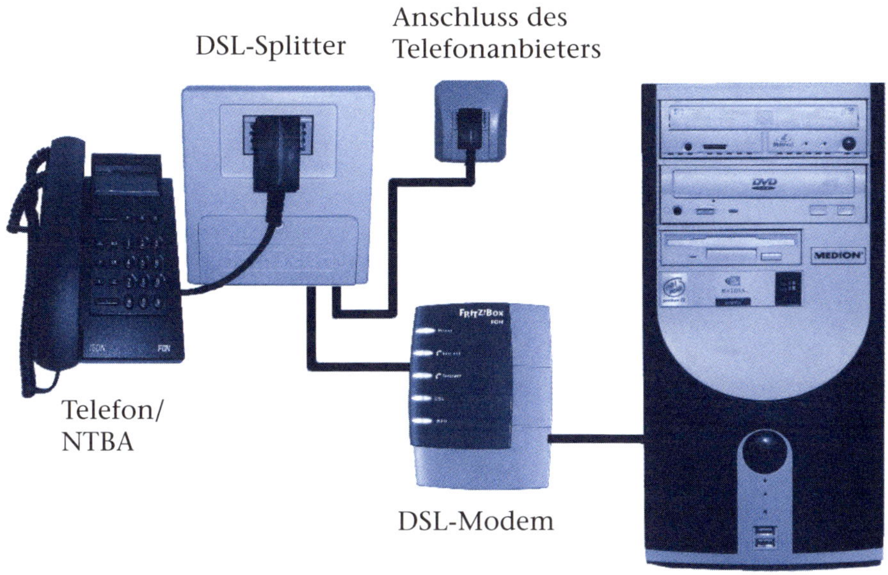

Bei Notebooks kommen häufig auch Funknetzwerke zum Einsatz. Dann benötigen Sie ggf. einen so genannten WLAN-Router (ggf. mit integriertem DSL-Modem). Der WLAN-Router besitzt eine Empfangsantenne, über die eine Funkverbindung mit dem Notebook oder anderen Rechnern aufgebaut wird.

(Quelle: AVM)

HINWEIS

Der WLAN-Router wird über ein Kabel mit dem DSL-Modem oder bei integriertem Modem direkt mit dem DSL-Splitter verbunden. Etwas Ähnliches gibt es auch für ISDN. Wer keine ISDN-Verkabelung im Haus besitzt, kann auf das BlueFRITZ! ISDN Set oder das BlueFRITZ! Startpaket der Firma AVM zurückgreifen. Eine ISDN-Basisstation stellt dann eine Funkverbindung mit dem USB-Adapter am PC oder am Notebook her. Lassen Sie sich ggf. vom Service der Telefongesellschaft, vom Händler oder von technisch versierten Bekannten beraten und beim Einrichten der Technik (Modem, ISDN, DSL) unterstützen.

Welcher Provider soll's denn sein?

Wenn die »Technik« (d.h. der Anschluss des Computers an das Telefonnetz) steht, ist noch zu klären, über welchen **Anbieter** der **Internetzugang** erfolgen soll. Es gibt dabei eine ganze Reihe solcher, als **Provider** bezeichnete, **Zugangsanbieter**, deren Tarife sich in verschiedene Kategorien unterteilen lassen.

- **Festvertrag mit Grundgebühr:** Die klassische Form des Internetzugangs (per Modem, ISDN oder DSL) erfolgt über Anbieter wie T-Online, America Online (AOL), 1und1, Freenet etc. Bei diesen Anbietern müssen Sie sich erst anmelden und einen Vertrag abschließen. Nach diesem Schritt wird der Internetzugang für Sie freigeschaltet. Die Kosten für einen solchen Zugang bestehen dann aus einer monatlichen Grundgebühr sowie einem zeit- oder volumenabhängigen Verbindungsentgeld.
- **Internet-by-Call:** Diese Variante ist am bequemsten und funktioniert ähnlich wie das Telefonieren mit Call-by-Call: Sie benutzen zur Verbindungsaufnahme (per Modem oder ISDN) die Nummer spezieller Anbieter wie Arcor, Freenet etc. Dann fallen nur für die Dauer der Internetsitzungen (wie bei einem Telefongespräch) Verbindungskosten an. Einige Anbieter (z.B. auch für DSL by Call) verlangen vorher eine einmalige Anmeldung, um die Rechnungsanschrift festzulegen. Es gibt aber verschiedene Internet-by-Call-Anbieter, die keine Anmeldung benötigen. Diese ziehen die anfallenden Verbindungskosten direkt über die Rechnung Ihrer Telefongesellschaft ein.

Nutzen Sie die Variante, die für Sie am günstigsten und bequemsten ist. Um zu Beginn vielleicht nur mal ins Internet reinzuschnuppern, wird Internet-by-Call sicherlich interessant sein. Schon nach wenigen Minuten sind Sie im Internet und können loslegen. Sie zahlen nur, was Sie auch nutzen! Gefällt Ihnen der Anbieter nicht mehr (z.B. weil der Zugang häufig überlastet ist), können Sie ohne Vertragskündigung einen Alternativanbieter nutzen. Internet-by-Call ist zwar etwas teurer als Festverträge, das fällt aber bei »Wenig-Nutzern« kaum ins Gewicht. Persönlich habe ich so etwas über Jahre benutzt.

HINWEIS

Für die Leser in der Schweiz und in Österreich gilt Ähnliches. Erkundigen Sie sich im Fachhandel oder bei Ihrer Telefongesellschaft, welche Möglichkeiten des Internetzugangs es gibt. Vielsurfer werden meist zu DSL greifen. Anbieter wie 1und1, T-Online, AOL, GMX etc. erlauben bei der Anmeldung zwischen einem Zeit- oder einem Volumentarif zu wählen. Beim Zeittarif wird nach Minuten Onlinezeit abgerechnet. Meist ist aber ein Volumentarif günstiger. Dann ist es egal, wie lange die Internetverbindung besteht. Es wird nur die übertragene Datenmenge berechnet. Zwischenzeitlich liegen die Preise für 5 Gbyte Datenvolumen unter 10 Euro – zusammen mit den Kosten für einen DSL-Anschluss von ca. 20 Euro kostet der Internetzugang nicht die Welt. Wer extrem viele Daten aus dem Internet bezieht (z.B. Filme), kann auch einen als **Flat-Rate** bezeichneten DSL-Pauschaltarif buchen. Erkundigen Sie sich ggf. bei Ihrer Telefongesellschaft oder bei anderen Providern (z.B. Freenet, GMX, 1und1 etc.) nach entsprechenden Angeboten. Bei den Anbietern AOL und T-Online ist noch anzumerken, dass diese ein spezielles Programm zur Nutzung der Internetverbindung mitliefern. Aus Platzgründen muss aber die Behandlung dieser Software entfallen. Sie können aber mit dem Zugangsprogramm von AOL oder T-Online eine Internetverbindung herstellen und dann wie nachfolgend beschrieben, den Browser oder ein E-Mail-Programm nutzen.

Die Internetverbindung einrichten

Im vorherigen Lernschritt haben Sie erfahren, was Sie für den Internetzugang benötigen und welche Varianten es gibt. Um ins Internet zu gehen, muss der Computer, wie auf den vorherigen Seiten erläutert, über ein analoges Modem, eine ISDN-Karte/bzw. -Modem oder über ein DSL-Modem mit der Telefonleitung verbunden werden. Danach gilt es, die benötigte Gerätesoftware zu installieren und den Internetzugang einzurichten. Meist übernehmen technisch versierte Bekannte, Kinder, Enkel oder der Händler dieses Einrichten. Für interessierte Leser und Leserinnen, die vielleicht keine solche Unterstützung haben, möchte ich die einzelnen Schritte kurz skizzieren.

Die Geräteinstallation unter Windows

Bevor Sie ein analoges Modem, eine ISDN-Karte, ein DSL-Modem oder ein anderes Gerät verwenden können, muss Windows diese Komponente erst einmal erkennen. Konkret heißt das, Windows benötigt ein spezielles Programm – allgemein als **Treiber** bezeichnet –, mit dem es das Gerät steuern kann. Das Einrichten des Geräts unter Windows samt Kopieren der Treibersoftware wird auch als **Installieren** bezeichnet. Die Installation der Gerätetreiber hängt von den verwendeten Geräten ab und sollte durch den Händler der betreffenden Geräte bei deren Einbau vorgenommen werden. Haben Sie das Gerät im Kaufhaus oder einem größeren Elektronikmarkt erworben, müssen Sie diese Installation selbst vornehmen.

ACHTUNG

Auch an dieser Stelle muss wieder ein deutlicher Hinweis ausgesprochen werden. Die nachfolgenden Ausführungen sind für Sie nur relevant, wenn die Geräte wie Modem oder ISDN-Karte noch nicht im Computer eingerichtet sind. Wer sich mit Windows und Computern allgemein nicht besonders gut auskennt, für den gilt: Finger weg! Überlassen Sie die Installation der betreffenden Komponenten unter Windows dem Fachmann.

- Falls Sie die Installation selbst durchführen möchten, lesen Sie zuerst die Anleitungen des Geräteherstellers. Dieser legt in der Regel neben den CDs mit den Treibern eine kurze Beschreibung mit Installationshinweisen bei.
- Bei einigen Geräten ist es unbedingt erforderlich, dass vor deren Einbau bzw. vor deren Anschluss an den Computer ein separates Installationsprogramm ausgeführt wird. Dieses bereitet Windows entsprechend vor, so dass das neue Gerät nach dem Einbau bzw. dem Anschluss korrekt erkannt wird.

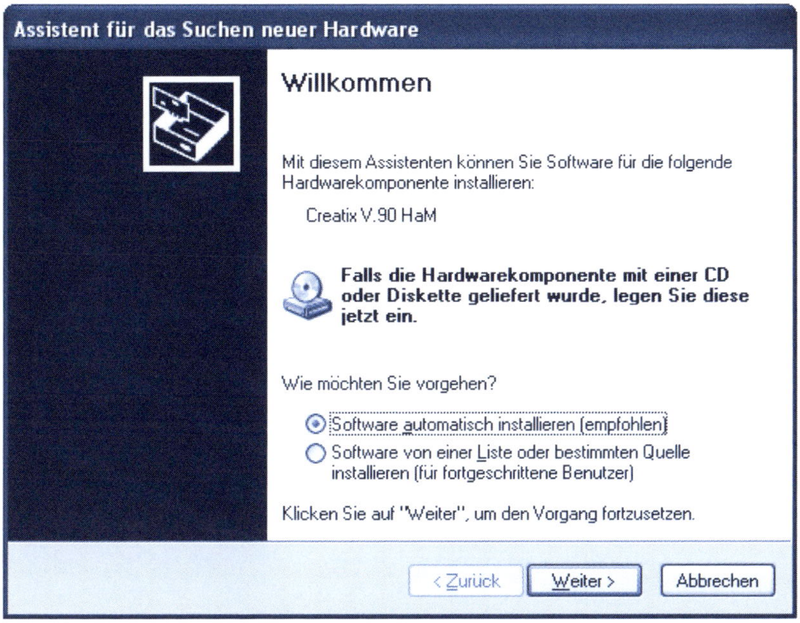

Wurden die Herstelleranweisungen befolgt und ist das Gerät eingebaut bzw. angeschlossen, sollte Windows dieses spätestens beim nächsten Systemstart erkennen.

Dann startet Windows XP den Assistenten zum Suchen neuer Hardware. Dieser meldet sich mit dem hier gezeigten Dialogfeld.

Bei älteren Windows-Versionen müssen Sie ggf. die Systemsteuerung öffnen und das Symbol *Hardware* per Doppelklick aufrufen. Dann wird ebenfalls ein Assistent zur Treiberinstallation geladen.

1 Legen Sie die Treiber-CD des Herstellers in das Laufwerk ein, markieren Sie das Optionsfeld *Software automatisch installieren* und klicken Sie auf die *Weiter*-Schaltfläche.

2 Der Assistent sucht dann automatisch den benötigten Treiber und installiert diesen. Sobald ein Dialogfeld mit der Schaltfläche *Fertig stellen* erscheint, klicken Sie diese an.

Das Dialogfeld wird geschlossen und der Treiber ist installiert. Anschließend kann Windows das betreffende Gerät nutzen.

FACHWORT

Dialogfeld ist eine spezielle von Windows benutzte Fenstervariante. Ein **Optionsfeld** wird als kleiner runder Kreis dargestellt und tritt immer in Gruppen auf. Klicken Sie ein Optionsfeld an, wird die betreffenden Option ausgewählt (erkennbar an einem Punkt im Kreis). **Kontrollkästchen** werden dagegen als kleine rechteckige Kästchen dargestellt und erlauben eine Option durch Anklicken zu setzen oder zu löschen. Hier zeigt ein Häkchen, ob die jeweilige Option gesetzt ist. Eine **Schaltfläche** ist ein kleines viereckiges Element (mit einem Text wie *OK, Abbrechen, Weiter* oder einem Symbol etc. versehen) in einem Programmfenster oder in einem Dialogfeld, welches sich per Maus anklicken lässt. Dann wird die der Schaltfläche zugeordnete Funktion ausgeführt.

HINWEIS

Kann der Assistent keinen Treiber finden, lässt sich über das Optionsfeld *Software von einer Liste oder bestimmten Quelle installieren* anklicken. Dann erlaubt der Assistent in Folgedialogen die Auswahl des Geräts und die Vorgabe des Speicherorts für die Treiber. Wird das Gerät nicht erkannt? Stellen Sie sicher, dass Sie die Installationsanleitung des Herstellers befolgt haben. Falls Sie die in der Installationsanleitung angegebene Reihenfolge ignorieren, geht die Installation in der Regel schief und Windows erkennt das neue Gerät nicht. Achten Sie bei externen Geräten darauf, dass diese eingeschaltet sind.

Je nach Gerät sind zudem weitere Anpassungen vorzunehmen. Verwenden Sie beispielsweise ein analoges **Modem an** einer **Telefonanlage**, müssen Sie ggf. die Ziffer für die **Amtholung** eintragen. Dies lässt sich über das Symbol *Modems* bzw. *Telefon- und Modemoptionen* der Windows-Systemsteuerung bewerkstelligen. Auf der mit *Modems* oder *Allgemein* bezeichneten Registerkarte wählen Sie einen Eintrag für das Modem und klicken dann auf die Schaltfläche

Eigenschaften. Windows öffnet ein Eigenschaftenfenster mit verschiedenen Registerkarten, auf denen Sie die Optionen ansehen und anpassen können. Je nach Windows-Version ist dann die Schaltfläche *Wählparameter* auf der Registerkarte *Allgemein* oder die Schaltfläche *Bearbeiten* auf der Registerkarte *Wählregeln* (Windows XP) zu wählen. Dort finden Sie Felder, um die Amtskennzahl (z.B. die 0) für Orts- und Ferngespräche einzutragen. Als Wählverfahren kommt MFV (Ton) zum Einsatz. Bekommt das Modem keine Verbindung, löschen Sie versuchsweise die Markierung des Kontrollkästchens *Vor dem Wählen auf Freizeichen warten*.

Bei einer **ISDN-Karte** oder einem ISDN-Modem sind nach der eigentlichen Treiberinstallation Zusatzschritte zum Einrichten des Geräts erforderlich. Auch hier startet meist ein Assistent und fragt in Dialogfeldern die benötigten Informationen ab. Als **ISDN-Vermittlungstyp** oder D-Kanalprotokoll stellen Sie den Wert »Europäisches ISDN (DSS1)« ein. Dem ISDN-Anschluss werden vom Telefonanbieter meist drei Telefonnummern zugewiesen. Tragen Sie mindestens eine dieser Rufnummern im betreffenden Dialogfeld mit der Anforderung der ISDN-**Mehrfachrufnummern (MSN)** ein. Erst danach kann die ISDN-Karte bzw. das -Modem als ISDN-Einheit benutzt werden.

Aus Aufwandsgründen kann an dieser Stelle auf die Details zur Installation und Fehlersuche nicht eingegangen werden. Konsultieren Sie ggf. das Handbuch der Geräte sowie die Hilfe zur betreffenden Windows-Version oder holen Sie sich professionelle Hilfe zur Installation bzw. zum Einrichten der Internetverbindung.

Die Verbindungseinstellungen einrichten

Sobald die Hardware samt Treibern eingerichtet ist und die Verkabelung gemäß der obigen Beschreibung vorgenommen wurde, ist Ihr Computer für das Internet vorbereitet. Jetzt gilt es Windows noch mitzuteilen, welcher Provider benutzt werden soll und wie die Verbindung zum Internet hergestellt werden soll. Konkret bedeutet dies, Sie geben die anzuwählende Telefonnummer samt den Zugangsdaten sowie das für den Internetzugang zu benutzende Gerät (Modem, ISDN-Karte, DSL-Anschluss) an.

Im Idealfall bekommen Sie vom Provider (T-Online, AOL, Freenet etc.) eine CD, auf der ein Installationsprogramm für den Zugang hinterlegt ist. Meist erläutert eine beigelegte Bedienungsanleitung, wie dieser Zugang durch Ausführen des Programms einzurichten ist. Wer lediglich einen Internet-by-Call-Zugang benötigt und keine Installationssoftware besitzt, kann die betreffenden Verbindungsdaten auch manuell eingeben. Diese Verbindungsdaten für den Internetzugang werden in Windows durch eine spezielle als **DFÜ-Netzwerk** (**DFÜ** steht für **D**aten**F**ern**Ü**bertragung) bezeichnete Funktion verwaltet und gespeichert. Je nach Windows-Version wird das betreffende Ordnerfenster mit *DFÜ-Netzwerk* oder *Netzwerkverbindungen* bezeichnet. Zum Anlegen einer neuen Verbindung gehen Sie folgendermaßen vor.

1 Öffnen Sie das Ordnerfenster *Netzwerkverbindungen* bzw. *DFÜ-Netzwerk*.

Die genaue Vorgehensweise hängt von der Windows-Version ab. In Windows XP wählen Sie hierzu den Startmenüeintrag *Verbinden mit/Alle Verbindungen*, während der Eintrag in Windows Millennium mit *Einstellungen/DFÜ-Netzwerk* bezeichnet wird. In Windows 2000 öffnen Sie das Ordnerfenster *Netzwerkumgebung* über das betreffende Desktop-Symbol und klicken in der linken Spalte des Ordnerfensters auf den Hyperlink *Netzwerk- und DFÜ-Verbindungen*. Bei Windows 98 öffnen Sie das Listenfeld der *Adresse*-Symbolleiste eines beliebigen Ordnerfensters und wählen dann den Eintrag »DFÜ-Netzwerk«. Das Ordnerfenster zeigt die Symbole der bereits angelegten Verbindungen an.

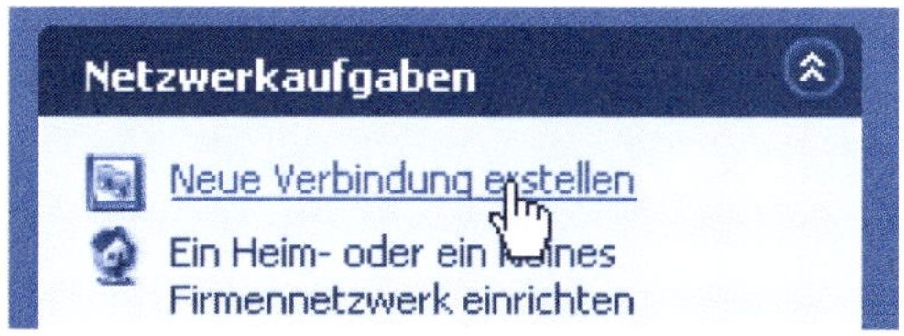

2 Wählen Sie im Ordnerfenster das Symbol *Neue Verbindung erstellen*. In Windows XP findet sich das Symbol in der linken Spalte *Netzwerkaufgaben*.

Windows startet in allen Versionen einen Assistenten. Über die Schaltflächen *Weiter* und *Zurück* können Sie zwischen den Dialogschritten zum Einrichten der Internetverbindung wechseln. Nachfolgende Schritte zeigen den Ablauf in Windows XP.

3 Klicken Sie auf die Schaltfläche *Weiter*, um vom Willkommensdialog zum nächsten Schritt zu gelangen.

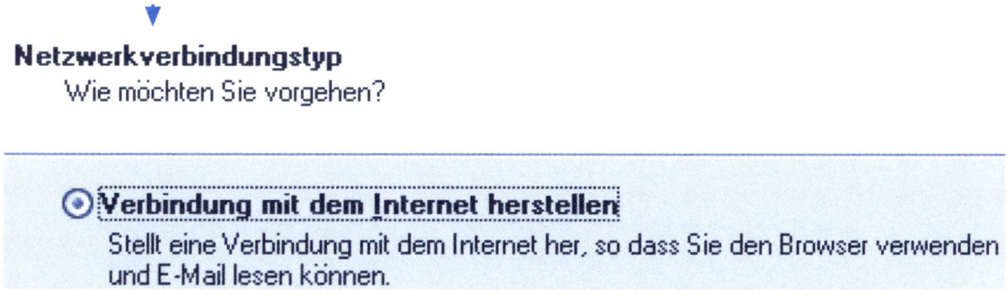

4 Im Dialogschritt *Netzwerkverbindungstyp* wählen Sie die Option *Verbindung mit dem Internet herstellen* und klicken auf die Schaltfläche *Weiter*.

5 Im Folgedialog wählen Sie die Option *Verbindung manuell einrichten* und klicken dann auf die Schaltfläche *Weiter*.

6 Wählen Sie im nächsten Dialogschritt die Option *Verbindung mit einem DFÜ-Modem herstellen* (sofern Sie ein Modem oder eine ISDN-Karte besitzen) und bestätigen Sie die Schaltfläche *Weiter*.

HINWEIS

Falls Sie ein DSL-Modem mit LAN-Anschluss verwenden, wählen Sie in Schritt 6 die Option *Verbindung über eine Breitbandverbindung herstellen, die Benutzername und Kennwort erfordert*. Im Folgedialog ist ein Name für die Verbindung anzugeben. Danach geht es direkt zum Dialogschritt 10, in dem Sie den Benutzernamen und das Kennwort eintragen. Beide Angaben werden Ihnen vom DSL-Anbieter mitgeteilt.

Bei ISDN-Karten sollten Sie in Schritt 7 darauf achten, dass nur einer der beiden in der Geräteliste aufgeführten Kanäle markiert ist. Werden beide Kanäle markiert, erhalten Sie durch Kanalbündelung die doppelte Übertragungsgeschwindigkeit, zahlen aber auch die doppelten Gebühren.

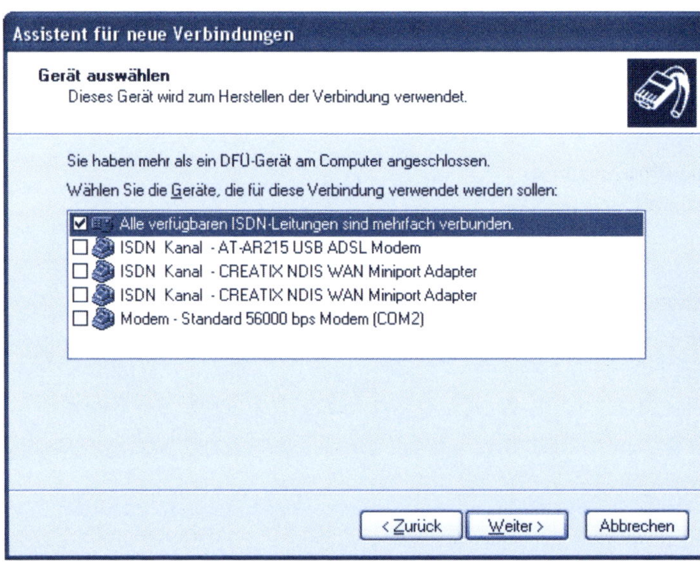

7 Im Dialogschritt »Gerät auswählen« markieren Sie per Mausklick das Kontrollkästchen des zu verwendenden Geräts (Modem oder ISDN-Verbindung) und bestätigen die Schaltfläche *Weiter*.

8 Tragen Sie im Folgedialog einen Namen (z.B. *Internet*) für die Verbindung ein und klicken Sie auf die Schaltfläche *Weiter*.

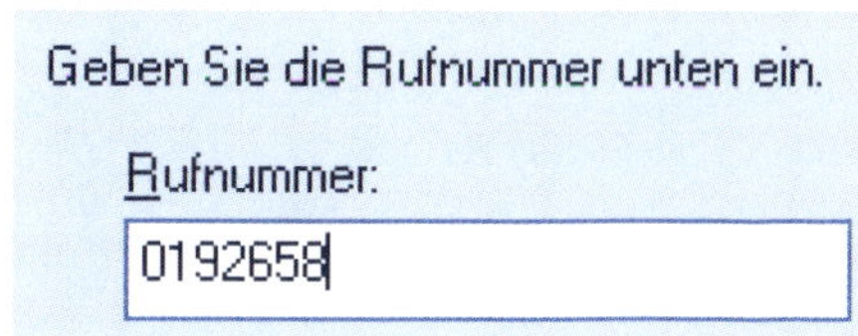

9 Geben Sie im dann erscheinenden Folgedialog die Rufnummer zur Verbindungsaufnahme ein. Beim Internetanbieter MSN ist dies 0192658. Klicken Sie auf die Schaltfläche *Weiter*.

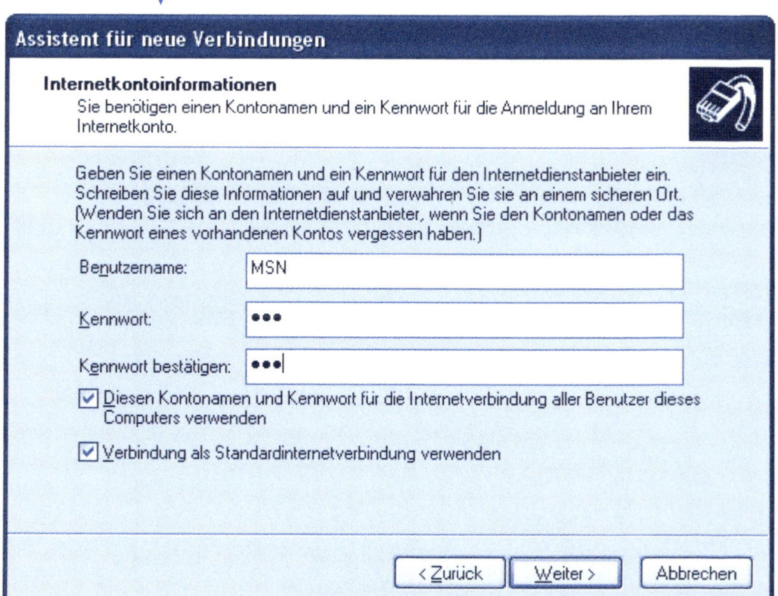

10 Tragen Sie im Folgedialog den Benutzernamen und das Kennwort ein (beim Anbieter MSN sind Benutzername und Kennwort *MSN*). Setzen Sie die Markierung der Kontrollkästchen wie hier gezeigt und klicken Sie auf die Schaltfläche *Weiter*.

11 Markieren Sie im letzten Dialogschritt das Kontrollkästchen *Verknüpfung auf dem Desktop hinzufügen* und bestätigen Sie die Schaltfläche *Fertig stellen.*

Mit diesen Schritten können Sie Verbindungen für beliebige Internetprovider einrichten. Die Zugangsdaten (Telefonnummer, Benutzername und Kennwort) erhalten Sie vom jeweiligen Provider.

Wenn das Einrichten geklappt hat, sollte ein neues Verbindungssymbol im Ordnerfenster *Netzwerkverbindungen* auf dem Desktop vorhanden sein.

Internet

TIPP

Eine fehlende Desktop-Verknüpfung können Sie auch nachträglich anlegen, indem Sie das betreffende Symbol der Internetverbindung bei gedrückter rechter Maustaste aus dem Ordnerfenster *Netzwerkverbindungen* (bzw. *DFÜ-Verbindung*) zum Desktop ziehen. Wählen Sie nach dem Loslassen der Maustaste den Kontextmenübefehl *Verknüpfung(en) hier erstellen* mit der linken Maustaste an.

HINWEIS

Bei **Windows 2000** sind ähnliche Schritte vorgesehen. Im Startdialog klicken Sie auf *Weiter* und wählen im Folgedialog *In das Internet einwählen* als Internetverbindungstyp. Dann ist im Folgeschritt die Option *Manuelle Einrichtung der Internetverbindung oder Verbindung über ein lokales Netzwerk (LAN) herstellen* zu wählen. Markieren Sie im nächsten Dialogschritt *Verbindung über Telefonleitung und Modem.* Der Assistent fragt dann in weiteren Dialogen die Telefonnummer, den Benutzernamen und das Kennwort sowie den Verbindungsnamen ab. Die Frage, ob ein Internet-E-Mail-Konto einzurichten ist, beantworten Sie über das Optionsfeld *Nein.*

Bei **Windows 98** und **Millennium** sehen die Dialogfelder etwas anders aus. Das Gerät (Modem, ISDN-Karte) ist im ersten Dialog zu wählen. Dort lässt sich ggf. auch der Text »Benutzerdefinierte Verbindung« in »Internet« ändern. Im Folgedialog wird dann die Telefonnummer des Internetproviders eingetragen. Benutzername und Kennwort lassen sich bei der ersten Verbindungsaufnahme im Dialogfeld *Verbinden mit* eingeben.

Verbindungseinstellungen kontrollieren

Gelegentlich kommt es vor, dass Sie die Verbindungseinstellungen kontrollieren müssen. Ein Zugangsanbieter hat Ihnen vielleicht mitgeteilt, dass spezielle Einstellungen erforderlich sind.

1 Klicken Sie im Ordnerfenster *Netzwerkverbindungen* bzw. *DFÜ-Netzwerk* mit der rechten Maustaste auf den neuen Eintrag für die Internetverbindung und wählen Sie im Kontextmenü den Befehl *Eigenschaften*.

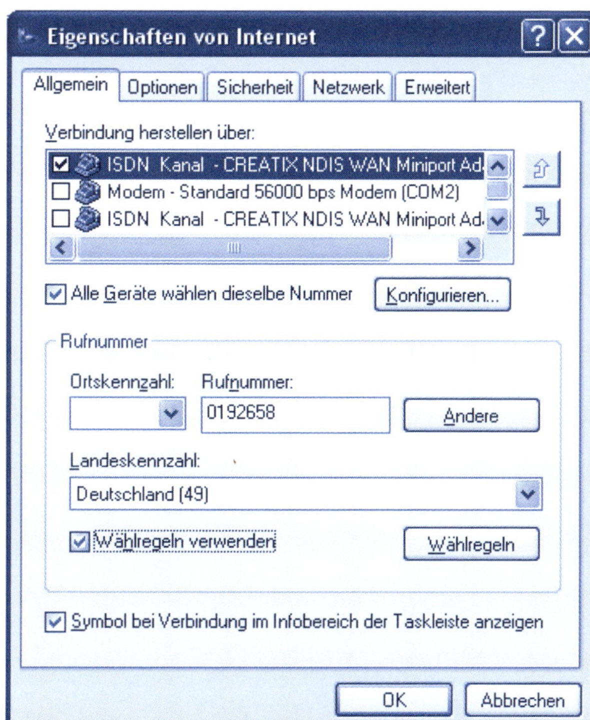

2 Windows zeigt ein Eigenschaftenfenster mit verschiedenen Registerkarten (z.B. *Allgemein*, *Optionen* etc.), auf denen Sie die Optionen nach den Vorgaben des Anbieters setzen können.

Beachten Sie aber, dass Anzahl, Benennung und Aufbau der Registerkarten von der benutzten Windows-Version abhängen.

Möchten Sie beispielsweise eine vergessene Online-**Verbindung automatisch** durch Windows **beenden** lassen? In Windows Millennium lässt sich auf der Registerkarte *Wählen* die Option *Trennen bei Leerlauf aktivieren* markieren und die Leerlaufzeit bis zum Trennen angeben. Bei Windows XP legen Sie die Leerlaufzeit dagegen über das Listenfeld *Leerlaufzeit, bei der aufgelegt wird* auf der Registerkarte *Optionen* fest. In Windows 98 klicken Sie auf der Registerkarte *Allgemein* die Schaltfläche *Konfigurieren* der Gruppe *Verbinden über* an. Im Eigenschaftenfenster des Modems ist dann die Leerlaufzeit auf der Registerkarte *Einstellungen* über die Option *Trennen nach Leerlaufzeit von xxx Minuten* zu setzen.

TIPP

Fehlt bei Internetverbindungen das Symbol im Infobereich der Taskleiste (siehe folgende Seiten)? Dann markieren Sie auf der Registerkarte *Allgemein* das Kontrollkästchen *Symbol bei Verbindung im Infobereich der Taskleiste anzeigen*. Benötigen Sie Informationen zu einer Option auf einer Registerkarte? Dann klicken Sie zuerst in der rechten oberen Ecke auf die Schaltfläche mit dem Fragezeichen und dann auf die betreffende Option. Windows blendet eine QuickInfo mit Erläuterungen zur gewählten Option ein.

Automatische Verbindungsaufnahme verhindern

Mir ist es leider mehrfach passiert, dass mit den Windows-Standardeinstellungen (hängt etwas von der Windows-Version ab) ungewollt eine Verbindung zum Internet aufgebaut wurde – das war ärgerlich, da ich dies nicht immer sofort bemerkt habe. Möchten Sie dies verhindern?

1 Öffnen Sie das Ordnerfenster der Systemsteuerung (z.B. über das Startmenü) und wählen Sie den Eintrag *Internetoptionen* per Doppelklick an.

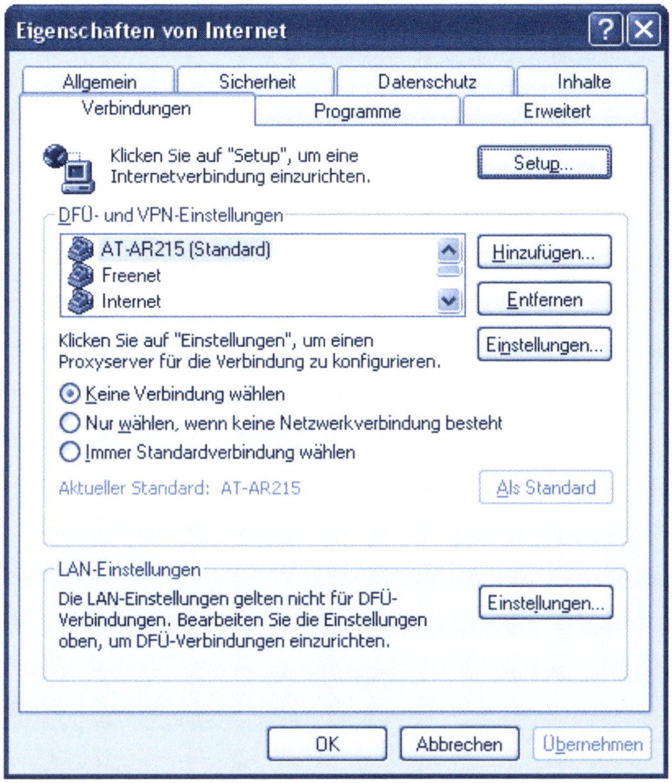

2 Windows zeigt ein Eigenschaftenfenster mit verschiedenen Registerkarten. Wählen Sie die Registerkarte *Verbindungen* und setzen Sie die Markierung auf das Optionsfeld *Keine Verbindung wählen.*

Wenn Sie anschließend die Registerkarte über die *OK*-Schaltfläche schließen, übernimmt Windows die neue Einstellung.

Um anschließend ins Internet gehen zu können, müssen Sie die Verbindung wie nachfolgend gezeigt manuell auf- und wieder abbauen. Sollten Sie Dritten das Einrichten des Internetzugangs überlassen, bitten Sie diese, die betreffenden Einstellungen vorzunehmen.

Die Internetverbindung nutzen

Auf den vorhergehenden Seiten habe ich gezeigt, wie sich die Zugangsdaten für eine Internetverbindung anlegen lassen. Wenn Sie meinen Hinweisen auf der vorherigen Seite folgen, ist die automatische Verbindungsaufnahme zum Internet gesperrt. Bevor Sie im Internet surfen oder E-Mails austauschen können, muss Ihr Computer daher erst online gehen, d.h., er stellt über die Telefonleitung eine Verbindung zum Internetrechner des Providers her.

So wird die Verbindung aufgebaut

Um online zu gehen, führen Sie in allen Windows-Versionen folgende Schritte aus.

1 Wählen Sie das, gemäß meinen obigen Ausführungen auf dem Desktop hinterlegte, Symbol der Internetverbindung per Doppelklick an.

Auf dem Bildschirm erscheint das Dialogfeld *Verbinden mit* bzw. *Verbindung mit*. Der genaue Aufbau hängt etwas von der Windows-Version ab. Hier sehen Sie das Dialogfeld für Windows XP.

2 Geben Sie bei Bedarf den Benutzernamen und das Kennwort im Dialogfeld ein.

Bei MSN und vielen Internet-by-Call-Anbietern ist die Abrechnung an Ihren Telefonanschluss gekoppelt. Daher werden allgemein gültige Namen und Kennwörter benutzt, die Sie beim Anlegen der Verbindung (siehe oben) oder beim ersten Aufruf des Dialogfelds in den betreffenden Feldern eintippen müssen. Für den Provider MSN ist der Benutzername *MSN* und das Kennwort *MSN* erforderlich. Markieren Sie das Kontrollkästchen *Kennwort speichern* (bzw. *Benutzernamen und Kennwort speichern für* in Windows XP). Windows merkt sich die Angaben und Sie sparen sich die erneute Eingabe beim nächsten Aufruf des Dialogfelds.

ACHTUNG

Hat Ihnen Ihr Internetanbieter ein persönliches Kennwort mitgeteilt, schützen Sie dieses wie die Geheimzahl Ihrer EC-Karte. Verraten Sie es niemandem und verzichten Sie auf die Markierung des Kontrollkästchens *Kennwort speichern*. Dies verhindert, dass Unbefugte das Kennwort auf Ihrer Festplatte ausspähen und den Zugang missbrauchen können. Sie tippen dann das persönliche Kennwort einfach vor der Verbindungsaufnahme im Dialogfeld ein.

Bei einigen Windows-Versionen enthält das Dialogfeld *Verbinden mit* noch ein Kontrollkästchen *Automatisch verbinden*. Achten Sie darauf, dass dieses Kontrollkästchen nicht markiert ist. Dann wird beim Aufruf eines Internetprogramms nicht unbemerkt und ungewollt eine Verbindung zum Internet aufgebaut.

3 Klicken Sie auf die mit *Verbinden* bzw. *Wählen* bezeichnete Schaltfläche.

Jetzt wählt das Modem oder die ISDN-Karte die angegebene Rufnummer und stellt die Verbindung zum Internetrechner des Anbieters her. Während der Einwahl sehen Sie in einem auf dem Desktop eingeblendeten Statusfenster, was gerade passiert. Sobald die Internetverbindung steht, verschwindet dieses Dialogfeld wieder. Stattdessen sollte in der rechten unteren Ecke im Statusbereich der Taskleiste (links neben der Uhrzeit) das Symbol zweier stilisierter Computer erscheinen. In Windows XP wird zudem noch kurzfristig eine QuickInfo mit dem Namen der Verbindung sowie der Übertragungsrate eingeblendet.

Solange dieses Symbol der stilisierten Computer im Infobereich sichtbar ist, besteht eine Onlineverbindung. Zeigen Sie per Maus auf das stilisierte Computersymbol, wird die übertragene Datenmenge sowie die Verbindungsdauer als QuickInfo eingeblendet. Wie Sie ein eventuell fehlendes Symbol einblenden, ist weiter oben im Abschnitt »Verbindungseinstellungen kontrollieren« erklärt.

Und so lässt sich die Verbindung beenden

Wenn Sie das Internet nicht mehr nutzen möchten, sollten Sie die Verbindung wieder trennen. Andernfalls fallen bei zeitabhängigen Verbindungen weiter Onlinekosten an. Aber auch bei DSL-Verbindungen, die nach der übertragenen Datenmenge abgerechnet werden, sollten Sie aus Sicherheitsgründen die Verbindung nach Gebrauch manuell trennen.

1 Doppelklicken Sie auf das Symbol der Internetverbindung (alternativ können Sie das Desktop-Symbol der Internetverbindung wählen).

Windows öffnet jetzt ein Dialogfeld mit Informationen zur Geschwindigkeit der Verbindung, zum übertragenen Datenvolumen und zur Dauer der aktuellen Sitzung. Der genaue Aufbau hängt etwas von der Windows-Version ab. Hier sehen Sie die Variante für Windows XP.

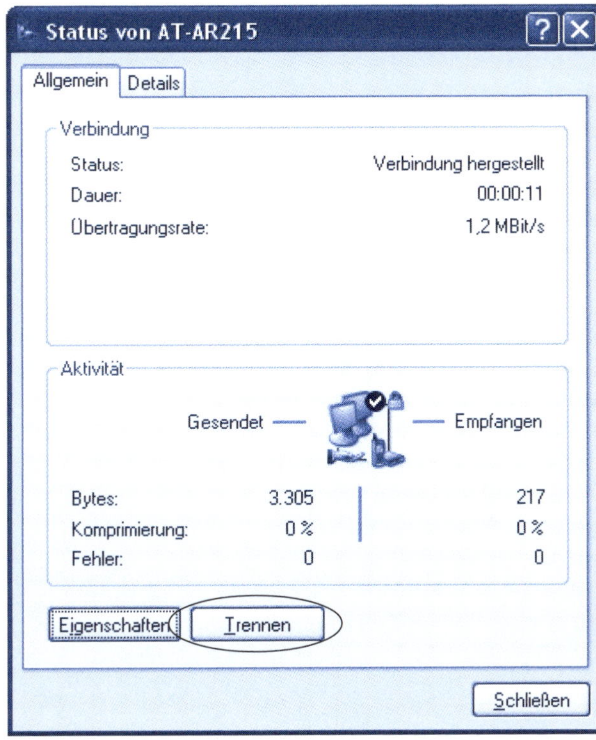

2 Klicken Sie auf die Schaltfläche *Trennen*.

Windows trennt die Internetverbindung, das Symbol im Statusbereich der Taskleiste verschwindet und Sie sind wieder offline. Von diesem Moment an fallen auch keine Telefongebühren mehr an.

Ein Tarifmanager zur Interneteinwahl

Es gibt verschiedene Internet-by-Call-Anbieter, die sich teilweise in den Tarifen, aber auch in der Auslastung der Zugänge unterscheiden. Hier wäre ein so genannter Tarifmanager wünschenswert, welcher Ihnen die aktuellen Tarife möglicher Anbieter anzeigt und Ihnen die Auswahl überlässt. Dann können Sie von Fall zu Fall einen anderen Anbieter für die Internetsitzung wählen. Im Internet ist (fast) alles möglich, ein solches Programm gibt es wirklich und das sogar kostenlos. Sie finden das Programm SmartSurfer auf der Webseite *smartsurfer.web.de*. Laden Sie das Programm (nach einer Anmeldung) herunter – das dauert je nach Modem oder ISDN-Karte nur wenige Minuten.

HINWEIS

Wie Sie eine Webseite besuchen und etwas herunterladen, lernen Sie in den nächsten Kapiteln. Leser aus der Schweiz oder Österreich sollten aber bedenken, dass das Programm auf Internetzugänge in Deutschland zugeschnitten ist.

SmartSurfer installiert sich automatisch, sobald Sie die aus dem Internet heruntergeladene EXE-Datei per Doppelklick anwählen. Anschließend sehen Sie auf dem Desktop das Smartsurfer-Symbol.

Wählen Sie das betreffende Desktop-Symbol per Doppelklick an, führt Sie ein Assistent durch verschiedene Dialoge, in denen Sie die Allgemeinen Geschäftsbedingungen von WEB.DE bestätigen und verschiedene Einstellungen wählen (z.B. das zu verwendende Modem). Ist das Programm eingerichtet, können Sie es zur Verbindungsaufnahme ins Internet nutzen. Hierzu gehen Sie folgendermaßen vor:

1 Wählen Sie das Smart-Surfer-Desktop-Symbol per Doppelklick an.

2 Wählen Sie im Dialogfeld *WEB.DE SmartSurfer* den gewünschten Anbieter aus der Liste mit den Anbieterinformationen per Mausklick aus.

Das Programm zeigt Ihnen den Verbindungspreis, den Abrechnungstakt sowie eine ggf. anfallende Einwahlgebühr. Über die Schaltfläche *Details* können Sie ein Fenster mit Zusatzinformationen zum Anbieter öffnen.

3 Klicken Sie auf die Schaltfläche *Verbinden*, um die Internetsitzung zu starten.

Das Programm aktiviert eine Internetverbindung. Sobald diese Verbindung steht, wird das Fenster des Smartsurfers minimiert und als Symbol im Infobereich der Taskleiste eingeblendet. Zeigen Sie auf dieses Symbol, erscheint eine QuickInfo mit den vom SmartSurfer aktuell verwendeten Verbindungsdaten.

4 Die Verbindung beenden Sie, indem Sie auf das WEB.DE-SmartSurfer-Symbol doppelklicken und im Dialogfeld *WEB.DE SmartSurfer* auf die Schaltfläche *Trennen* klicken.

Der WEB.DE SmartSurfer bietet weitere Funktionen. So können Sie beispielsweise über die Schaltfläche *Kosten* einen Zusatzdialog öffnen, der die bereits angefallenen Onlinekosten anzeigt. Sie sind also immer im Bilde, wie viel Ihr Ausflug ins Internet gekostet hat. Weitere Informationen zu den Funktionen und zur Bedienung entnehmen Sie der Programmhilfe (einfach auf die Schaltfläche *Hilfe* klicken).

Zusammenfassung

Damit möchte ich das Kapitel schließen. Sie besitzen jetzt einen Überblick über die für das Internet benötigten Komponenten, kennen die Namen einiger Internetdienste und wissen, wie sich ggf. eine Internetverbindung einrichten, aufbauen und beenden lässt. Zur Kontrolle können Sie die folgenden Fragen beantworten:

- **Welche Dienste stellt das Internet bereit?**
  (World Wide Web, E-Mail, Nachrichtengruppen, Chat etc. – siehe Kapitelanfang)
- **Was ist ein Provider?**
  (Dies ist der englische Name für den Internetzugangsanbieter.)
- **Wozu dient ein Modem?**
  (Das Modem wird zwischen Computer und Telefonleitung geschaltet und erlaubt die Datenübertragung zu anderen Rechnern.)
- **Welche Vorteile hat ISDN?**
  (Höhere Übertragungsgeschwindigkeiten als bei analogen Modems und zwei Leitungen gleichzeitig nutzbar.)
- **Was versteckt sich hinter dem Kürzel DSL?**
  (Dies ist eine Technik, mit der sich schnell Breitband-Internetverbindungen über das Telefonnetz realisieren lassen.)

Ich bin drin – Surfen im Internet

Haben Sie, mit Hilfe des vorhergehenden Kapitels, den Internetzugang auf Ihrem PC erfolgreich eingerichtet oder er war auf Ihrem System bereits vorhanden? Oder wollen Sie erst einmal ein Internet-Café besuchen, bevor Sie sich einen eigenen PC anschaffen? Auf jeden Fall sind Sie jetzt drin, im Internet – aber **wie geht's weiter**? Sicherlich haben Sie schon einmal gehört, wie jemand behauptet, er hätte im »Internet gesurft«. Das können Sie auch! Wie wäre es zum Einstieg mit einem Ausflug ins **World Wide Web** (abgekürzt **WWW** oder **Web**)? In diesem Kapitel lernen Sie, wie Sie einen Browser wie den Internet Explorer aufrufen und bedienen. Anschließend besuchen Sie das erste Mal eine Webseite und erfahren, wie Sie an interessante Informationen aus dem World Wide Web gelangen.

Das lernen Sie in diesem Kapitel

2

- Websurfen – das erste Mal
- Auf dem Weg zum Profi
- Smarter surfen

Websurfen – das erste Mal

Das Web ist für mich der größte Informationspool mit Zugang vom eigenen »Wohnzimmer«, den ich seit vielen Jahren fleißig nutze. Dabei ergeben sich auch immer wieder interessante Aspekte. Hier einige Kostproben meiner Interneterfahrungen: Beim Stöbern im Internetangebot des Verlags gerate ich auf die Webseite eines Kollegen und stelle fest, dass dieser im Nachbarort wohnt. Seitdem tauschen wir uns immer mal wieder über gemeinsame Erfahrungen aus. In einem Kochkurs lernte ich eine Bratensoße mit Marsalla herzustellen. Als »Ahnungsloser« unter Expert(inn)en traute ich mich nicht zu fragen, was Marsalla wohl sei. Also habe ich im WWW gesucht und gleich tolle Seiten über Marsalla-Wein aus Sizilien mit vielen Hintergrundinformationen gefunden. Danach bin ich zum italienischen Lebensmittelhändler gepilgert und habe Nudeln sowie eine Flasche Marsalla-Wein zum Kochen gekauft. Mit der Soße hat's geklappt – aber nun suche ich im Web nach den ultimativen Schlankheitstipps. Es ließen sich noch unzählige solcher kleiner Episoden erzählen. An trüben dunklen Wintertagen surfe ich im Web zu den entlegendsten Urlaubszielen, stöbere in Weinguides, Galerien, Musiksammlungen und virtuellen Bibliotheken. Im WWW finden Sie »Gott und die Welt«. Das Abrufen der im Internet gespeicherten Webseiten ist mit einem Browser wie dem Internet Explorer von Windows ein Kinderspiel. Sie müssen nur online gehen und schon haben Sie Zugriff auf das Wissen der Welt. Aber alles der Reihe nach und in kleinen Schritten.

Der Browser im Überblick

Webseiten werden in einem als **Browser** bezeichneten Programm **angezeigt**. In Windows steht der **Internet Explorer** für diese Zwecke zur Verfügung. Es gibt aber alternative Browser wie den Firefox, der für diese Zwecke benutzt werden kann. Zum Aufruf des Browsers gibt es mehrere Möglichkeiten.

- Doppelklicken Sie auf das Desktop-Symbol des Internet Explorer oder des Firefox-Browsers. In manchen Windows-Versionen finden Sie am unteren linken Bildschirmrand ein ähnliches Symbol in der *Schnellstart*-Symbolleiste, das Sie per Mausklick anwählen.

- Fehlt bei Ihnen das Browsersymbol auf dem Desktop, öffnen Sie das Startmenü, suchen das Browsersymbol im Zweig *(Alle) Programme* und wählen den betreffenden Befehl per Mausklick an.

HINWEIS

Welchen Browser Sie verwenden, ist meiner Ansicht nach eher zweitrangig. Die gelegentlich geäußerte Ansicht, dass Firefox sicherer als der Internet Explorer sei, ist schlicht Unsinn. In beiden Browsern wurden in der Vergangenheit Fehler und Sicherheitslücken entdeckt, die mittlerweile behoben sind. Wichtig ist lediglich, dass Sie mit der aktuellen Version des jeweiligen Browsers arbeiten, damit bekannte Sicherheitslücken nicht ausgenutzt werden können. Details zur Aktualisierung des Browsers finden Sie in Kapitel 4.

Sobald der Browser gestartet ist, erscheint das **Fenster zur Anzeige von Internetseiten**. Hier sehen Sie das Anwendungsfenster des Firefox (Hintergrund) und des Internet Explorer (Vordergrund).

Sofern bei Ihnen das Fenster des Browsers etwas anders aussieht, ist dies kein Grund zur Sorge. Es gibt verschiedene Programmversionen, die sich im Aufbau des Fensters leicht unterscheiden. Die wichtigsten Elemente sind aber immer gleich.

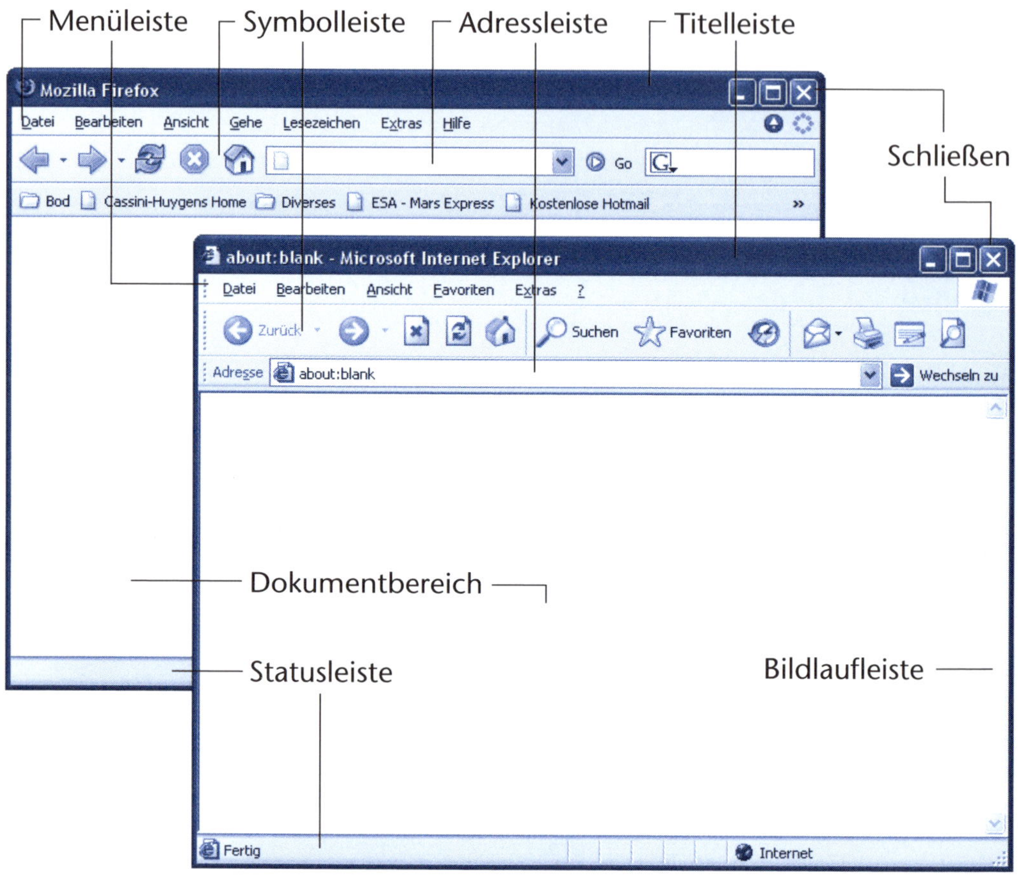

- **Titelleiste:** Diese am oberen Fensterrand sichtbare Leiste zeigt Ihnen den Titel der geladenen Webseite an. Weiterhin erkennen Sie an einem eventuell eingeblendeten Text [Offlinebetrieb], dass keine Verbindung zum Internet besteht – bereits besuchte Webseiten können teilweise auch noch aus einem Speicher von der Festplatte abgerufen und angezeigt werden.
- **Menüleiste:** Über die Einträge wie *Datei* und *Bearbeiten* können Sie Menüs öffnen und Befehle abrufen.
- **Symbolleiste:** Über die Schaltflächen dieser Leiste können Sie die wichtigsten Programmfunktionen direkt per Mausklick wählen.

- **Adressleiste:** Im Textfeld dieser Leiste tippen Sie die Adresse der anzuzeigenden Webseite ein.
- **Statusleiste:** In dieser, am unteren Fensterrand sichtbaren, Leiste zeigt Ihnen der Browser bestimmte Informationen an. Sie sehen beispielsweise, ob eine Seite gerade geladen wird oder ein Fehler aufgetreten ist.

Das **Dokumentfenster** zeigt den Inhalt der gerade geladenen Dokumentseite. Bei sehr langen Textseiten passt der Inhalt nicht mehr in das Fenster – Sie können dann mittels der **Bildlaufleiste(n)** am rechten und ggf. am unteren Rand im Dokument blättern. Dies funktioniert wie bei anderen Windows-Programmen.

HINWEIS

Sehen bei Ihnen die Symbole in der Symbolleiste kleiner aus oder enthalten sie keinen Text? Das ist einstellbar und wird später besprochen. Es gibt auch verschiedene Versionen des Internet Explorer, die sich durch geringfügig andere Schaltflächen und Menübefehle unterscheiden. Dies braucht Sie aber nicht zu stören, die nachfolgenden Ausführungen befassen sich nur mit Funktionen, die in allen Versionen gleich sind.

Möchten Sie das Fenster des Browsers schließen und das Programm damit beenden? Klicken Sie einfach auf die in der rechten oberen Ecke des Fensters befindliche Schaltfläche *Schließen*. Anschließend sollten Sie auch die Internetverbindung trennen (siehe Kapitel 1).

Die erste Webseite besuchen

So, nun ist es aber an der Zeit, die erste Webseite im Web zu besuchen. Stellt sich noch die Frage, welche Webseite es denn sein soll? Viele Zeitschriften wie Focus oder Spiegel sind auch im Internet präsent. In meinen Senioren-Computerkursen besuche ich mit den Teilnehmern regelmäßig die Seiten des Spiegel-ONLINE. Diese sind sehr übersichtlich gestaltet und sollen nachfolgend für die ersten Schritte benutzt werden.

1 Starten Sie, falls noch nicht geschehen, den Internet Explorer (oder einen anderen Browser) wie oben beschrieben.

2 Stellen Sie bei Bedarf eine Onlineverbindung her (dies wurde in Kapitel 2 gezeigt).

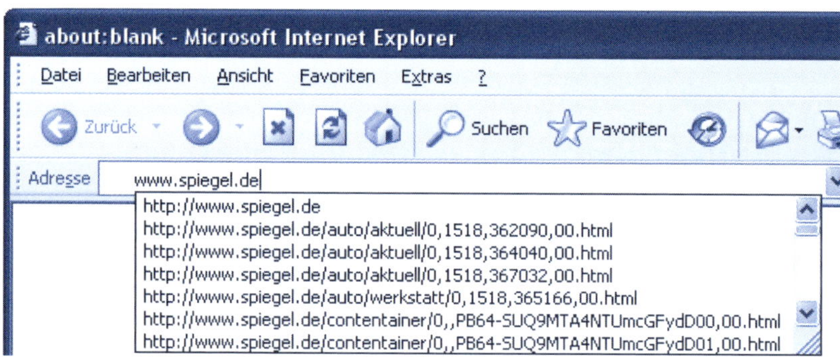

3 Klicken Sie auf das Feld *Adresse* und tippen Sie *www.spiegel.de* in der Adressleiste des Browsers ein.

4 Drücken Sie die [↵]-Taste.

TIPP

Beim Eintippen der Adresse einer Internetseite öffnet der Browser manchmal das Listenfeld der *Adresse*-Leiste und zeigt (wie hier dargestellt) eine Liste der bereits vorher eingetippten Internetadressen. Befindet sich die gewünschte Adresse in der Liste, können Sie sich die Eingabe sparen und die Webseite durch Anklicken des Listeneintrags abrufen.

Jetzt ruft der Browser die gewünschte Seite aus dem World Wide Web ab. Wird die Seite gefunden, lädt er die Daten aus dem Internet und zeigt den Inhalt an. Dies kann einige Sekunden dauern. Hier sehen Sie die WWW-Startseite des Spiegel-ONLINE, die wir mit obiger Adresse angewählt haben. Die Seite zeigt die aktuellen Schlagzeilen und bietet in verschiedenen Rubriken wie »Politik«, »Wirtschaft« etc. weiterführende Informationen.

Nun stellt sich die Frage, wie sich einzelne Rubriken anwählen oder Beiträge abrufen lassen. Müssen wir etwas Neues in der Adressleiste eingeben? Gottlob nicht! Webseiten enthalten in der Regel Verweise zu den Folgedokumenten. Diese auch als **Hyperlinks** bezeichneten Verweise können Sie ganz leicht per Maus herausfinden und per Mausklick anwählen.

1 Positionieren Sie den Mauszeiger einmal auf eine der Schlagzeilen oder über ein angezeigtes Bild oder über eine der Rubriken in der linken Seite.

2 Positionieren Sie den Mauszeiger auf einen anderen Bereich der Seite mit normalem Text.

Sobald der Mauszeiger über eine solche Textstelle oder ein Bild (manchmal auch als Icon bezeichnet) geführt wird, passiert Folgendes:

Der Pfeil verschwindet und es erscheint das Symbol einer stilisierten Hand als Mauszeiger.

Gleichzeitig wird in der Statusleiste des Fensters die Adresse einer Webseite eingeblendet.

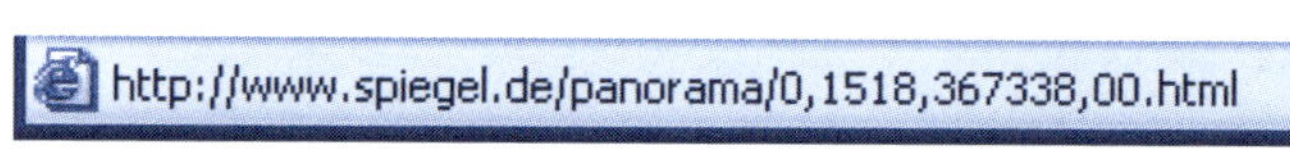

Manchmal wird auch noch (wie oben gezeigt) ein kleines Fenster mit einem Zusatzhinweis eingeblendet.

Bewegen Sie den Mauszeiger zu einer anderen Stelle im Dokument, verschwinden sowohl die Hand als auch die angezeigte Webadresse (und das ggf. eingeblendete Hinweisfenster). Sie werden in Webseiten häufig solche als Hyperlinks bezeichneten Stellen (Texte oder Grafiken) finden. In manchen Webseiten werden als Hyperlinks genutzte Textstellen blau und unterstrichen dargestellt. Aber dies muss nicht der Fall sein, wie Sie an den Seiten des Spiegel-ONLINE sehen.

FACHWORT

Ein **Hyperlink** zeichnet eine Dokumentstelle aus, die einen Verweis auf ein anderes Dokument im Web oder auf eine andere Stelle der aktuellen Seite enthält. Über einen Hyperlink lassen sich also weitere Dokumente abrufen. Sie können z.B. durch Anklicken mehrerer Hyperlinks sehr einfach unterschiedliche Webseiten abrufen. Da Sie sich quasi in den Seiten des World Wide Web »bewegen«, wird das manchmal auch als »**Surfen im Web**« bezeichnet.

Jetzt sollten Sie die erste Folgeseite abrufen. Ich demonstriere dies an der Seite des Spiegel-ONLINE. Sie können aber jede andere Webseite für diesen Zweck verwenden.

1 Suchen Sie auf der Webseite einen als Hyperlink ausgeführten Eintrag.

2 Sobald das Symbol der stilisierten Hand als Mauszeiger erscheint, klicken Sie mit der linken Maustaste auf die betreffende Stelle.

Im Fenster des Browsers wird dann die vom Hyperlink adressierte Folgeseite abgerufen und angezeigt. Verwenden Sie bei Bedarf die Bildlaufleiste, um zum Ende der Seite zu blättern und deren Inhalt zu lesen.

Existieren in dieser Seite Hyperlinks, können Sie diese auf die gleiche Weise anklicken, um zur jeweiligen Folgeseite zu gelangen. Sie müssen nur die Stellen finden, die als Hyperlinks fungieren. Die Verwandlung des Mauszeigers zum Symbol einer stilisierten Hand gibt Ihnen dabei einen Hinweis, dass Sie einen Hyperlink gefunden haben. Dann reicht ein Mausklick zum Abrufen der Seiten. Das ist doch echt einfach, oder nicht?

Hilfe, wie komme ich wieder zurück?

Haben Sie die Startseite des Spiegel-ONLINE besucht und vielleicht eine oder mehrere Folgeseiten abgerufen? In einem Buch könnten Sie leicht einige Seiten zurückblättern, etwas nachlesen und dann wieder weiterblättern. Aber wie ist das bei Webseiten? Müssen Sie jetzt erneut die Adresse der Startseite (z.B. *www.spiegel.de*) eintippen? Nein, denn der **Browser** »denkt« glücklicherweise mit und **zeichnet** die **Adressen der** von Ihnen **besuchten Webseiten** automatisch **auf**.

1 Zeigen Sie mit dem Mauszeiger auf die Schaltfläche *Zurück*.

Beim Zeigen auf die Schaltfläche *Zurück* erscheint ein kleines Fenster, in dem der **Titel der vorher besuchten Seite** eingeblendet wird.

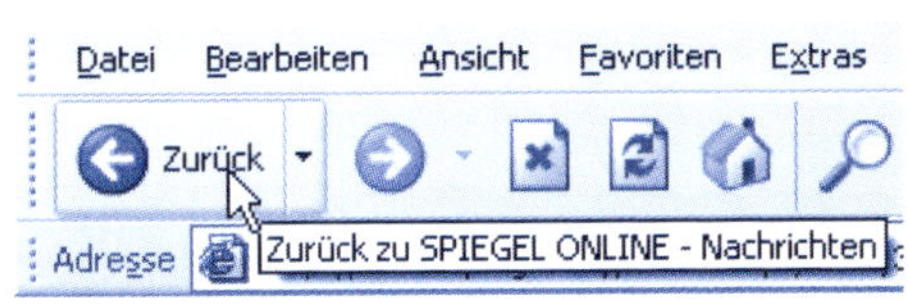

2 Klicken Sie auf die Schaltfläche *Zurück*.

Der Browser wechselt einfach **zur zuletzt besuchten Seite zurück**. Wiederholen Sie diesen Schritt, geht es noch eine Seite zurück. Auf diese Weise lässt sich bis zur »Einstiegsseite« zurückblättern. Beim Erreichen dieser Startseite wird die Schaltfläche *Zurück* gesperrt. Sie erkennen dies daran, dass die Farbe im Symbol der Schaltfläche verschwindet und alles nur noch grau angezeigt wird.

Möchten Sie nach dem Zurückblättern wieder eine oder mehrere **Seiten vorwärts blättern**?

Sie ahnen es wahrscheinlich schon, die Schaltfläche *Vorwärts* bringt Sie zur nächsten Seite.

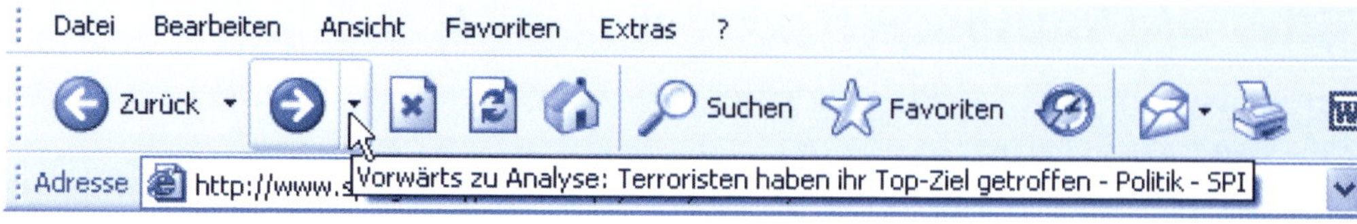

TIPP

Sie können eine **besuchte Seite** auch **direkt auswählen**. Klicken Sie auf den Pfeil neben der Schaltfläche, öffnet sich ein Menü mit den Titeln der zuletzt besuchten Seiten. Klicken Sie auf einen der Befehle im Menü, um die gewünschte Seite über den Titel abzurufen.

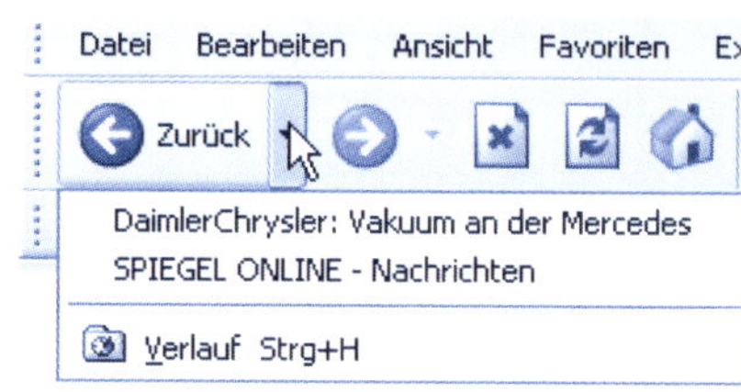

Einfacher kann man es fast nicht mehr haben. Mit den beiden Schaltflächen *Vorwärts* und *Zurück* lässt sich zwischen den bereits während der aktuellen Internetsitzung besuchten Seiten blättern. Wenn Sie den Internet Explorer beenden, vergisst das Programm diese Einstellungen aber. Beim nächsten Start sind die Schaltflächen daher erst mal gesperrt.

HINWEIS

Hat das Klicken mit der Maus und das Wechseln zwischen den Webseiten geklappt? Prima, Sie sind bereits fit für das »Surfen im Web«. Gibt es noch kleine Probleme mit dem Abrufen der Seiten oder dem Wechseln zwischen Seiten? Keine Bange, wir wiederholen im Buch die grundlegenden Schritte immer wieder, und mit der Zeit lernen Sie dann schon den Umgang mit dem Web. Übung macht ja bekanntlich den Meister, und nach wenigen Tagen denken Sie über vieles vermutlich gar nicht mehr nach. Auch ich bin mal vor Jahren ziemlich »vorsichtig« in den ersten Webseiten gesurft. Heute beherrsche ich die Kniffe fast im Schlaf.

TIPP

Mein Kostenspartipp für Vielsurfer

Solange Sie noch zum Kreis der Internetnutzer mit zeitabhängiger Verbindung gehören, sollten Sie ein Auge auf die Kosten haben. Eigentlich müssen Sie ja den Inhalt der einzelnen Beiträge auch nicht online lesen. Besser ist es, mehrere Seiten gleichzeitig zu öffnen und dann die Internetverbindung zu trennen. Danach können Sie den Inhalt der Seiten in Ruhe lesen. Um eine Webseite in einem neuen Fenster anzuzeigen, klicken Sie den Hyperlink nicht wie gewohnt mit der linken, sondern mit der rechten Maustaste an.

Der Browser öffnet dann ein so genanntes Kontextmenü mit Befehlen. Klicken Sie mit der linken Maustaste auf den Befehl *In neuem Fenster öffnen* (Internet Explorer) bzw. *Link in neuem Fenster öffnen* (Firefox).

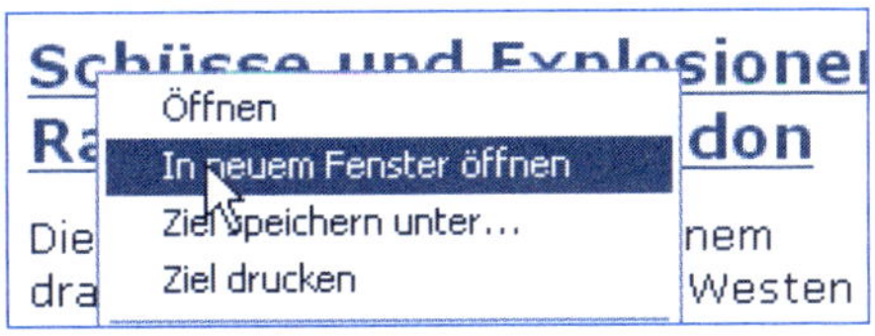

Die Seite mit dem angewählten Beitrag erscheint in einem neuen Fenster. Über die Schaltfläche *Minimieren* des Fensters lässt sich dieses zu einem Symbol verkleinern. Anschließend können Sie über die Hauptseite weitere Beiträge auf die gleiche Weise in weiteren Fenstern öffnen. Im Firefox-Browser gibt es zudem noch den Befehl *Link in neuem Tab öffnen*, der die Seite im gleichen Fenster, aber auf einer getrennten Registerkarte öffnet. Sind alle interessierenden Seiten geöffnet, trennen Sie die Internetverbindung (siehe Kapitel 1). Danach können Sie über die in der Taskleiste eingeblendeten Schaltflächen 

auf die geöffneten Fenster des Browsers zugreifen. Haben Sie die Seiten im Firefox über den Befehl *Link in neuem Tab öffnen* abgerufen? Dann klicken Sie auf die oberhalb des Dokumentbereichs eingeblendeten Tabulatoren, um die Seite anzusehen. Anschließend können Sie die noch geöffneten Fenster per Maus anwählen und die darin enthaltenen Beiträge in Ruhe lesen. Benötigen Sie den Beitrag nicht mehr, schließen Sie das Fenster.

Hier geht's zu Ihrem persönlichen Zeitungskiosk

Na wie sieht's aus? Feuer gefangen und neugierig auf mehr Webseiten geworden? Wie wäre es mit Ihrem ganz persönlichen Zeitungskiosk? Den Sie auch in Hausschuhen besuchen dürfen und der zu jeder Tages- und Nachtzeit geöffnet hat? Klingt fast zu schön, um wahr zu sein. Natürlich bekommen Sie im Web (noch) keine kostenlose Tageszeitung mit vollem Inhalt. Das obige Beispiel des Spiegel Online zeigt aber, dass die betreffenden Angebote recht interessant sind. Holen Sie sich doch einfach die Zeitschriften dieser Welt ins Wohnzimmer. Ich bin immer wieder platt, was es alles im Netz gibt. Letztendlich scheitere ich an der fehlenden Zeit und meinen mangelnden Fremdsprachenkenntnissen (in Französisch, Italienisch etc.). Aber das muss bei Ihnen ja nicht so sein. Die folgende Tabelle enthält noch einige Adressen zum Schnuppern.

Adresse	Startseite von
www.welt.de	Die Welt
www.faz.de	Frankfurter Allgemeine
www.handelsblatt.de	Handelsblatt
www.zeit.de	Die Zeit
www.times.com	The New York Times
www.figaro.fr	Le Figaro
www.lastampa.it	La Stampa
www.nzz.ch	Neue Züricher Zeitung
www.wienerzeitung.at	Wiener Zeitung
www.capital.de	Capital
www.focus.de	Focus
www.bild.de	Bild
www.tvtoday.de	TV Today
www.bunte.de	Die Bunte
tv.web.de	Fernseh-Programmübersicht

Ich habe einmal versuchsweise einige mir bekannte Zeitschriftennamen als Webadressen eingetippt. Bingo, bei den meisten Namen wurde ich mit einer gleichlautenden Webseite fündig. Haben Sie Lust noch weiterzumachen? Dann sehen Sie sich die eine oder andere dieser Startseiten an. Sie können ja auch einmal versuchen, den Namen einer Ihnen bekannten Zeitung als Webadresse einzutippen. Wie eine solche Adresse aufgebaut ist, wird nachfolgend beschrieben.

ACHTUNG

Wenn Sie nicht mehr im Internet »surfen« möchten, sollten Sie die Onlineverbindung trennen – dies entspricht dem Auflegen des Hörers nach einem Telefonat. Sonst fallen (bei zeitabhängigen Tarifen) weiterhin Gebühren für den Onlinezugriff an. Sie erkennen eine bestehende Onlineverbindung an diesem Symbol, das rechts unten in der Bildschirmecke im Statusbereich der Taskleiste neben der Uhrzeitanzeige erscheint. Manchmal verschwindet das Symbol bereits, wenn Sie das Fenster des Internet Explorer schließen. Andernfalls doppelklicken Sie auf das Symbol und wählen dann im geöffneten Dialogfeld *Verbunden mit xxx* die Schaltfläche *Trennen* (siehe auch das vorhergehende Kapitel). Spätestens jetzt wird die Onlineverbindung getrennt und das Symbol verschwindet.

Auf dem Weg zum Profi

Sie sehen, das Surfen im Web ist eigentlich ein Kinderspiel und Sie sind jetzt schon bereit für weitere Ausflüge ins World Wide Web. Das schwierigste an der ganzen Sache ist, die richtige Adresse für die Startseite zu kennen. Einige Webadressen finden Sie in diesem Buch, andere werden in Zeitschriften abgedruckt. Sie können auch gezielt nach bestimmten Themen suchen lassen (dazu später mehr). Hilfreich ist es in jedem Fall, wenn Sie wissen, wie Webadressen aufgebaut sind. Oder Sie sollten die kleinen Tricks kennen, wenn etwas mal nicht wie erwartet klappt. Dies möchte ich Ihnen in diesem Abschnitt zeigen.

HINWEIS

Falls Ihnen der eine oder andere Aspekt noch unklar bleibt, kein Grund zur Sorge. Lesen Sie ggf. die nächsten Abschnitte oder rufen Sie einfach erst einmal interessante Webseiten ab. Internet soll ja Freude machen und Erfolgserlebnisse vermitteln. Wenn Sie später auf ein Problem stoßen oder etwas genauer wissen möchten, ist immer noch Zeit, an dieser Stelle nochmals nachzulesen. Niemand muss sofort alles wissen oder können. Es ist noch kein Meister vom Himmel gefallen!

Webadressen verstehen

Um eine bestimmte Webseite aus dem World Wide Web abzurufen und im Fenster anzuzeigen, müssen Sie dem Browser die betreffende Adresse (auch als **URL**, die Abkürzung für »Uniform Resource Locator«, bezeichnet) mitteilen. Dokumente werden im World Wide Web an eindeutig festgelegten Adressen abgelegt. Ähnlich wie es Länder, Städte und Straßen gibt, ist das **WWW** auch in **Zonen** (als **Domänen** oder **Domains** bezeichnet) unterteilt. Eine Adresse im World Wide Web spiegelt dies wider und sie besteht wie Ihre eigene Adresse aus verschiedenen Teilen. Eine Webadresse sieht in der einfachsten Form so aus:

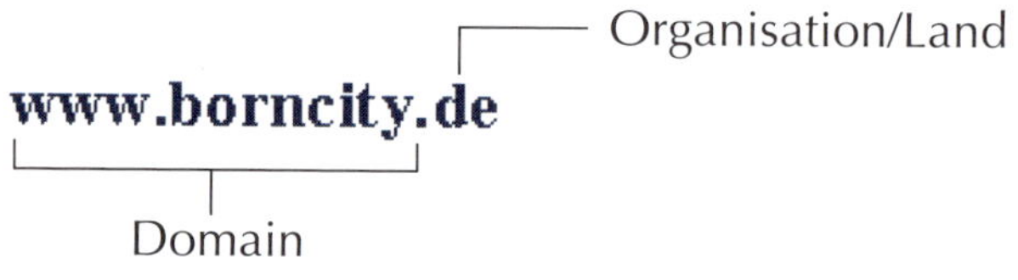

Die Kennung am Ende gibt einen Hinweis auf die Hauptzone, auch als **Top-Level-Domain** bezeichnet. Manchmal kann man an diesem Teil der Adresse erkennen, zu welchem Land die Adresse gehört oder wer die zugehörigen Seiten betreibt (*.com* steht für Unternehmen, *.org* für Organisationen, *.net* für Netzwerk, *.de* für Deutschland, *.ch* für die Schweiz, *.at* für Österreich etc.). Vor dieser Kennung steht ein eindeutiger Name (als **Sub-Domain** bezeichnet)

wie *zdf, spiegel, borncity* etc., der den Besitzer angibt. Dieser Name muss registriert werden, da er in der Zone eindeutig sein muss (es darf keine zwei Webadressen geben, die beide zum Beispiel auf *spiegel.de* lauten). Die Zeichenfolge *www* signalisiert noch, dass es sich um den »Haupteingang« zu dieser Webadresse handelt. Manche Firmen bieten noch so etwas wie »Seiteneingänge« (**Sub-Sub-Domains**) an, die direkt zu bestimmten Themen führen (z.B. leitet Sie *tv.web.de* zum TV-Programm, während *www.web.de* das Hauptangebot abruft). Die Webadresse *www.borncity.de* gibt beispielsweise die Startseite (auch als **Homepage**, sprich »houmpäitsch« bezeichnet) des Autors im Internet an. Mit *www.mut.de* erreichen Sie den Markt+Technik-Verlag und so weiter.

An diese Adresse können sich noch weitere Angaben anschließen (z.B. *www.borncity.de/Tricks/Internet.htm*), wenn nicht die Hauptseite, sondern ein (Unter-)Dokument direkt abgerufen werden soll.

TIPP

Manchmal werden bei Webadressen die Zeichen *http://* vorangestellt. Dieses Kürzel sagt nur, wie eine Webseite aus dem WWW abzurufen ist. Sie müssen es nicht verwenden, da der Internet Explorer diese Information automatisch ergänzt.

FACHWORT

Die in einer Webadresse angegebene Stelle, an der Webseiten abgerufen werden können, wird manchmal auch als **Website** bezeichnet. Site ist der englische Begriff für Gelände. Die Site stellt also so etwas das Firmengelände mit der Internetpräsenz eines Unternehmens oder einer Person dar.

Kleine Pannenhilfen

Konnten Sie die obigen Schritte durchführen? Dann haben Sie bereits die wichtigste Hürde genommen. Jetzt können Sie sich auf die Kür vorbereiten. Einfacher wird dies, wenn Sie einige kleine

Tipps befolgen. Auch wenn es noch Probleme gibt, helfen Ihnen die folgenden Angaben vielleicht weiter.

Wird die **Internetseite nicht gefunden**?

- Überprüfen Sie, ob Sie die angegebene Adresse richtig eingetippt haben. Computer erwarten exakte Angaben und mögen keine zusätzlichen Punkte, Kommas oder Leerzeichen in der Adresse.
- Achten Sie auch darauf, dass Ordnernamen in der Adresse durch einen Schrägstrich, den so genannten Slash, / (z.B. *www.zdf.de/programm*), getrennt werden. Für das Zeichen / drücken Sie gleichzeitig die Tasten ⇧ und 7.
- Auch die Groß- und Kleinschreibung kann wichtig sein. Der Domainname wie *www.zdf.de* wird zwar unabhängig von der Groß- und Kleinschreibweise erkannt, dies gilt jedoch nicht immer für die Ordnernamen, die eventuell hinter dieser Adresse folgen (z.B. *www.zdf.de/programm* oder *www.zdf.de/Programm*).
- Prüfen Sie, ob Sie wirklich online sind. Manchmal bricht eine Verbindung über das Telefonnetz zusammen. In diesem Fall verschwindet das kleine Symbol in der rechten unteren Bildschirmecke.

- Auch der Internet Explorer selbst kann offline geschaltet sein. Sie erkennen dies an der Anzeige [Offlinebetrieb] in der Titelleiste. Klicken Sie in der Menüleiste auf *Datei*. Ist im Menü der Befehl *Offlinebetrieb* (bzw. *Offline arbeiten* im Firefox) mit einem Häkchen versehen, klicken Sie den Befehl mit der Maus an. Das Häkchen verschwindet und der Browser wechselt in den Onlinemodus.

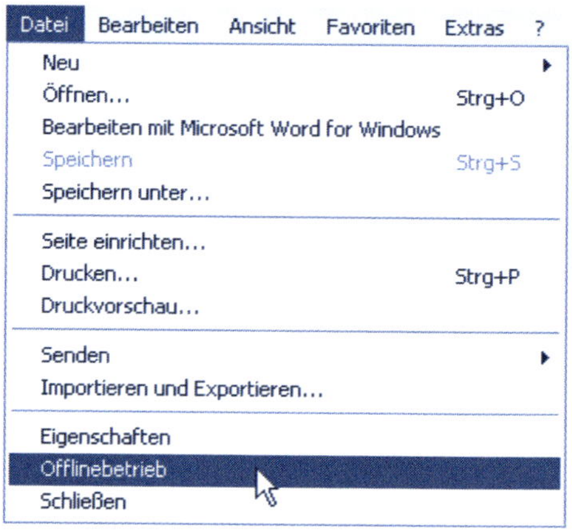

Oft sind es nur Kleinigkeiten, die aber eine große Wirkung haben. Und keine Sorge, in den meisten Fällen geht alles glatt und mit etwas Übung werden Sie immer sicherer.

Haben Sie alles richtig gemacht und es funktioniert trotzdem nicht? Das World Wide Web ist sehr dynamisch, täglich kommen **Seiten** neu hinzu oder **verschwinden** sang- und klanglos. Im dümmsten Fall gibt es die Seiten nicht mehr oder deren Besitzer **ist** einfach **im Internet umgezogen**, ohne eine neue Adresse zu hinterlassen.

Dauert es manchmal sehr lange, **bis** die **Seite** auf dem Bildschirm **erscheint**?

- Bedenken Sie bitte, dass der Browser den Inhalt vielleicht vom anderen Ende der Welt anfordern muss. Enthält eine Seite viele Bilder, erfordert das Laden schon mal eine Minute und länger. Leider protzen viele Entwickler von Webseiten immer noch mit vielen Bildern, auch um von dem oft eher bescheidenen inhaltlichen Angebot abzulenken. Lassen Sie solche Seiten dann lieber links liegen.
- Auch die Auslastung der Rechner im Internet spielt eine Rolle. Wenn viele Leute gleichzeitig surfen, kommt es zum »**Stau im Internet**«. Dann müssen Sie sich entweder in Geduld üben oder besser zu einem späteren Zeitpunkt erneut die »Auffahrt zur Datenautobahn« nehmen.
- Manchmal fällt auch schon mal ein Rechner aus, auf dem die Webseiten gespeichert sind. Dann funktioniert der Abruf im Browser natürlich nicht.
- Wenn der Internet Explorer die Seite lädt und lädt und es Ihnen irgendwann zu langweilig wird – ein Klick auf die nebenstehende Schaltfläche *Abbrechen* bricht die Anfrage ab.

- Wird die Seite nicht richtig geladen oder möchten Sie die Seite nochmals laden, klicken Sie dagegen auf die nebenstehende Schaltfläche *Aktualisieren*. Der Browser fordert die Seite erneut an.

Die Symbole der Schaltflächen *Abbrechen* und *Aktualisieren* können, je nach Browserversion, leicht von der hier gezeigten Darstellung abweichen.

TIPP

Treten Probleme beim Aufrufen einer Webseite auf, geben Sie versuchsweise eine andere Webadresse ein. Klappt das problemlos, überprüfen Sie die obigen Punkte. Hilft alles nichts, versuchen Sie, die Webadresse zu einem späteren Zeitpunkt nochmals aufzurufen. Mir ist es schon oft passiert, dass die Seite dann klaglos angezeigt wurde.

Smarter surfen

Wenn Sie erst einmal »Feuer gefangen haben«, werden Sie einige Webseiten sicher häufiger besuchen. Oder Sie sind vor einigen Tagen auf eine interessante Seite gestoßen, finden diese aber nicht wieder, weil Sie die URL-Angabe vergessen haben. Bevor Sie sich nun mit Papier und Bleistift an den Bildschirm setzen und Webadressen notieren – der Browser bietet Ihnen einige Hilfestellungen, um Webseiten wiederzufinden. Wenn Sie die betreffenden Funktionen kennen, können Sie ebenfalls etwas Tipparbeit beim Eingeben der Webadressen sparen. Manchmal ist es auch hilfreich, wenn Sie Webseiten mit längeren Texten nur laden und sich diese später in Ruhe nochmals offline (also ohne laufenden Gebührenzähler) in Ruhe durchlesen.

Wie Sie mehrere Webseiten gleichzeitig öffnen, haben Sie ja bereits auf den vorhergehenden Seiten gelernt. Es wurde ebenfalls erwähnt, dass der Browser bereits beim Eintippen einer Internetadresse das Listenfeld der Adressleiste öffnet und ähnliche, bereits einmal verwendete, Links anzeigt. Sie können dann einen Eintrag anklicken und sich so das Eintippen des restlichen Teils der Internetadresse sparen. Können Sie sich an eine Adresse nicht mehr genau erinnern?

Auch kein Problem; klicken Sie auf die Schaltfläche rechts neben der *Adresse*-Symbolleiste, um die Liste der bereits eingetippten Internetadressen abzurufen.

Dort finden sich die bereits benutzten Adressen und können per Mausklick abgerufen werden. Aber es gibt noch weitere Kniffe, um besser zu surfen.

So lassen sich Webadressen merken

Gibt es vielleicht eine Webseite, die Sie häufiger besuchen oder die Ihnen besonders gut gefällt? Dann ist es recht umständlich, jedes Mal die zugehörige Adresse einzutippen. Leider vergisst man häufig die Adressen verschiedener interessanter Webseiten (so geht es mir zumindest und aufschreiben ist mir zu aufwändig). Der Browser besitzt eine Funktion, mit der Sie die Adressen interessanter Webseiten »aufheben« können. Dies wird manchmal auch als »Bookmarking« bezeichnet, weil Sie ein symbolisches Lesezeichen (Bookmark) zwischen die Seiten im WWW einlegen, um dort später nochmals nachzuschlagen. Beim Microsoft Internet Explorer heißt die betreffende Funktion **Favoriten**. Es gibt verschiedene Möglichkeiten, um **Webseiten in** die Liste der **Favoriten aufzunehmen**. So geht es am einfachsten:

1 Klicken Sie im Internet Explorer auf das Menü *Favoriten*. Im Firefox öffnen Sie das Menü *Lesezeichen*.

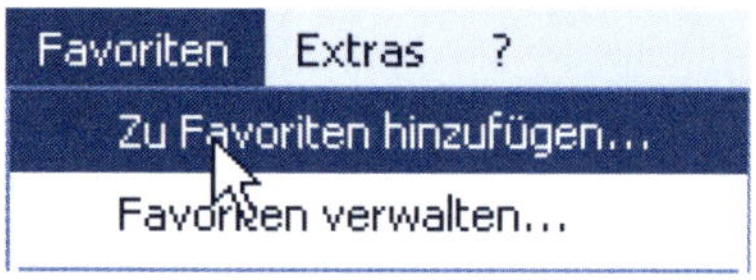

2 Wählen Sie anschließend im Menü den Befehl *Zu Favoriten hinzufügen* (bzw. *Lesezeichen hinzufügen*).

Der Browser fügt anschließend die Adresse der Webseite (die URL) im Menü *Favoriten* (bzw. *Lesezeichen*) ein.

TIPP

Möchten Sie viele Favoriten definieren, ist es günstiger, diese in Gruppen (Ordnern) zu verwalten. Wählen Sie hierzu den Befehl *Favoriten verwalten* im Menü *Favoriten* des Internet Explorer. Das Dialogfeld *Favoriten verwalten* ermöglicht es Ihnen über Schaltflächen, Favoriten zu löschen, umzubenennen, Ordner zur Aufnahme der Favoriten anzulegen und Einträge zu verschieben.

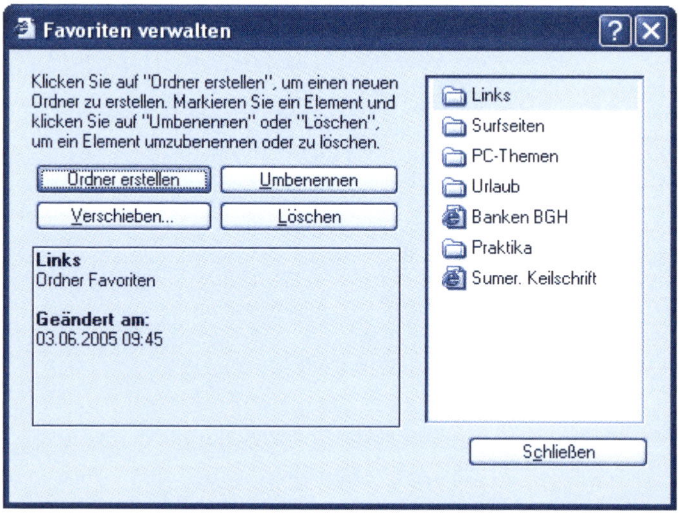

Im Firefox wählen Sie im Menü *Lesezeichen* den Befehl *Lesezeichen-Manager*. Im dann erscheinenden Fenster finden Sie ebenfalls Elemente, um die vorhandenen Lesezeichen zu verwalten.

Um später per Internet Explorer auf die **Liste** der **Favoriten** zuzugreifen und die zugehörigen Seiten **abzurufen**, gehen Sie folgendermaßen vor:

1 Öffnen Sie im Internet Explorer erneut das Menü *Favoriten*.

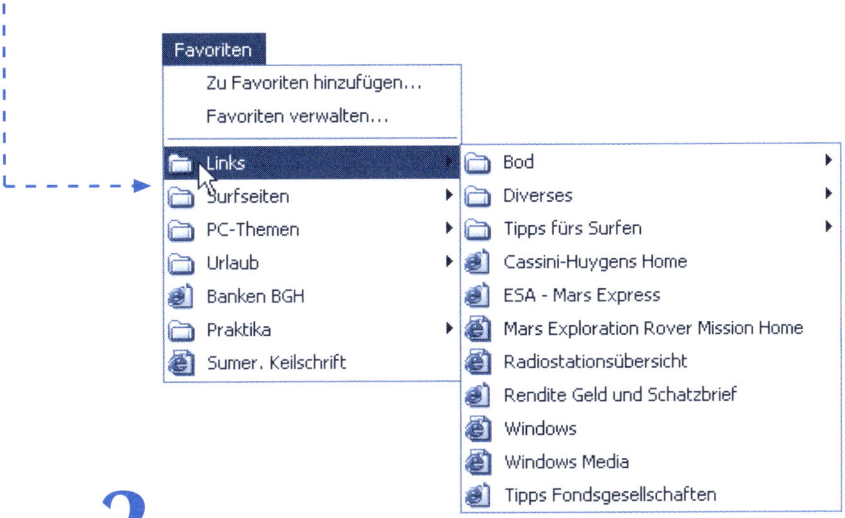

2 Wählen Sie anschließend im eingeblendeten Menü den gewünschten Favoriten.

Ordnersymbole innerhalb der Liste stehen für Untermenüs, die die Favoritenlisten nach Überschriften sortieren. Klicken Sie auf ein solches Ordnersymbol, zeigt der Explorer ein Untermenü mit den Einträgen an. Im Firefox verwenden Sie das Menü *Lesezeichen*, um die Einträge abzurufen.

HINWEIS

Werden Einträge der Liste etwas »abgeblendet« dargestellt? Die zugehörigen Webseiten lassen sich nur abrufen, wenn Sie online sind. Alle anderen Einträge stehen für Webseiten, die noch als Kopien auf der Festplatte des Computers vorliegen. Solche Webseiten können Sie sich auch im Offlinemodus ansehen.

HINWEIS

Beim Internet Explorer gibt es die Schaltfläche *Favoriten* in der Symbolleiste. Klicken Sie diese Schaltfläche an, blendet der Browser die Favoritenliste in der linken Spalte des Fensters ein. Sie können die Seiten dann durch Anklicken der Favoriten abrufen.

Besuchte Seiten offline lesen

Haben Sie vergessen, eine interessante Seite in die Liste der Favoriten einzutragen? Oder möchten Sie vielleicht eine gerade besuchte Seite später in Ruhe offline (ohne weitere Gebühren) lesen? Auch hier hilft Ihnen der Internet Explorer in der Regel weiter. Der **Browser merkt** sich den **Inhalt der** von Ihnen **besuchten Seiten in** einem internen **Zwischenspeicher** (auch als Cache bezeichnet). Dieser Zwischenspeicher bleibt für einige Tage erhalten. Um den Inhalt besuchter Webseiten später offline anzusehen, gehen Sie folgendermaßen vor:

1 Klicken Sie auf die Schaltfläche *Verlauf*.

Der Internet Explorer teilt das Dokumentfenster und zeigt in der linken Spalte die so genannte **Explorer-Leiste** *Verlauf* mit den Namen der besuchten Webseiten, geordnet nach Tagen und Wochen, an.

HINWEIS

Sie können die Explorer-Leiste ausblenden, indem Sie die Schaltfläche *Schließen* in der rechten oberen Ecke der Leiste anklicken. Oder Sie klicken erneut auf die Schaltfläche *Verlauf*.

2 Klicken Sie auf einen Wochentag, um die Einträge anzuzeigen.

3 Klicken Sie auf einen der Einträge.

Der Internet Explorer lädt jetzt die Seite aus dem internen Speicher und Sie können anschließend die Seite in Ruhe lesen.

HINWEIS

Wird nach dem Anklicken eines Eintrags nichts angezeigt? Dann öffnen Sie das Menü *Datei* und wählen den Befehl *Offlinebetrieb*. Nur wenn vor dem Befehl ein Häkchen zu sehen ist, kann der Browser die Seite aus dem internen Zwischenspeicher lesen.

HINWEIS

Es kann aber auch vorkommen, dass nicht mehr alle Informationen des Dokuments vorhanden sind. Manchmal fehlen Bilder oder andere Informationen. Oder der Betreiber der Seite hat diese so angelegt, dass bei jedem Aufruf aktuelle Informationen angefordert werden.

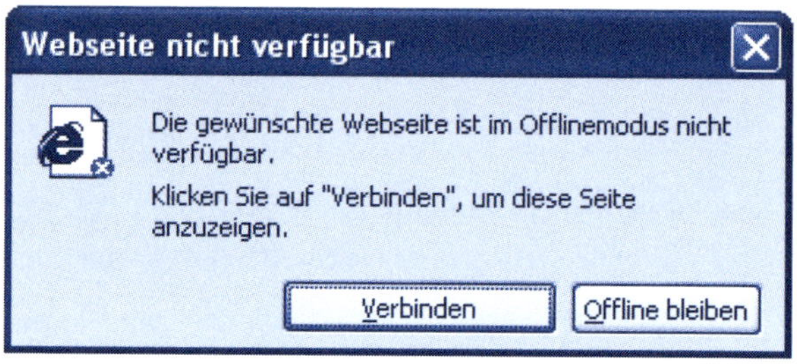

Dann fragt der Internet Explorer beim Anklicken eines Hyperlink, ob er eine Verbindung zum Internet aufbauen soll, um die zugehörige Seite zu laden. Sie können die Verbindungsaufnahme zulassen oder ablehnen. Ob Seiten direkt aus dem Web gelesen werden, erkennen Sie übrigens in der Titelzeile. Der Offlinemodus wird mit dem Hinweis [Offlinebetrieb] angezeigt. Beim Firefox wird der Verlauf im Menü *Gehe* über den Befehl *Chronik* eingeblendet.

Webseiten speichern

Möchten Sie gezielt den Text einer Seite speichern, um diese später erneut anzusehen? Dies lässt sich im Microsoft Internet Explorer mit wenigen Schritten durchführen:

1 Klicken Sie im Menü *Datei* auf den Befehl *Speichern unter* (bzw. *Seite speichern unter* im Firefox).

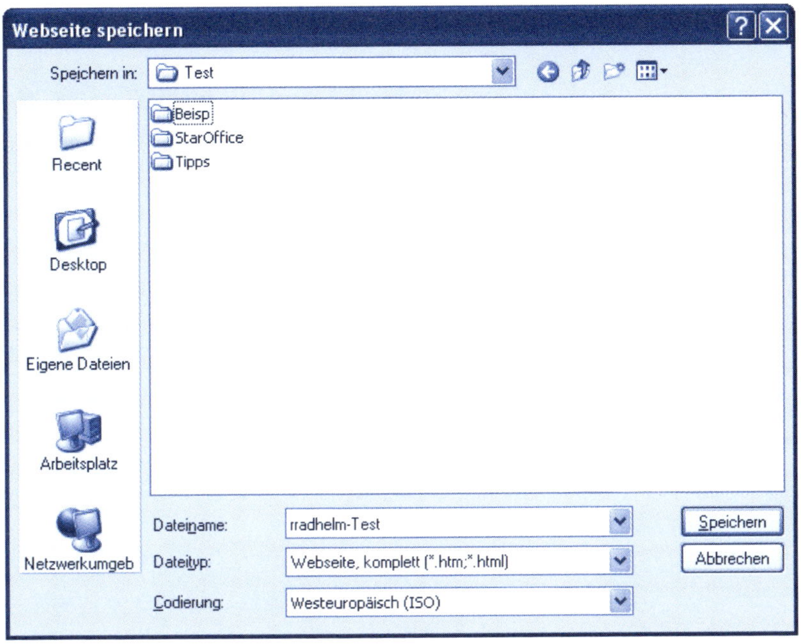

2 Wählen Sie im Dialogfeld *Webseite speichern* (bzw. *Speichern unter*) den Ordner für die Datei aus.

3 Stellen Sie den Dateityp im gleichnamigen Feld ein.

4 Korrigieren Sie ggf. den Dateinamen im Feld *Dateiname*.

5 Klicken Sie auf die Schaltfläche *Speichern*.

Der Text der Seite wird vom Internet Explorer als Datei mit dem vorgegebenen Namen gespeichert. Je nach ausgewähltem Dateityp legt das Programm eine Archivdatei (*.mht*) oder Einzeldateien mit Erweiterungen wie *.htm* oder *.html* an. Beim Eintrag »Webseite« sichert der Internet Explorer Text und Bilder in getrennten Unterordnern.

HINWEIS

Eine solcherart gespeicherte Webseite können Sie später in Windows in einem Ordnerfenster per Doppelklick anwählen. Dann öffnet Windows automatisch den Internet Explorer und zeigt die Webseite an. Gibt es im Dokument Verweise auf andere Webseiten, erscheinen zwar Anfragen, ob der Browser online gehen darf. Diese Anfragen können Sie aber über die *Abbrechen*-Schaltfläche beenden, ohne online gehen zu müssen.

Bilder aus Webseiten speichern

Möchten Sie vielleicht nur einzelne Bilder einer Webseite speichern? Auch wenn diese Bilder vielleicht dem Copyright unterliegen, gibt es Fälle, wo es sinnvoll ist, diese aufzubewahren. Möchten Sie beispielsweise ein schönes Landschaftsmotiv aus einer Urlaubsregion als Desktop-Hintergrund nutzen? Oder benötigen Sie ein Bild von einer Webseite für Ihre private Fotosammlung? Solange die Bilder nicht kommerziell verbreitet werden, können Sie in der Regel eigene Kopien auf der Festplatte ablegen. Zum Speichern eines Bildes sind folgende Schritte erforderlich:

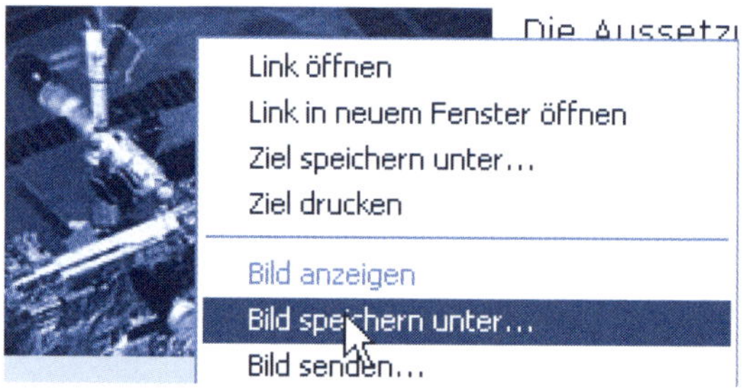

1 Klicken Sie mit der rechten Maustaste auf das Bild in der Webseite.

Das Programm öffnet ein Kontextmenü.

2 Wählen Sie in diesem Kontextmenü den Befehl *Bild speichern unter* (bzw. *Grafik speichern unter* im Firefox).

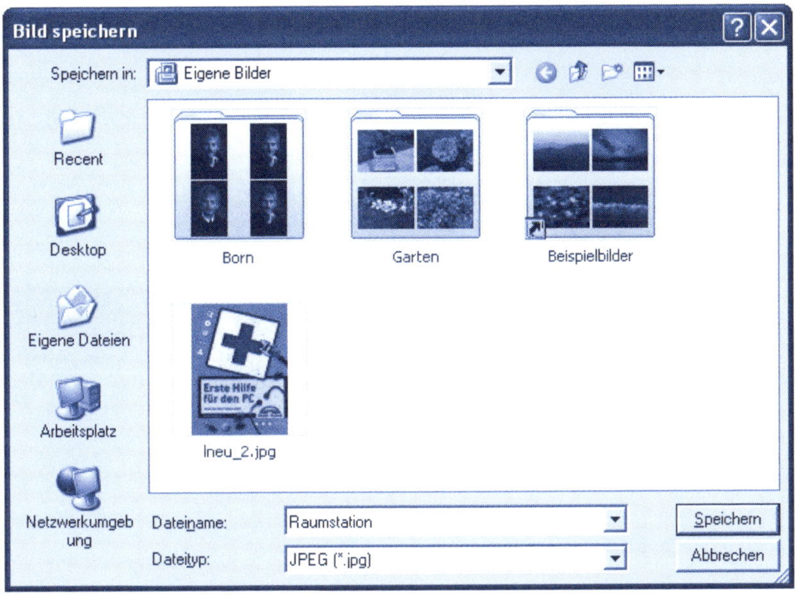

3 Wählen Sie im Dialogfeld *Bild speichern* (bzw. *Grafik speichern*) den Ordner für das Bild (z.B. *Eigene Dateien/Eigene Bilder*) und korrigieren Sie ggf. den Dateinamen.

4 Klicken Sie auf die Schaltfläche *Speichern*, um das Bild zu speichern.

Sie können diese Bilder später mit anderen Programmen laden und anzeigen.

Webseiten drucken

Auch das Ausdrucken geladener Webseiten geht recht einfach.

1 Klicken Sie im Internet Explorer auf die *Drucken*-Schaltfläche.

Der Internet Explorer druckt den Inhalt der gesamten Seite. Benötigen Sie mehr Kontrolle über den Ausdruck oder fehlt die Schaltfläche zum Drucken, gehen Sie in folgenden Schritten vor.

2 Wählen Sie im Menü *Datei* den Befehl *Drucken* oder drücken Sie die Tastenkombination Strg+P.

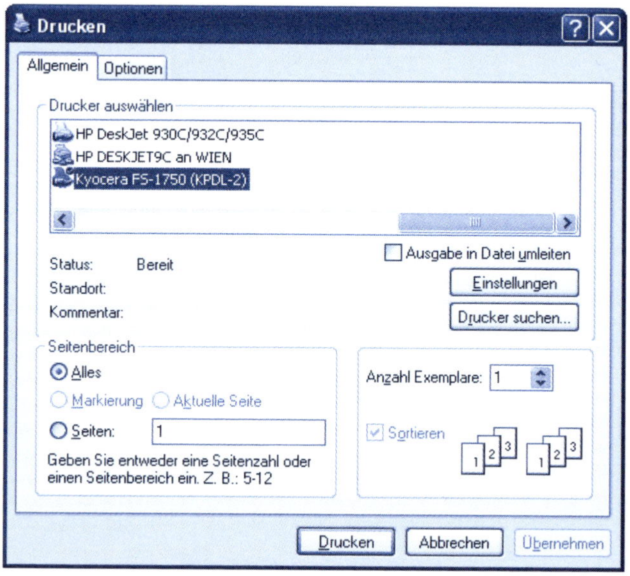

Das Dialogfeld *Drucken* wird angezeigt. Der genaue Aufbau hängt dabei von der Browser- bzw. Windows-Version ab. Bei Windows XP sind die Optionen z.B. auf zwei Registerkarten untergebracht.

3 Legen Sie im Dialogfeld *Drucken* die gewünschten Optionen fest.

4 Klicken Sie auf die mit *Drucken* oder *OK* bezeichnete Schaltfläche.

Der Browser druckt jetzt den Inhalt der aktuell angezeigten Dokumentseite(n) samt Grafiken mit den gewünschten Optionen aus.

FACHWORT

Manche Webseiten sind in mehrere Fenster, auch als **Frames** (deutsch Rahmen) bezeichnet, unterteilt. Dann werden die Optionsfelder der Gruppe *Drucken von Frames* freigegeben und Sie können festlegen, wie die Inhalte der Frames auszugeben sind.

Das Herunterladen von Dateien

Manche Webseiten bieten die Möglichkeit, Programme, Bilder, Musik oder andere Daten auf die Festplatte Ihres Computers herunterzuladen. Dieser Vorgang wird in Neudeutsch auch als **Download** bezeichnet. Der Download solcher Dateien funktioniert genau so einfach wie das Anwählen von Webseiten über Hyperlinks.

1 Stellen Sie eine Verbindung zum Internet her und starten Sie den Browser.

Nun müssen Sie eine Webseite aufrufen, auf der ein Download angeboten wird. Sie könnten beispielsweise die Webseite *smartsurfer.web.de* zum Download des bereits in Kapitel 1 erwähnten Tarifmanagers Smartsurfer verwenden. Oder Sie laden sich von der Webseite *www.free-av.de* ein kostenloses Virenschutzprogramm herunter. Da aber der Download des SmartSurfers eine vorherige Registrierung erfordert und der Virenscanner AntiVir sehr umfangreich ist, verwende ich nachfolgend eine eigene Download-Seite: *www.borncity.de/Test*.

2 Tippen Sie im Feld *Adresse* die Adresse der Webseite ein, auf der Downloads angeboten werden (hier *www.borncity.de/Test*).

3 Im Browser erscheint nun die Webseite mit den Download-Angeboten. Blättern Sie in der Seite, bis Sie ein interessantes Angebot gefunden haben, und klicken Sie auf den Hyperlink für den Download.

Ob der Hyperlink, wie hier, als Schaltfläche *Download* ausgeführt ist oder ob lediglich ein normaler Hyperlink angeboten wird, hängt vom Autor der Webseite ab.

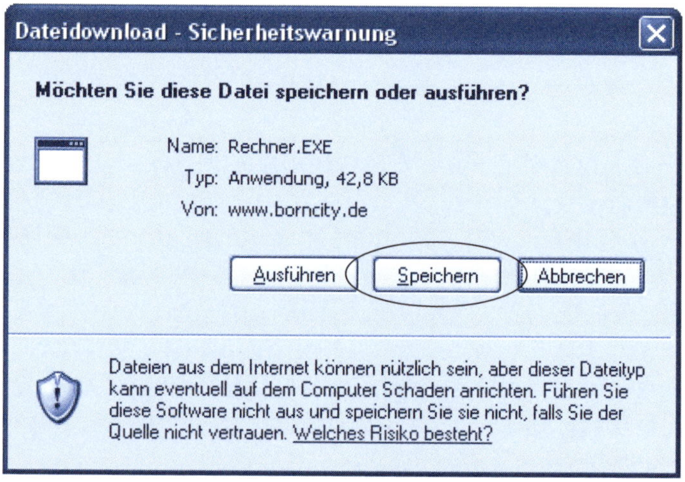

Der Browser öffnet in den meisten Fällen ein Dialogfeld, dessen Aufbau vom verwendeten Browser abhängt. Hier sehen Sie den Dialog des Internet Explorer 6 unter Windows XP mit installiertem Service Pack 2.

Der Browser möchte wissen, ob die herunterzuladende Datei gleich geöffnet oder lediglich gespeichert werden soll.

ACHTUNG

Eine aus dem Internet heruntergeladene Datei (**Download**) kann potentiell durch **Viren** oder andere Schädlinge infiziert sein. Sie müssen sich also im eigenen Interesse beim Download durch einige **Vorsichtsmaßnahmen** vor bösen Überraschungen **schützen**. Starten Sie einen Download nur von Webseiten, die Sie als vertrauenswürdig einschätzen. Wählen Sie niemals im Dialogfeld *Dateidownload* die mit *Ausführen*, *Öffnen* oder ähnlich bezeichnete Option, sondern verwenden Sie das Element zum Speichern auf der Festplatte (hier die Schaltfläche *Speichern*). Nach dem Download können Sie dann die heruntergeladene Datei vor dem Ausprobieren mit einem aktuellen **Virenprüfprogramm** untersuchen lassen.

4 Wählen Sie im Dialogfeld die Option zum Speichern (hier die Schaltfläche *Speichern*, im Firefox ist die Option *Auf Diskette/Festplatte speichern* bereits markiert und Sie können auf *OK* klicken).

Jetzt muss der Browser noch wissen, wohin er die Download-Datei speichern soll.

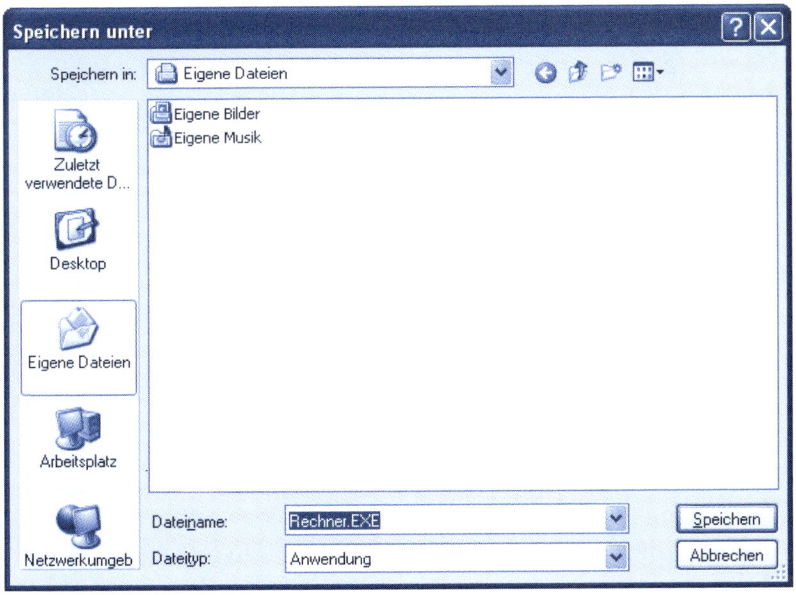

5 Sobald sich das betreffende Dialogfeld öffnet, wählen Sie den Zielordner, in dem die Datei abzulegen ist (z.B. über die Ordnersymbole sowie über das Listenfeld *Speichern in* des Dialogfelds). Bei Bedarf können Sie im Feld *Dateiname* noch den Namen der Zieldatei anpassen. Anschließend klicken Sie auf die *Speichern*-Schaltfläche.

Der Browser beginnt mit dem Herunterladen der Datei von der betreffenden Webseite und speichert alles im angegebenen Ordner. Dies kann je nach Größe der Datei und der Übertragungsgeschwindigkeit Sekunden, Minuten oder sogar Stunden dauern.

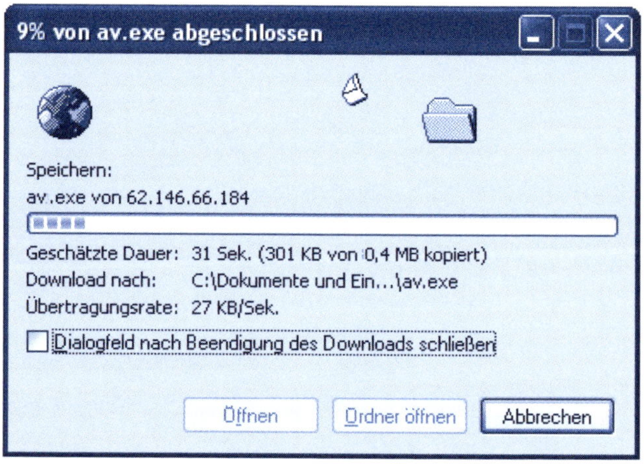

Beim Download zeigt Ihnen der Browser die geschätzte Dauer sowie den Fortschritt des Downloads in diesem Dialogfeld an.

In der Standardeinstellung (z.B. wenn das Kontrollkästchen *Dialogfeld nach Beendigung des Downloads schließen* im Internet Explorer markiert ist) schließt der Browser den Download-Dialog nach dem erfolgreichen Herunterladen der Datei automatisch. Andernfalls müssen Sie das Download-Dialogfeld über die *Schließen*-Schaltfläche manuell beenden. Falls das Herunterladen zu lange dauert (z.B. weil der betreffende Server überlastet ist und die Daten nur sehr langsam übertragen werden), können Sie den Download über die Schaltfläche *Abbrechen* vorzeitig beenden.

Nach dem erfolgreichen Download können Sie die Internetverbindung trennen, das Ordnerfenster *Arbeitsplatz* öffnen, zum Ordner mit der heruntergeladenen Datei wechseln und diese durch ein Virenschutzprogramm überprüfen lassen. Nur wenn das Virenschutzprogramm nichts findet und Sie die Sicherheitshinweise aus Kapitel 4 beherzigt haben, sollten Sie die heruntergeladene Datei per Doppelklick öffnen.

Das Internet erlaubt den Zugriff auf das größte Softwarearchiv der Welt. Viele Autoren bieten ihre Programme direkt im Internet zum Download an. Einige Programme dürfen dabei als so genannte **Freeware** frei kopiert und genutzt werden. Andere Programme werden als **Shareware** angeboten. Bei Shareware handelt es sich um Programme zum Testen. Der Autor des Programms erlaubt Ihnen, das Programm vor dem Kauf auszuprobieren, erwartet aber im Gegenzug, dass Sie das Programm bezahlen, wenn es Ihnen gefällt. Näheres zu diesen Themen regelt die Begleitdokumentation zu den jeweiligen Programmen.

Bemerkungen zu heruntergeladenen Dateien

Dateien mit der Dateinamenserweiterung .exe stellen ausführbare Programme dar, die Sie per Doppelklick auf das Dateisymbol ausführen können. Häufig erhalten Sie beim Download das Installations- oder Setup-Programm für die betreffende Anwendung. Beim Starten fragt das Programm dann, wo die eigentliche Anwendung zu installieren ist.

Um Platz zu sparen oder um mehrere Dateien zum Download anzubieten, **werden** häufig auch so genannte **Archive verwendet**. Solche Archive liegen in zwei Varianten vor. Es gibt selbstentpackende Archive, die mit der Dateinamenserweiterung .exe versehen sind. Dann reicht ein Doppelklick auf den Dateinamen, um das Programm zum Entpacken zu starten. Das Programm fragt dann nach dem Zielordner für die archivierten Dateien und entpackt diese in den Ordner. Die zweite (häufig benutzte) Variante verwendet das so genannte **ZIP-Format für** die **Archivdateien**. Erkennbar sind solche Archive an der Dateinamenserweiterung *.zip*. Sie benötigen dann spezielle Hilfsprogramme, um an den Inhalt des Archivs zu gelangen. Einige Windows-Versionen enthalten bereits die Funktion »Komprimierter Ordner«, die ZIP-Archive als Ordner mit einem stilisierten Reißverschluss anzeigt. Ein Doppelklick auf das Ordnersymbol öffnet ein zweites Ordnerfenster. Sie können dann die Dateien des Archivs mit der Maus in einen anderen Ordner ziehen (man bezeichnet dies auch als entpacken). Fehlt diese Funktion, benötigen Sie ein **Hilfsprogramm** wie **UltimateZip**, um das ZIP-Archiv zu entpacken. UltimateZip können Sie kostenlos von der Webseite *www.ultimate.zip* herunterladen. Solche so genannten Packprogramme gibt es aber auch im Fachhandel. Oder Sie finden die Programme auf CD-ROMs, die vielen Computerzeitschriften beiliegen.

Neben Programmen, Archivdateien (.zip) und Bildern werden häufig auch Dokumente im Format von Microsoft Word (.doc) oder im Adobe Acrobat Format (.pdf) zum Download angeboten. Laden Sie eine Word-.doc-Datei herunter, lässt sich diese mit dem Programm Microsoft Word öffnen bzw. die Datei wird automatisch beim Anklicken des Hyperlink geladen und im Browserfenster angezeigt. Beachten Sie aber, dass Word-Dateien auch Viren enthalten können. Bei Microsoft Word ab der Version 2000 können Sie das Ausführen von Virencode sperren. Wählen Sie im Programm Word im Menü *Extras* die Befehle *Makro/Sicherheit*. Im dann angezeigten Dialogfeld *Sicherheit* setzen sich die Sicherheitsstufe auf *Hoch*. Muss eine .doc-Datei mit einem Makro ausgeführt werden, sollten Sie diese vorher mit einem Virenscanner überprüfen lassen.

Bei Dateien mit der Dateinamenerweiterung .pdf handelt es sich um Dokumente, die im sogenannten Adobe Acrobat PDF-Format gespeichert sind. Dieses Format wird gerne benutzt, da es im Gegensatz zu .htm-Dateien keine Änderungen erlaubt, die Aufteilung in Seiten zulässt sowie Texte und Grafik wie im Programm des Autors wiedergeben kann. Ich selbst benutze das Acrobat-Format, um meine Bücher auf elektronische Art zu publizieren. Wird Ihnen eine solche Datei zum Abrufen angeboten, benötigen Sie das Programm Adobe Reader zur Anzeige. Sie können sich dieses Programm kostenlos von der Webseite *www.adobe.de* herunterladen. Ist das Programm installiert, lassen sich Acrobat-Dokumente direkt im Internet Explorer bzw. im Firefox anzeigen.

HINWEIS

Wenn Sie auf meiner Webseite *www.borncity.de* die Rubrik »Senioren« in der linken Spalte anwählen, erscheint der Inhalt mit meinen Angeboten für Senioren. Dort finden Sie auch kostenlose Kursunterlagen zum Einstieg in den Computer. Die betreffenden Dateien wurden im Adobe Acrobat-Format hinterlegt. Wenn Sie einen solchen Download-Link anwählen, wird die PDF-Datei bei installiertem Adobe Reader direkt im Browserfenster dargestellt. Sie können die Datei dann lesen und über die Schaltfläche *Speichern* der Adobe Reader-Symbolleiste auch lokal auf dem Computer speichern. Möchten Sie eine Dokumentdatei, die normalerweise im Browser dargestellt wird, separat auf dem Computer speichern? Dann klicken Sie den Hyperlink mit der rechten Maustaste an und wählen anschließend im Kontextmenü den Befehl *Ziel speichern unter* mit der linken Maustaste an. Dann erscheint ein Dialogfeld zur Auswahl des Zielordners und die Datei wird anschließend auf den Computer übertragen. Eine so heruntergeladene Datei (z.B. *.pdf*-Datei) können Sie später auch ohne Internetverbindung über das Ordnerfenster *Arbeitsplatz* suchen und per Doppelklick im zugehörigen Anzeigeprogramm (z.B. Adobe Reader) öffnen. Sofern Sie sich mit der Bedienung von Windows noch nicht so gut auskennen oder Hinweise zum Umgang mit Dateien suchen, möchte ich auf meinen Titel »Windows – leichter Einstieg für Senioren« des Markt+Technik-Verlags verweisen.

Zusammenfassung

In diesem Kapitel haben Sie erste Webseiten besucht und grundlegende Funktion des Internet Explorer kennen gelernt. Sie wissen jetzt, wie Sie zwischen Webseiten »blättern«, wie Sie sich Adressen interessanter Webseiten merken können und wie solche Seiten gespeichert oder gedruckt werden. Damit steht zukünftigen Ausflügen ins World Wide Web kaum noch etwas im Wege. Wenn es zu Beginn mal nicht so ganz klappt, ist das nicht so tragisch – Übung macht den Meister. Außerdem wiederholt sich vieles in den folgenden Kapiteln, Sie werden dadurch nach kurzer Zeit sicherer. Lesen Sie bei Bedarf die einzelnen Abschnitte dieses Kapitels noch mal durch.

Lernkontrolle

- **Wie komme ich zur vorher besuchten Webseite wieder zurück?**
  (Klicken Sie einfach auf die Schaltfläche *Zurück*.)
- **Wie kann ich mir die Adresse einer interessanten Webseite merken?**
  (Klicken Sie im Menü *Favoriten* auf den Befehl *Zu Favoriten hinzufügen*.)
- **Wie sehe ich, welche Seiten ich vorige Woche besucht habe?**
  (Klicken Sie auf die Schaltfläche *Verlauf*.)

Im WWW sitzen Sie in der ersten Reihe

Mit Kapitel 2 haben Sie die Grundlagen für Ausflüge ins World Wide Web erworben. Jetzt ist es an der Zeit, dieses Medium genauer zu erforschen. Wie Sie im Dschungel des WWW die gewünschten Seiten finden und was es zu beachten gilt, liegt nicht unbedingt auf der Hand. Daher befassen wir uns mit der Frage, wie Sie im Internet gezielt suchen können und wo es interessante Angebote gibt. Außerdem erhalten Sie einige Informationen bezüglich der Sicherheit im Internet.

Das lernen Sie in diesem Kapitel **3**

- Suchen und Finden
- Interessante Webseiten
- (Geld-)Geschäfte im Internet

Suchen und Finden

Haben Sie die erste Hürde genommen, wird das Surfen im WWW zu einer ausgesprochen interessanten und auch vergnüglichen Angelegenheit. Sie sitzen in einer Art Privatkino in der ersten Reihe und bestimmen sogar das »Stück«, welches gespielt werden soll. Aber halt, da war doch noch was? Wie soll man denn ohne »Programm« und Anleitung wissen, welche Webseite man abrufen möchte? Sicherlich, Sie können interessante Webadressen aus Zeitschriften oder Prospekten sammeln und die zugehörigen Seiten versuchsweise abrufen. Probieren Sie doch einmal Webadressen wie *www.aldi.de*, *www.quelle.de*, *www.otto.de* oder *www.neckermann.de*. Fast jedes Kaufhaus, jede Supermarktkette und jeder Versandhandel ist mit einer Adresse im Web vertreten. Häufig können Sie sich auf diesen Seiten frühzeitig über Sonderangebote informieren und müssen sich nicht ärgern, wenn der Austräger mal wieder Ihren Briefkasten übersehen hat. Mit genügend Sammelwut oder etwas Phantasie (für die obigen Webadressen habe ich einfach auf Verdacht die jeweiligen Firmennamen eingetippt) entdecken Sie sicherlich ein paar interessante Webseiten.

Häufiger wird es aber so sein, dass Sie konkret nach Informationen zu einem konkreten Thema suchen möchten. Dann stellt sich die Frage, wie Sie die betreffenden Webseiten finden können. Glücklicherweise gibt es Internetseiten, die sich auf die Suche im Internet spezialisiert haben.

So nutzen Sie ein Portal zum Schnuppern nach Themen

Um zu bestimmten Themen wie Computer, Gesundheit, Reise etc. etwas zu schnuppern, bieten sich so genannte **Webportale** an. Es handelt sich um Internetseiten, deren Inhalte von Redakteuren gepflegt werden. Neben aktuellen Schlagzeilen zu Tagesereignissen finden sich oft auch Rubriken zu Themen wie »Sport«, »Gesundheit«, »Reisen« etc.

1 Stellen Sie eine Internetverbindung her und starten Sie den Browser.

2 Anschließend tippen Sie in der Adressleiste des Browsers *www.web.de* ein und drücken die [↵]-Taste.

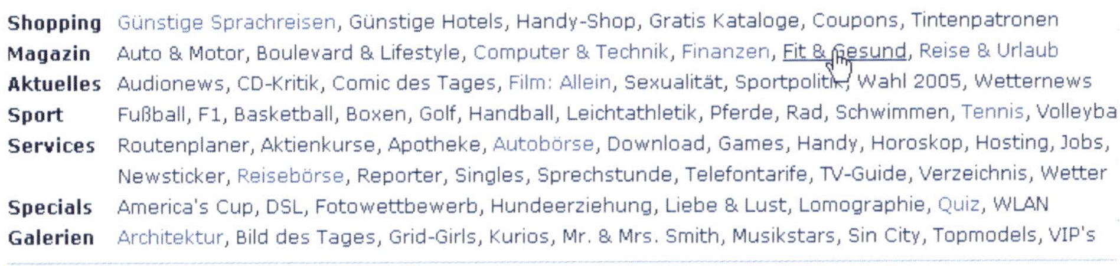

3 Warten Sie, bis die Eingangsseite des Portals angezeigt wird, blättern Sie zum Seitenende und klicken Sie dann auf den Hyperlink »Fit & Gesund«.

Der Browser ruft jetzt die Portalseiten mit den Gesundheitsthemen von WEB.DE auf. Sie können im Fenster blättern und über Hyperlinks zu den betreffenden Beiträgen gelangen.

Der Vorteil dieses Ansatzes: Sie erhalten eine schnelle Übersicht über das Themengebiet. Häufig findet man dort Stichworte und Themen, an die man zuerst gar nicht gedacht hat. Neben WEB.DE können Sie auch andere Portale wie Freenet (*www.freenet.de*), MSN (*www.msn.de*) oder Lycos (*www.lycos.de*) verwenden. Unter der Adresse *www.allesklar.de* finden Sie noch einen so genannten **Webkatalog**, in dem Sie über Rubriken wie »Gesundheit & Medizin« Webseiten nachschlagen können. Ähnlich arbeiten auch so genannte **Verzeichnisse** (z.B. *dir.web.de*), die Links zu kommerziellen Angeboten nach Kategorien zusammengefasst anbieten.

Gezielte Suche im Internet

Haben Sie einen bestimmten Begriff, ein Thema oder ein Stichwort im Kopf, zu dem Sie Informationen benötigen? Dann ist der direkte Zugriff auf eine Suchmaschine der bessere Weg, um die relevanten Webseiten herauszufinden. Die Suchmaschine Google ist für diesen Zweck am populärsten und soll jetzt zur Recherche zum Thema »Gesundheit« benutzt werden.

1 Starten Sie den Browser, stellen Sie ggf. eine Internetverbindung her und rufen Sie die Webseite *www.google.de* auf.

2 Geben Sie im Textfeld den Begriff »Gesundheit« ein und klicken Sie anschließend auf die Schaltfläche *Google Suche*.

Der Browser zeigt Ihnen nach einigen Sekunden die Ergebnisseite mit den gefundenen Treffern an.

Google gibt zuerst die Zahl der gefundenen Treffer an und listet dann die Treffer in einer Liste auf. Jeder Treffer besteht aus einer als Hyperlink ausgeführten Überschrift der Webseite, einem kurzen Textauszug aus der Ergebnisseite sowie dem Link zur betreffenden Seite. Dabei werden jeweils 10 dieser Einträge in einer Seite zusammengefasst. Die wahrscheinlichsten Treffer werden dabei am Anfang der Liste aufgeführt. Um eine Ergebnisseite abzurufen, brauchen Sie lediglich den betreffenden Hyperlink in der Ergebnisliste anzuklicken.

TIPP

Klicken Sie die Hyperlinks mit der rechten Maustaste an und wählen Sie im Kontextmenü den Befehl *In neuem Fenster öffnen*. Ist die so aufgerufene Webseite nicht relevant, lässt sich das neu geöffnete Fenster einfach schließen. Dies geht schneller, als das Navigieren über den Hyperlink und die Schaltfläche *Zurück* des Browsers.

Pfiffig: Gezielter suchen!

Wenn Sie über Suchmaschinen wie Google nach bestimmten Begriffen recherchieren, stoßen Sie sehr schnell auf ein Problem: Es werden oft Hunderte oder Tausende Webseiten als Treffer angezeigt. Und oft sind die Ergebnisse alles andere als relevant. Dies hat verschiedene Ursachen.

- Einmal versuchen kommerzielle und unseriöse Anbieter, ihre Webseiten mit allerlei Tricks am Anfang der Ergebnisliste zu positionieren. Ein Vergleich der in der Ergebnisliste angezeigten Textauszüge sowie der Webadresse gibt Hinweis, ob es sich um relevante Treffer handeln kann.
- Schlechte Suchbegriffe können zu sehr vielen oder fehlerhaften Treffern führen. Zudem gibt es den Fall, dass ein Begriff durchaus mehrere Bedeutungen haben kann. »Tor« kann ein Eingangstor, einen einfältigen Menschen oder ein Fußballtor bezeichnen.

Je nach gewähltem Suchbegriff wird die Ergebnisliste unbrauchbar oder zumindest so umfangreich, dass die Suche nach den relevanten Seiten nahezu unmöglich wird. Für eine effiziente Suche lässt sich aber meist eine Kombination mehrerer Stichwörter als Suchbegriff vorgeben. Mit den beiden Begriffen »Senioren Gesundheit« veranlassen Sie Google, im Web nach Seiten zu suchen, in denen die Begriffe »Senioren« und »Gesundheit« vorkommen. Sie können bis zu 10 Wörter in der Google-Suche kombinieren und auf diese Weise die Treffergenauigkeit erhöhen. Um nach bestimmten Wortgruppen zu suchen, können Sie diese in Anführungszeichen setzen (z.B. »"Durch diese hohle Gasse"«). Die hier im Buch zur Hervorhebung der Begriffe benutzten französischen Anführungszeichen »...« dürfen Sie in der Suchmaschine nicht eingeben.

TIPP

Google ist tolerant bezüglich der Groß-/Kleinschreibung der Suchbegriffe. Auch Abweichungen in der Schreibweise bei Umlauten (z.B. »München« oder »Muenchen«) oder Zusammen- und Getrenntschreibung (z.B. »Musik-Anlage« oder »Musikanlage«) werden automatisch berücksichtigt. Um die Suche nach einer exakten Schreibweise zu erzwingen, stellen Sie ein Pluszeichen vor den jeweiligen Suchbegriff. »+München« oder »+Musikanlage« liefern z.B. nur Treffer, in denen genau diese Schreibweise vorkommt. Darf ein bestimmter Begriff in den Ergebnisseiten nicht auftreten, kennzeichnen Sie diesen durch ein vorangestelltes Minuszeichen. Mit »Gesundheit -Senioren« findet Google Webseiten, in denen der Begriff »Gesundheit« ohne das Stichwort »Senioren« vorkommt. Achten Sie aber darauf, dass vor dem Plus- oder Minuszeichen ein Leerzeichen auftritt, aber zwischen dem Plus- oder dem Minuszeichen und dem Suchbegriff kein Leerzeichen auftreten darf! Google kennt aber keine so genannten Wildcard-Zeichen (z.B. *), mit denen Buchstaben in einem Wort ersetzt werden können. Daher müssen Sie ggf. die unterschiedliche Schreibweise für Singular und Plural (z.B. »Gabel« und »Gabeln«) berücksichtigen und ggf. beide Wörter im Textfeld des Eingabeformulars angeben. Die oberhalb des Suchfelds sichtbaren Hyperlinks »Bilder«

und »Groups« erlauben nach Fotos bzw. Einträgen in Nachrichtengruppen (statt im WWW) zu suchen. Beachten Sie aber, dass bei Verwendung anderer Suchmaschinen ggf. andere Regeln gelten. Hinweise finden Sie meist in der Hilfeseite der betreffenden Suchmaschine, die Sie über einen entsprechenden Hyperlink abrufen können.

Wenn eine Suchmaschine nicht weiterhilft

Manchmal ist es so, dass Sie mit Google keine oder keine brauchbaren Treffer erhalten. Für spezielle Themen sind mitunter andere Suchmaschinen besser geeignet. Die folgende Tabelle enthält die Webadressen weiterer Suchmaschinen.

Adresse	**Bemerkung**
www.web.de	Die Suchmaschine des Anbieters WEB.DE.
de.yahoo.com	Die Suchmaschine des Anbieters Yahoo!
www.fireball.de	Deutschsprachige Suchmaschine.
www.altavista.de	Suchmaschine Altavista.
www.sear.ch	Auf die Schweiz bezogene Suchmaschine.
www.austronaut.at	Suchmaschine für Webseiten in Österreich.

Natürlich können Sie auch die Suchfunktionen der bereits oben erwähnten Portale wie Freenet oder Lycos zur Suche verwenden.

TIPP

Können Sie sich die Adressen der Suchmaschinen nicht merken? Im Internet Explorer lässt sich die Schaltfläche *Suchen* der Symbolleiste anklicken. Dann wird das Dokumentfenster geteilt und in der linken Spalte erscheint das Formular der Microsoft Suchmaschine MSN. Geben Sie einen Suchbegriff im Formular ein und drücken dann die

[↵]-Taste, erscheinen die Treffer als Hyperlinkliste im Formular. Klicken Sie einen Hyperlink an, wird die zugehörige Seite im rechten Teilfenster angezeigt. Klicken Sie in der Symbolleiste erneut auf die Schaltfläche *Suchen*, wird das Suchformular wieder ausgeblendet.

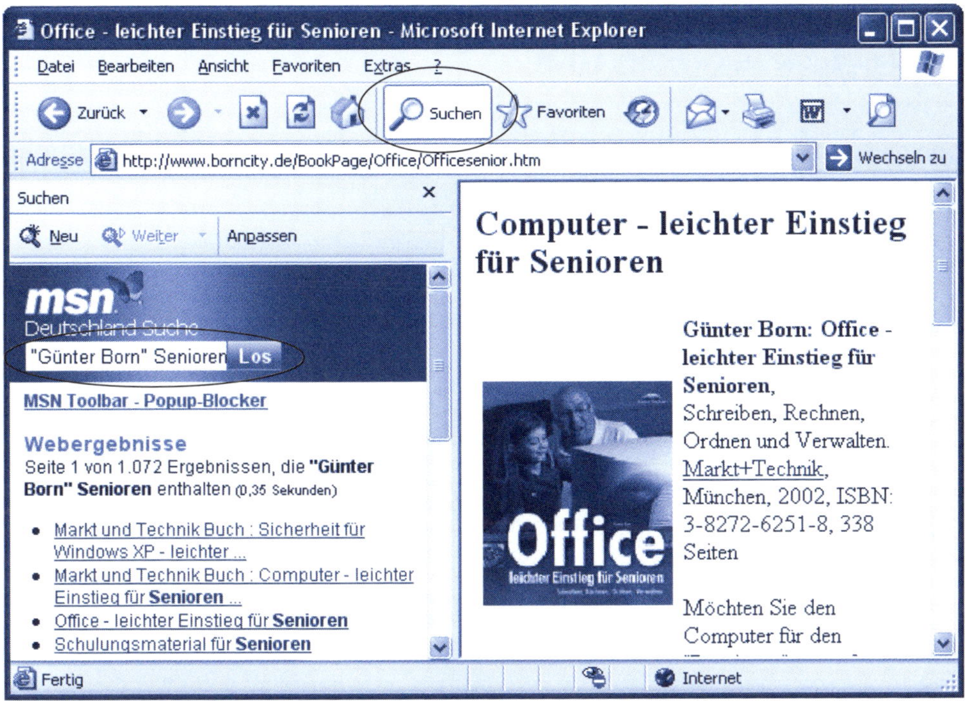

In der Webseite suchen

Haben Sie vielleicht über eine Suchmaschine eine Seite gefunden, diese enthält aber einen längeren Text? Dann kann es sehr mühselig sein, herauszufinden, wo in der Seite der Suchbegriff auftaucht. Überlassen Sie das getrost dem Browser.

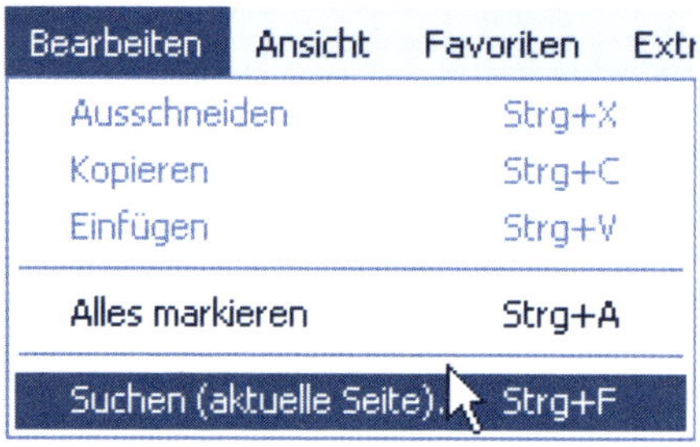

1 Sobald die Seite geladen wurde, wählen Sie in der Menüleiste des Browsers den Eintrag *Bearbeiten* und klicken anschließend auf den Befehl *Suchen*. Oder Sie drücken gleichzeitig die Tasten [Strg]+[F].

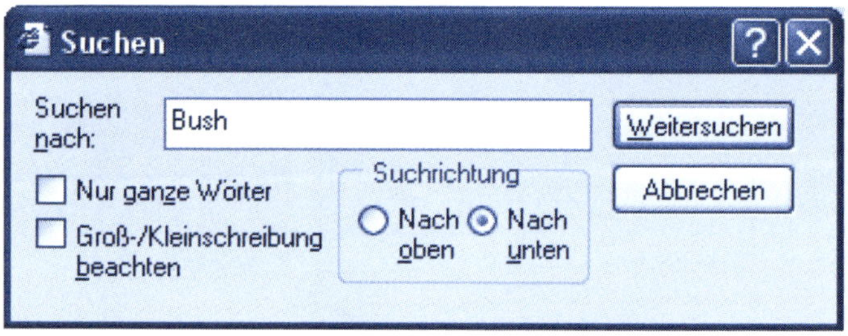

2 Im dann geöffneten Dialogfeld tippen Sie den gewünschten Suchbegriff ein, setzen ggf. die Optionen und klicken anschließend auf die Schaltfläche *Weitersuchen*.

Findet der Browser den Suchbegriff auf der Seite, hebt er diesen hervor.

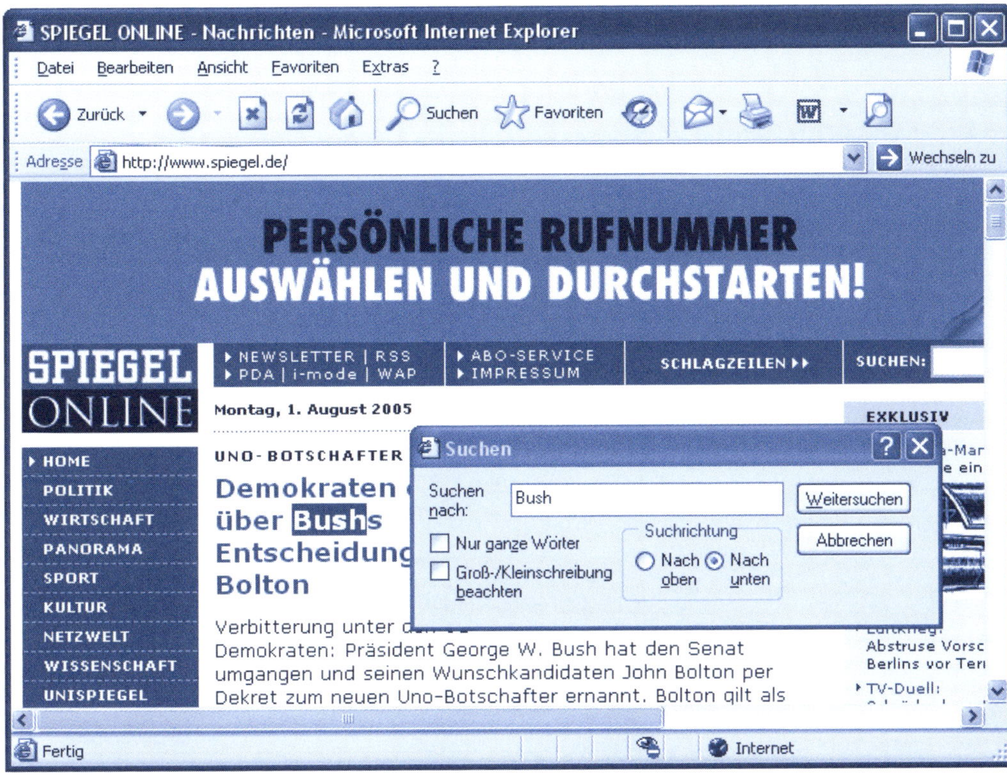

Über die Schaltfläche *Weitersuchen* des noch geöffneten Dialogfelds *Suchen* können Sie nach weiteren Textstellen suchen lassen.

Damit möchte ich das Thema Suchen von Internetseiten beenden. Sollten Sie noch unsicher sein – probieren geht über studieren. In vielen Fällen reicht es, eine Suchseite wie Google aufzurufen und ein oder zwei Stichwörter einzutippen. Dann können Sie die Suchkriterien immer noch verfeinern. Und nun viel Spaß beim Suchen und Erforschen des Web!

Interessante Webseiten

Um Ihnen die ersten Ausflüge ins Internet zu erleichtern und Lust auf mehr zu machen, möchte ich an dieser Stelle kursorisch auf einige Webseiten und bestimmte Fragen eingehen.

HINWEIS

Ich habe den folgenden Abschnitt aus verschiedenen Gründen recht kurz gehalten. Sicherlich ist es auf den ersten Blick reizvoll, möglichst viele Webseiten zu beschreiben. Platzgründe erlauben es aber nur, den Inhalt jeder Seite ansatzweise anzureißen und dies erschien mir wiederum wenig sinnvoll. Darüber hinaus ist das Web sehr dynamisch, Webseiten und -adressen ändern sich fast täglich. Beschreibungen von Seiten veralten daher schnell, sind also nach wenigen Wochen wertlos. Außerdem kennen Sie selbst Ihre Interessen am besten, können also nach den gewünschten Themen im Web suchen. Die im Folgenden vorgestellten Seiten sollen Ihnen also beispielhaft zeigen, was das Internet zu bieten hat und was Sie alles damit anfangen können.

Telefonauskunft und Personensuche

Benötigen Sie die Telefonnummer eines bestimmten Teilnehmers, möchten aber nicht die kostenpflichtige Auskunft bemühen? Wollten Sie nicht schon immer wissen, was aus bestimmten Personen, die Sie kennen, geworden ist? Wie war das doch noch mit der Abiturklasse oder mit den Studienkollegen? Mir selbst ist es leider passiert, dass der Kontakt zu meinen Studienkollegen beim Eintritt ins Berufsleben abrupt abriss. Nach 20 Jahren fand ich es an der Zeit, doch einmal etwas nachzuforschen, was aus verschiedenen Studienfreunden geworden ist. Meine Recherchen in Telefonbuch-CDs führten nicht weiter und die Telefonauskunft wurde mir schnell zu teuer. Also versuchte ich es im Internet und nach einer knappen Stunde des Suchens hatte ich die gewünschten Telefonnummern und Anschriften vorliegen. Wie ist so etwas möglich?

- Ein erster Versuch sollte natürlich immer über eine **Suchmaschine** erfolgen, indem man den Namen der betreffenden Person eingibt. Manchmal hat man Glück und der Betreffende hat eine eigene Webseite (Homepage) oder der Name taucht in anderem Zusammenhang auf (z.B. über Veröffentlichungen, Ergebnislisten von Wettbewerben oder Sportveranstaltungen etc.).
- Danach bleibt noch die recht erfolgversprechende zweite Möglichkeit, über die Telefonauskunft landesweit nach der betreffenden Person zu suchen. Über das Internetangebot der betreffenden Telefongesellschaften können Sie ohne Zeitdruck nach den entsprechenden Namen recherchieren.

  Die T-Com veröffentlicht unter der Adresse *www.teleauskunft.de* sowohl die **örtlichen Telefonbücher** als auch die Gelben Seiten für Deutschland im Internet.

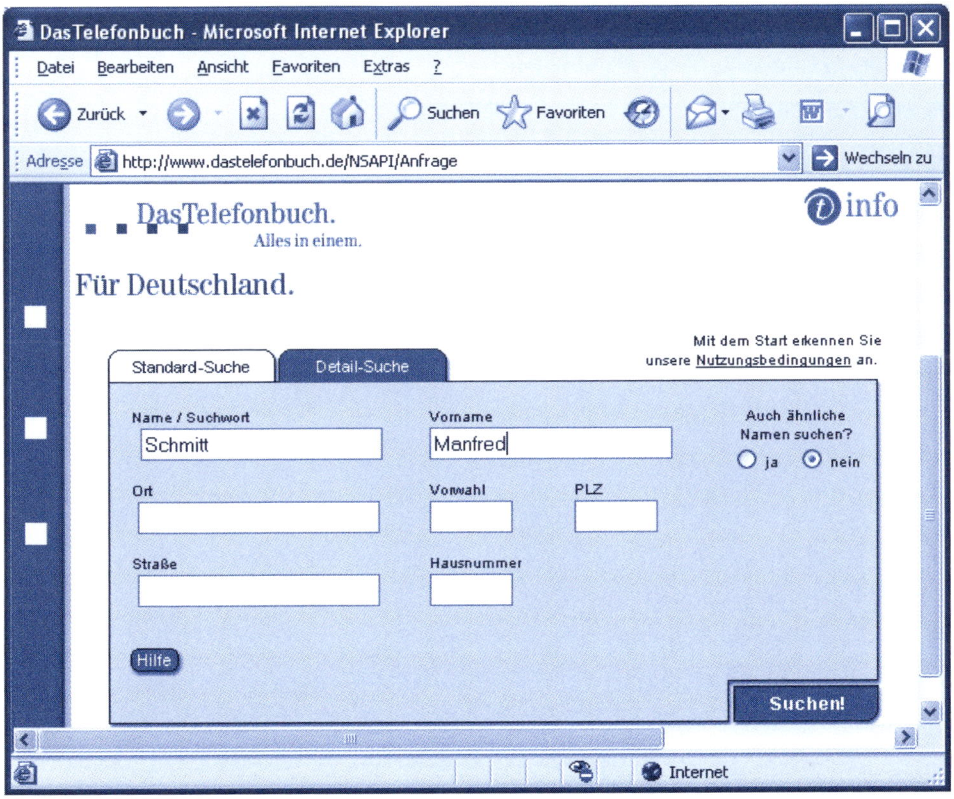

Wenn Sie die Teleauskunft nutzen, klicken Sie auf der Leitseite auf den Eintrag »Das Telefonbuch«. Auf der Folgeseite klicken Sie auf den Registerreiter »Detail-Suche«. Dann wird ein Formular angezeigt, in dem Sie bequem einen Namen, einen Vornamen etc. eintippen können. Anschließend können Sie die Trefferliste auswerten.

Natürlich lässt sich die Teleauskunft auch für andere Recherchen nutzen. Als Bastler verwende ich immer wieder das Branchenbuch, um spezielle Teile direkt von Herstellern zu beziehen. Haben Sie bisher schon Telefonbuch und Gelbe Seiten genutzt, geht es jetzt richtig los. Der Vorteil des Internets gegenüber Telefonbuch und Gelben Seiten: Sie haben Zugriff auf alle Telefonbücher in Deutschland und die Einträge werden ständig aktualisiert.

TIPP

Leserinnen und Leser aus der Schweiz verwenden die Webseite *tel.search.ch* zur Suche nach Telefonnummern. In Österreich lässt sich die Webseite *kundenbereich.aon.at/telbuch* für die Suche nach Teilnehmern verwenden. Sollten Ihnen die hier genannten Seiten der Teleauskunft nicht reichen, was hindert Sie daran, einfach mal in einer Suchmaschine das Stichwort »Telefonbuch« oder »Telefonnummern« einzutippen? Sie werden sich wundern, wie viele Treffer erzielt werden.

Fahrtenplanung per Internet

Sicher ist es Ihnen auch schon mal so ergangen: Sie wollten jemanden in einer fremden Stadt besuchen, hatten aber Probleme den richtigen Anfahrtsweg zu finden. Dabei ist die Anfahrt zum Zielgebiet meist noch mit aktuellen Straßenkarten zu bewerkstelligen. Aber dann kommt's – für die Stadt bräuchte man eigentlich einen eigenen Stadtplan. Weil man den nicht hat (und nicht jeder besitzt ein Navigationssystem im Auto), lässt man sich den Weg von Dritten beschreiben: »an der Ampel rechts, dann die zweite oder dritte Abzweigung links, dann rechts ... oder doch links, ach fragen Sie dort doch einfach noch jemanden, ist eigentlich ganz leicht zu finden«. Mit einer guten Karte bzw. Wegbeschreibung lässt sich dagegen jedes Ziel sicher erreichen. Dies konnte ich bei mehreren Arbeitsaufenthalten in Japan feststellen, wo ich ohne Sprachkenntnisse ausgedehnte Reisen unternahm und nicht mal die japanischen Schriftzeichen lesen konnte. In Deutschland und in den benachbarten europäischen Ländern ist es ungleich einfacher. Aber ohne gezielte Reiseplanung unternehme ich keine Fahrt mehr zu unbekannten Orten. Früher haben mir noch CD-ROMs den Weg gewiesen, da diese aber häufig schnell veralten, plane ich jetzt im Internet meine Fahrten. Hier gibt es kostenlose Dienstleistungen, die von der Streckenführung über Hotelsuche bis zu Sehenswürdigkeiten eine Menge Informationen bieten. So kann ich schon mühelos vor Antritt der Reise die Reiseroute planen.

Nachfolgend möchte ich Ihnen an einem Beispiel zeigen, wie eine solche Reiseplanung funktionieren kann. Ich greife hierbei auf die Routenplanung von WEB.DE zurück, da die Seite leicht zu finden ist, eine Eingabe der Ortsnamen ohne Postleitzahl akzeptiert und den Aufruf verschiedener Reiseplaner erlaubt.

1 Rufen Sie die Routenplanung von WEB.DE über *route.web.de* auf.

2 Tippen Sie im Formular den Startort und den Zielort ein.

Ich habe hier versuchsweise zwei Orte ausgesucht und war froh, keine Postleitzahlen eingeben zu müssen, da mir diese nicht vorlagen. Nun gilt es, die Route berechnen zu lassen. Die WEB.DE-Seite weist Routenplaner verschiedener Firmen auf. Diese besitzen einen unterschiedlichen Leistungsumfang und verschiedene Bedienoberflächen. Suchen Sie sich den Planer aus, mit dem Sie am besten klar kommen. Für die nachfolgenden Schritte habe ich den map24-Planer benutzt, der sowohl Karten als auch Routenangaben in Listenform bereitstellt.

3 Sind alle Eingaben getätigt, klicken Sie auf eine der Schaltflächen *Route berechnen* der Seite.

Der Routenplaner beginnt mit der Ermittlung der Fahrtstrecke und zeigt (sofern Start und Ziel eindeutig identifiziert werden konnten) nach wenigen Sekunden die Seite mit der groben Streckenkarte an.

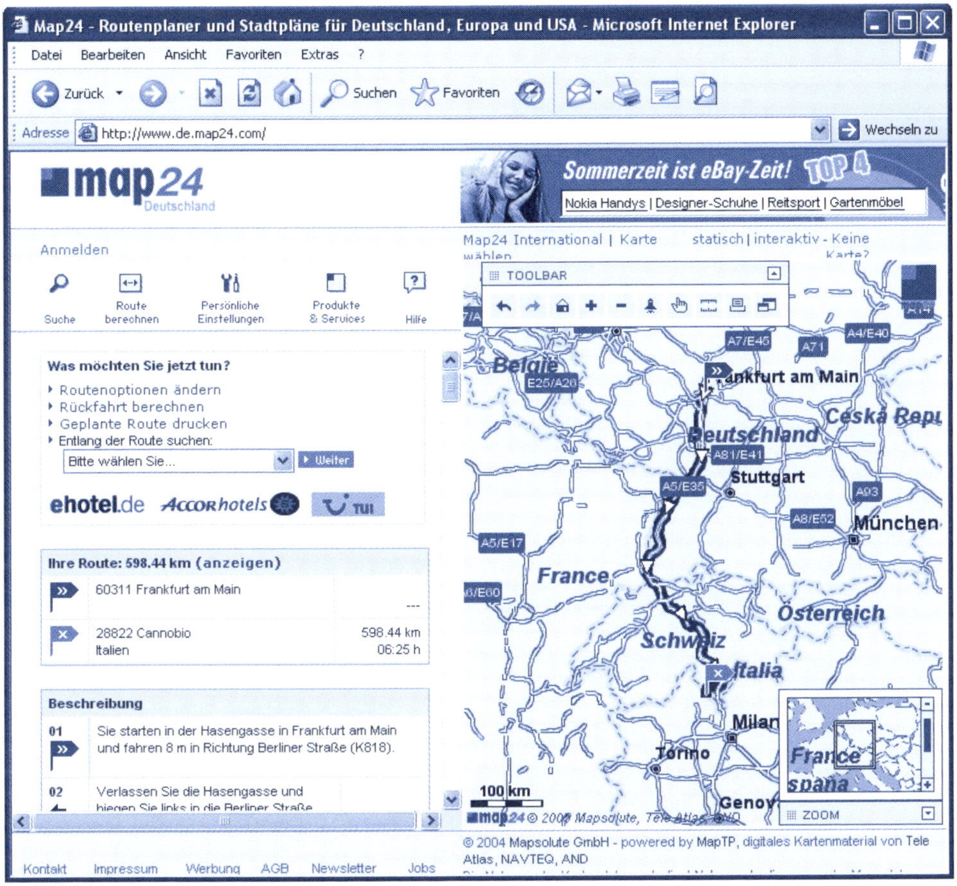

Anhand dieser Karte können Sie bereits sehr schnell erkennen, ob die Reiseroute korrekt ermittelt wurde. Hier führt die Route direkt zum Lago Maggiore in Italien, was auch so gewünscht war. Auf der gleichen Seite finden Sie noch Informationen zur Entfernung und zur Fahrtzeit. Über die Schaltflächen der im Kartenvordergrund eingeblendeten Toolbox können Sie bei map24 Ausschnittsvergrößerungen abrufen, die Karte drucken oder Entfernungen bestimmen. In der linken Spalte finden Sie zudem eine Streckenbeschreibung in Textform.

4 Zum Ausdrucken der kompletten Route klicken Sie in der Kategorie »Was möchten Sie jetzt tun« auf den Hyperlink »Geplante Route drucken«.

5 Im Folgeformular wählen Sie dann das Papierformat sowie die Druckoptionen (z.B. Detailkarten, Abschnittskarten etc.) und bestätigen dies über die im Formular enthaltene Schaltfläche *Weiter*.

Der map24-Routenplaner erzeugt die Ausgabe in einem zweiten Browserfenster, dessen Inhalt Sie dann über die Schaltfläche *Drucken* der Symbolleiste ausdrucken können. Bei anderen, auf der WEB.DE-Seite angebotenen Routenplanern sind ähnliche Schritte zum Ausdrucken erforderlich.

HINWEIS

Leider ist die detaillierteste Reiseplanung wertlos, wenn Sie ein falsches Ziel eingeben. Dies ist mir vor Jahren passiert, als ich in ziemlicher Eile eine Routenplanung für einen Kurzurlaub am Lago Maggiore durchführte. Ich ließ mir zwei Reisebeschreibungen ausdrucken, wobei aber ein Reiseplan einen falschen Zielort am Luganer See angab. Dummerweise erwischte mein Beifahrer diesen Ausdruck und lotste mich an Hand der Streckenbeschreibung an der Ausfahrt zum Lago Maggiore vorbei. Glücklicherweise ließ sich dies mit einem kleinen Umweg korrigieren – die Episode zeigte mir aber, dass zuviel »Komfort« auch nachlässig macht. Zwischenzeitlich möchte ich die Routenplanung per Internet nicht mehr missen, kontrolliere aber die Ergebnisse vor der Abfahrt auf Plausibilität.

Ihr Reisebüro im Internet

Reisen bildet, entspannt, bringt neue Eindrücke und gibt verbrauchte Kraft zurück. Dank zahlreicher Reiseanbieter sind Kurzurlaube oder längere Ferienreisen heute kein Problem mehr. Was mich persönlich aber ziemlich stört, sind die Reisevorauswahl bzw. die Reisebuchung. Entnervte und hektische Angestellte im Reisebüro, denen der Kunde mehr Last als Lust bereitet, und bereits zwei Tage nach Katalogausgabe ausgebuchte Angebote, der Zwang zur schnellen Entscheidung im Reisebüro und so weiter. Dies sind alles Umstände, die bei mir persönlich die Buchung zum Graus werden lassen.

Daher habe ich vor Jahren die Not zur Tugend gemacht. Reiseplanung findet bei mir mittlerweile im Internet statt. Ich gebe den Reisetermin, das ungefähre Reiseziel, die Personenzahl sowie die gewünschte Hotelkategorie an. Dann soll mir der Computer die entsprechenden Angebote auflisten. Diese prüfe ich dann in Ruhe auf Verfügbarkeit und vergleiche die Preise. Habe ich dann einige interessante Angebote gefunden, geht es meist zu einem kleinen Reisebüro mit kompetentem Personal, bei dem ich dann die Buchung vornehmen lasse.

HINWEIS

Hier kommen mehrere Überlegungen zum Tragen. Ich wähle von Fall zu Fall die für mich bequemste Form der Buchung. Tickets buche ich auch schon mal direkt per Internet. Bei Pauschalreisen greife ich aber gern auf die Erfahrungen und den Service des Reisebüros bei der Abwicklung zurück. So profitieren alle Seiten voneinander und sparen Zeit und Nerven.

Sie können dies ja auch einmal probieren. Kurzentschlossene können unter *www.lastminute.de* nach Ferienunterkünften, Flugreisen und mehr suchen lassen.

1 Geben Sie im Browser die Adresse *www.lastminute.de* ein und drücken Sie die [↵]-Taste.

In der Anzeige erscheint dann die Startseite, über die Sie verschiedene Rubriken wählen können. Ich habe einmal die Rubrik »Ferienwohnungen und -häuser« abgerufen. Es erscheint ein Formular, in dem ich nur noch die gewünschten Reisedaten (Reiseziel, Reisedauer etc.) eingeben musste.

2 Sobald Sie mit den Eingaben fertig sind, klicken Sie in der Seite auf *Suchen starten*.

Auf den Folgeseiten können Sie dann die gemeldeten Angebote prüfen. Neben Preisangaben erhalten Sie Informationen über den Reiseanbieter, meist eine Objektbeschreibung sowie eine Möglichkeit, um zu prüfen, ob das Angebot noch verfügbar ist. Zudem können Sie die Angebote auch buchen.

Steht Ihnen der Sinn nicht nach Last-Minute-Reisen? Benötigen Sie spezielle Betreuung während der Reise? Möchten Sie vorab mehr über Reiseziel, Impfungen, Risiken und Ähnliches erfahren? Auch hier hilft das Internet weiter. Besuchen Sie einfach eine Suchmaschine oder ein Portal wie WEB.DE (*www.web.de*) und geben Sie einige Suchbegriffe ein.

Beim Schreiben dieses Buchs habe ich beispielsweise in WEB.DE einmal die Stichwörter »Seniorenreisen« sowie »Senioren + Reisen« eingegeben. Es wurden eine ganze Reihe an Angeboten aus diesem Bereich angezeigt. Die meisten Portale bieten zudem auch Rubriken an, in denen Reiseberichte, Reiseführer sowie Zusatzinformationen über Reisen abrufbar sind.

(Urlaubs-) Wetter gefällig?

Planen Sie Ihre Reise kurzfristig und nutzen Sie Bahn oder PKW? Dann interessiert Sie neben der Routenplanung und der Hotelsuche bestimmt auch das **Urlaubswetter in** der **Zielregion**. Bevor Sie entnervt auf den Wetterbericht im Fernsehen warten, informieren Sie sich gezielter. Unter *www.wetter.de* finden Sie beispielsweise die Wettervorhersagen für mehrere Tage für verschiedene Gebiete in Europa. Das hat mir bereits bei einigen Urlauben geholfen, da ich mit diesen Vorhersagen und etwas Glück in ziemlich verregneten Zeiten die Regionen mit Sonnenschein herausfinden konnte.

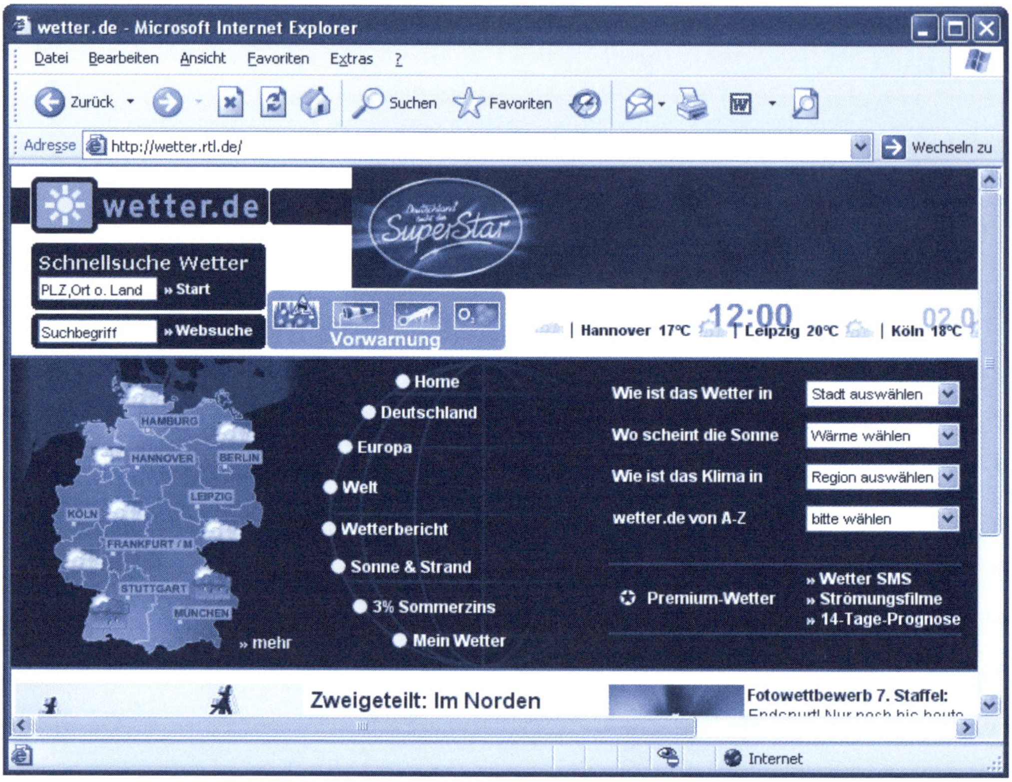

HINWEIS

Für Interessierte ein weiterer Hinweis. Wenn Sie in einer Suchmaschine das Thema »Auto« wählen, erhalten Sie eine Auswahl an Seiten von Versicherungsagenturen über Preislisten und Kleinanzeigenmärkte bis hin zu Autotests und mehr.

Kostenloses, Schnäppchen und mehr

Das Internet hält viele interessante Informationen für Sie bereit. Einiges ist kostenlos und es lässt sich auch so manches Schnäppchen machen. Suchen Sie **preiswerte Angebote** oder echte **Schnäppchen**? Interessieren Sie **Preisvergleiche** für bestimmte Produkte? Dann sind Webadressen wie *www.geizkragen.de, www.preisvergleich.de* oder *www.idealo.de* etwas für Sie.

ACHTUNG

Ich möchte Ihnen zwar Lust aufs Internet machen und Sie an dessen faszinierende Möglichkeiten heranführen. Aber wie im richtigen Leben hat alles seine zwei Seiten. Nur die wenigsten Firmen lassen sich von edlen Motiven bei ihren kostenlosen Angeboten leiten – auch wenn es dies aus Gründen der Imagepflege auch gibt. Häufig finden Sie in Webseiten Formulare, auf denen Sie persönliche Daten wie Anschrift, E-Mail-Adresse etc. hinterlassen sollen. Seien Sie vorsichtig damit, solche Daten einzugeben! Falls Sie dies nicht beherzigen, kann es durchaus passieren, dass Sie bald mit Werbemüll überschüttet werden – und das kann äußerst lästig werden. Manchmal ist bei den angebotenen Informationen auch nicht genau erkennbar, wo Dichtung, Werbung und Wahrheit beginnen bzw. enden. Seien Sie also kritisch bezüglich des Inhalts von Webseiten und bewerten Sie ggf. auch die Quelle. Lassen Sie Ihren gesunden Menschenverstand walten. Bei einigen Firmen mag es ja erforderlich sein, Name und Adresse zu hinterlassen. Aber nicht jedes Gewinnspiel und nicht jedes kostenlose Probeabo muss mitgenommen werden, oder?

Alles rund um die Gesundheit

Fragen zur Ernährung, zur Gesundheit, zu bestimmten Krankheiten, zur Pflege, zu Hilfsmitteln etc. hat wohl jeder Mensch. Bisher war man bei seiner Suche nach Informationen häufig auf einen Arzt, eine Pflegestation oder auch Zeitschriften und Bücher beschränkt. Mit dem Internet eröffnen sich Ihnen gänzlich neue Möglichkeiten. Mit wenigen Mausklicks können Sie feststellen, was es an Informationen zu einem speziellen Thema gibt. Sie erhalten Kontakt zu Spezialanbietern von Hilfsmitteln, zu Pflegediensten, können sich über Behandlungsmethoden informieren oder schauen nach, ob und wo es Selbsthilfegruppen gibt. Ein Einstieg kann per Internetverzeichnis erfolgen.

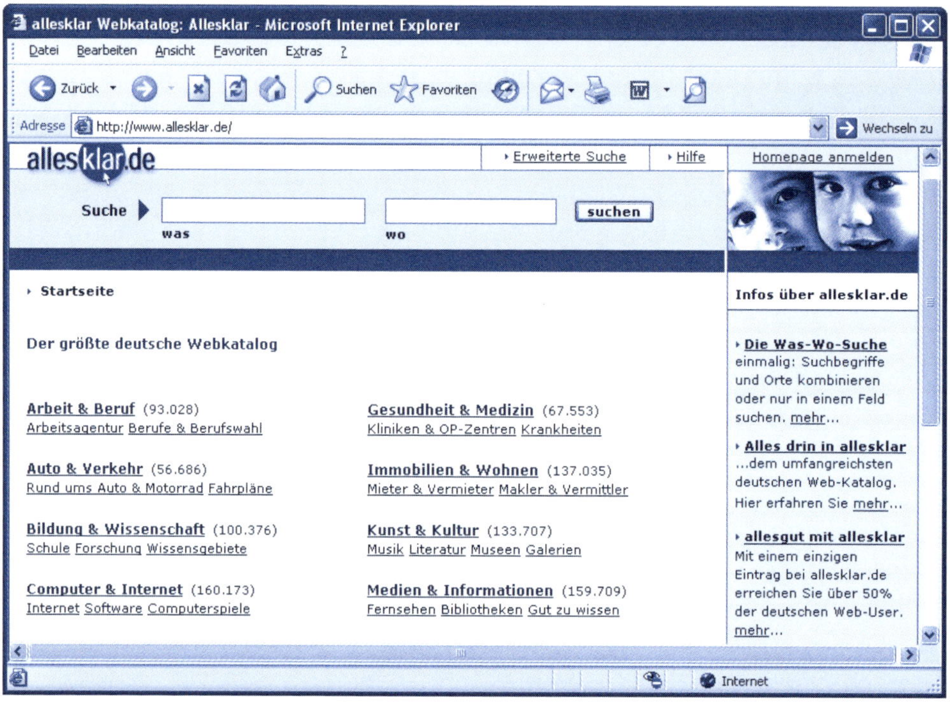

1 Tippen Sie die Webadresse *www.allesklar.de* ein.

Bei dieser Seite handelt es sich um einen der bereits erwähnten Webkataloge.

2 Klicken Sie jetzt auf den Link »Gesundheit & Medizin«.

Die Webseite listet Ihnen eine Reihe von Unterkategorien von allgemeinen Gesundheitsinfos über medizinische Selbsthilfe bis hin zu speziellen Organisationen und mehr auf.

HINWEIS

Vermutlich reicht der Einstieg über einen solchen Katalog nicht immer. Dann besuchen Sie die weiter oben erwähnten Suchmaschinen und geben gezielt Begriffe ein, nach denen Sie suchen lassen. Es ist immer wieder erstaunlich, wie viele Informationen man von Betroffenen, von Fachleuten und von Firmen im Internet bekommt. Ich selbst informiere mich beispielsweise vor Operationen oder aufwändigeren Behandlungen im Internet über Möglichkeiten, Alternativen und Risiken. Vor Jahren wurde ich von ziemlichen Rückenschmerzen am Schreibtisch geplagt. Die Informationen im Web und eine Rückenschule des örtlichen Sportvereins haben mir schnell über dieses Problem hinweggeholfen. Aber auch die hier angebotenen Informationen sollten Sie, gerade wenn es um Medikamente und »Mittelchen« geht, kritisch und mit Ihrem gesunden Menschenverstand bewerten.

Haushaltstipps sowie Essen & Trinken

Gehören Sie vielleicht zu den Sinnesmenschen, die sich für das Thema »Essen & Trinken« begeistern können? Suchen Sie nach Rezepten für Alltägliches (hier denke ich vor allem an Vertreter des starken Geschlechts, welche gelegentlich hilflos mit dem Küchenmesser in der einen und einer Kartoffel in der anderen Hand vor dem Problem des Überlebens stehen). Oder benötigen Sie ein ausgefallenes Rezept für einen besonderen Anlass? Könnten Sie den einen oder anderen Haushaltstipp gebrauchen?

Na dann los, das Internet ist der größte Bazar für Informationen zu diesem Thema. Der erste Weg sollte zu den bereits erwähnten Suchmaschinen führen. Unter Stichworten wie »Kochen«, »Essen«, »Trinken«, »Wein«, »Rezepte« etc. finden Sie eine Fülle von Webseiten, die sich mit diesen Themen befassen.

Die folgende Tabelle enthält einige Webadressen, von denen aus Sie Ihre Suche starten können.

Adresse	Bemerkung
www.chefkoch.de	Alles rund ums Kochen, Ernährungstipps, Rezepte und mehr.
www.rezepte.de www.kochen.de	Seiten der Firma Maggi mit Rezepten, Multimediaanleitungen und mehr.
www.rezepte.li	Riesige Rezeptesammlung.

ACHTUNG

Leider ist es so, dass hier im Buch angegebene Webseiten mit der Zeit verschwinden (der Betreiber ist umgezogen oder hat aufgegeben). Leider musste ich auch feststellen, dass einige von mir empfohlene Seiten von Betreibern übernommen wurden, die ahnungslose Besucher mit einem Dialer abzocken wollen. Leser älterer Ausgaben dieses Buches schrieben mir geharnischte Briefe, obwohl ich gar nichts dazu konnte. Lassen Sie daher beim Surfen auf Webseiten immer den gesunden Menschenver-stand walten. Auf meiner Website *www.borncity.de* finden Sie in der Rubrik »Senioren-Seiten« einen kleinen Internetführer mit Links zu interessanten Internetseiten.

Gehen Sie doch einmal zu einer Suchseite und geben Sie das Stichwort »Rezepte«, gefolgt von Namen wie »Lafer«, »Käfer« oder »Klink« ein. Sie gelangen mit Sicherzeit zu Webseiten, auf denen diese Herren ihre Rezepte und kleinen Tricks verraten. Unter *www.livingathome.de* bietet die Rubrik »Essen & Trinken« viele Informationen für Genießer. Aber auch die Rubriken »Leben & Genießen« oder »Pflanzen & Gärtnern« dieser Website sind einen Besuch wert.

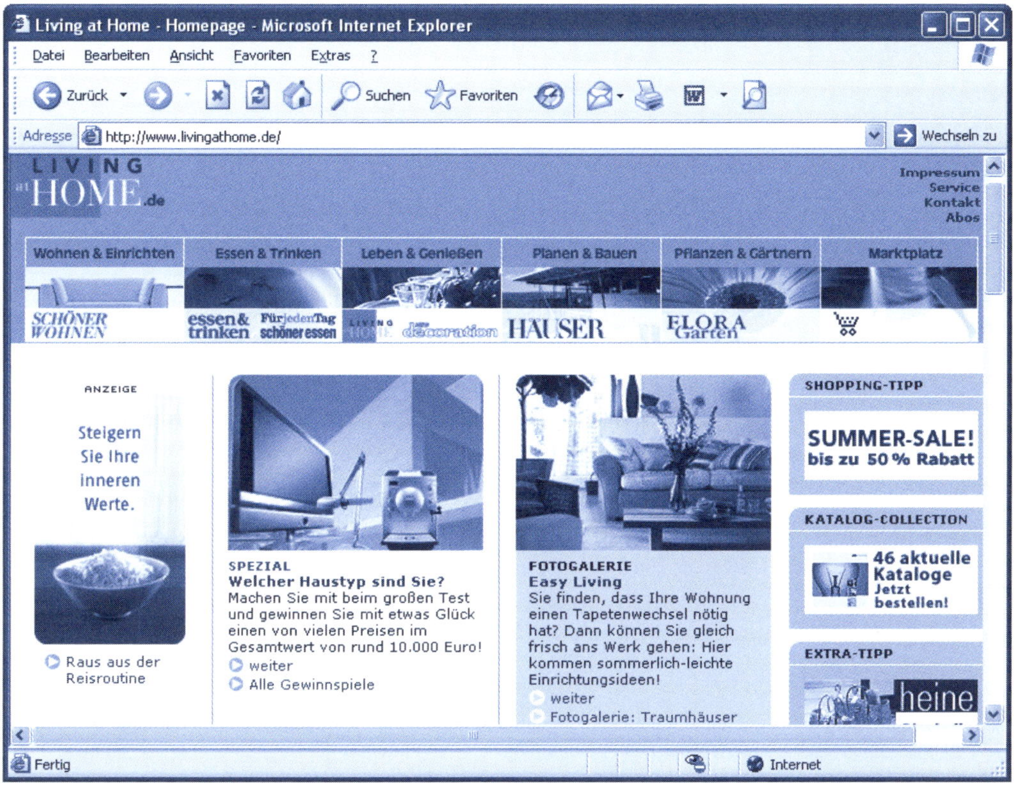

TIPP

Haben Sie häufiger das Problem, die Zutaten für spezielle Rezepte zu bekommen? Brauchen Sie Zutaten fürs Brotbacken? Suchen Sie spezielle Tortengarnituren? Besuchen Sie einmal die Webseite *www.hobbybaecker.de*. Dort finden Sie nicht nur Anregungen, sondern gelangen auch zum Sortiment des Hobby-Bäcker-Versands. Ist schon interessant, was dem Insider so alles zur Verfügung steht.

Für Weinliebhaber stellt das Internet ebenfalls eine Reihe Webseiten bereit. Geben Sie einfach das Stichwort »Wein« in einer Suchmaschine ein. Wer über Fremdsprachenkenntnisse verfügt, wird sicherlich auch in französischen, italienischen, kalifornischen, australischen, südafrikanischen oder spanischen Webseiten fündig. Aber selbst die deutschsprachigen Weingüter und -händler sind mit vielen Seiten vertreten. Nur die Weinprobe kommt bei dieser Art der Degustation etwas zu kurz.

Spezielles für Senioren

Interessieren Sie Webseiten, die sich mit Themen der zweiten Lebenshälfte auseinandersetzen? Suchen Sie Kontakt zu Gleichgesinnten und möchten Sie an den Erfahrungen Gleichaltriger teilhaben? Obwohl viele den Begriff »Senior(in)« (ver-)meiden, möchte ich Ihren Blick doch auf dieses Stichwort lenken. Sicherlich bietet das Web viele Themen, die Menschen sowohl in der ersten als auch in der zweiten Lebenshälfte interessieren. Mit dem Begriff »Senioren« können Sie sich aber auf Bereiche konzentrieren, die stärker Menschen ab 50 betreffen.

Die typischen Seniorenseiten »leiden« noch etwas darunter, dass sie von engagierten Hobbyisten gestaltet werden. Aber was an Umfang vielleicht noch fehlt, machen die Inhalte sowie die Möglichkeit zum Kennenlernen Gleichgesinnter allemal wett!

1 Besuchen Sie doch einmal die Seite *www.seniorennet.de.*

Hier sehen Sie die Eingangsseite der Interessengemeinschaft SeniorenNet. Über Links gelangen Sie zu regionalen Angeboten, können Chaträume besuchen und weitere Angebote abrufen.

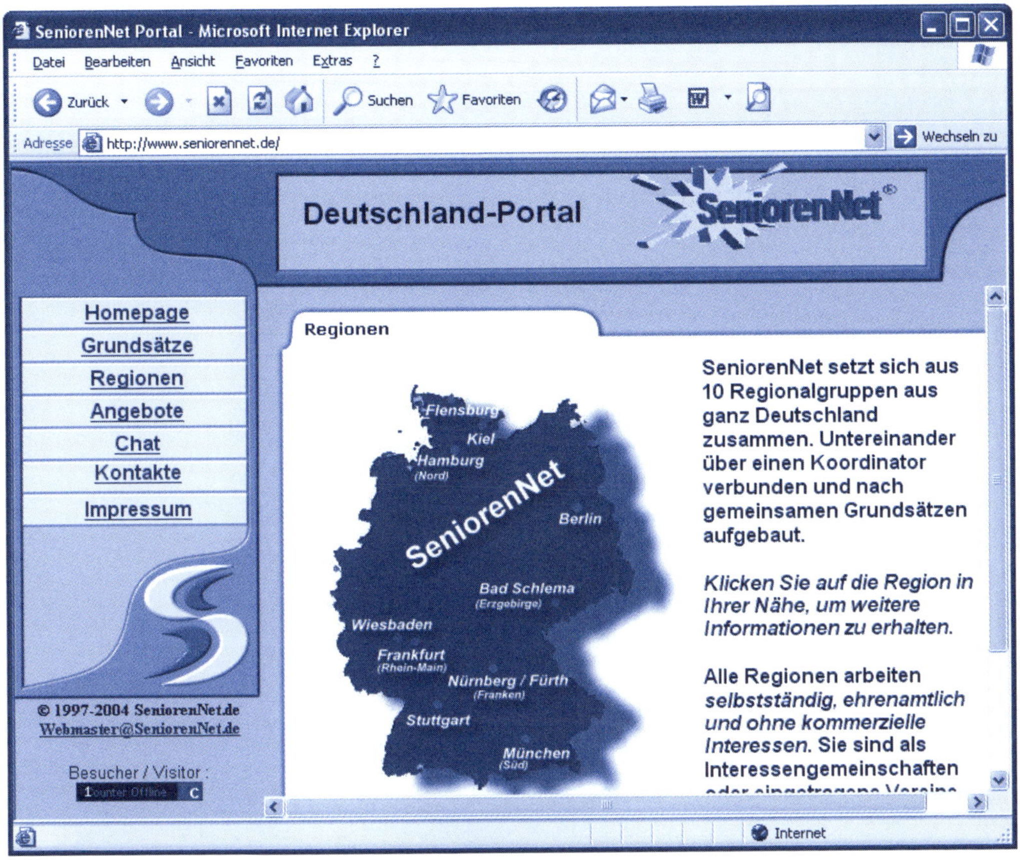

Die folgende Tabelle enthält einige weitere Adressen von Webseiten, die sich mit Seniorenthemen befassen.

Adresse	**Bemerkungen**
www.seniorweb.ch	Link für Senioren in der Schweiz
www.seniorworld.at	Webportal für Senioren in Österreich.
www.feierabend.com	Webportal für Leute in den »besten Jahren«.
www.netzpunkt.de/url/senioren.htm	Seite mit vielen Links zu Webseiten für Senioren.

TIPP

Interessieren Sie sich für Sport? Fast jedes Webportal hält eine Rubrik zu diesem Thema bereit. Ihr persönliches Fernsehprogramm lässt sich unter *www.tvtv.de* zusammenstellen. Besuchen Sie auch die ZDF-Seite *www.zdf.de*, um sich ggf. über das Fernsehprogramm zu informieren. Sind Sie an Politik interessiert? Über *www.bundestag.de* kommen Sie zu einem Portal rund um den Deutschen Bundestag, welches auch Links zu allen im Bundestag vertretenen Parteien bietet. Viele Städte (z.B. *www.berlin.de*) und Kommunen sind ebenfalls im Internet mit Stadtplänen, Veranstaltungshinweisen, Beschreibungen von Sehenswürdigkeiten und mehr vertreten. Schauen Sie einmal nach, was Ihre Gemeinde so im Internet anbietet. Aber mit dieser Aufzählung soll es nun genug sein. Da sich Internetadressen ändern können und eine Auswahl immer subjektiv ist, empfehle ich Ihnen eines der Webportale oder eine Suchmaschine anzuwählen (z.B. *www.web.de*) und dann nach dem gewünschten Stichwort recherchieren zu lassen. Zu den allermeisten Stichworten werden Sie mehr als genug Treffer in der Ergebnisseite finden. Wechseln Sie bei Bedarf auch mal zwischen verschiedenen Suchmaschinen, um neue Seiten zu finden.

(Geld-)Geschäfte im Internet

Das Internet bietet Ihnen auch die Möglichkeit, Geschäfte abzuwickeln, Konten online zu pflegen oder Geldtransfers durchzuführen. Sobald es um Bestellungen oder finanzielle Transaktionen geht, steht natürlich auch die Frage nach der Sicherheit der Bezahlvorgänge sowie nach den Rechtsfolgen im Raum. Nachfolgend möchte ich Ihnen zeigen, wie Sie Klippen oder unsicheres »Fahrwasser« umgehen und sich vor Gefahren schützen.

Bestellung und Bezahlung per Internet

Das Internet glänzt neben Informationen vor allem durch Angebote. Einige Firmen werben lediglich für ihre Produkte, aber es tauchen auch immer mehr virtuelle Einkaufsläden im Internet auf. Vom Buch über CDs oder Reisen bis hin zu Lebensmitteln können Sie fast alles per Internet bestellen und ins Haus liefern lassen. Damit es später keinen Ärger gibt und Sie keinen finanziellen Schaden erleiden, sollten Sie einige Grundregeln beherzigen.

Sind Internetbestellungen rechtskräftig?

Diese Frage wird von den meisten Juristen mit Ja beantwortet. Wenn Sie etwas im Internet bestellen, kommt zwischen Ihnen und dem Verkäufer ein rechtsgültiger Vertrag zustande. Dem Verkäufer obliegt aber im Zweifelsfall der Nachweis, dass die Bestellung von Ihnen wirklich ausgelöst wurde.

Bezahlung, wie läuft das?

Ein heikles Thema ist die Bezahlung von Internetkäufen. Kreditkartenbetrug gehört zur häufigsten Kriminalitätsform im Internet.

- Am seriösesten sind Anbieter, die auf **Rechnung** liefern. Auf **Vorkasse** sollten Sie sich im eigenen Interesse nicht einlassen. Hier gab es bereits viele Betrügereien, bei denen die Kunden die bestellte und bereits bezahlte Ware niemals bekamen.
- Eine weniger optimale Lösung ist die Bezahlung per Nachnahme (Sie haben vorab keine Möglichkeit zur Prüfung des Lieferumfangs). Besser ist eine Abbuchungserlaubnis (hier können Sie ggf. der Abbuchung bei der Bank widersprechen, wenn die Lieferung nicht eintrifft oder nicht den Erwartungen entspricht).
- Viele Anbieter verlangen Kreditkarten zur Begleichung der Warenwerte. Ich habe in ganz wenigen Fällen diesen Bestellweg gewählt, stehe dem Ansatz aber sehr kritisch gegenüber – Sie können nie kontrollieren, was mit Ihren Kreditkartendaten passiert. Was ist, wenn der Rechner des Anbieters von Hackern geknackt wird, die dann die Kreditkartendaten im Internet weiterreichen? Dies ist alles schon passiert!

Achten Sie bei Bestellungen im Internet darauf, dass Sie die Adresse des Anbieters auf der Webseite finden, um ggf. bei Reklamationen einschreiten zu können. Bei Internetbestellungen (mit Ausnahme von Privatverkäufen) haben Sie ein 14tägiges Rückgaberecht. Bestellungen im Ausland sind teilweise wegen ungeklärter Zoll- und Mehrwertsteuerfragen mit Vorsicht zu genießen.

HINWEIS

Ich persönlich nutze das Internet gelegentlich für Bestellungen bei seriösen Anbietern. Nach Möglichkeit vermeide ich aber Kreditkartenzahlungen. Ärgerlich ist auch, dass viele Internetanbieter ihre Hausaufgaben nicht gemacht haben. Von schlecht gestalteten Webseiten, bei denen ohne weitere Nachfrage eine Bestellung ausgelöst wird, über nicht reagierende Kundencenter, die E-Mails mit Stornos oder Reklamationen ignorieren, bis hin zu Lieferverzögerungen um Wochen ist alles drin. Aber es muss auch erwähnt werden, dass es gute Anbieter gibt, die pünktlich liefern, umgehend eine Lieferbestätigung ausstellen und auch sonst keinen Service missen lassen. Renommierte Versandhäuser wie Amazon, Quelle, Neckermann oder Otto, die ihr Geschäft beherrschen, haben diese Probleme eigentlich im Griff.

Alternative Bezahlmodelle für das Internet

Um kleinere Summen (z.B. zum Abruf eines kostenpflichtigen Internetangebots) zu begleichen, sind Kreditkarten zu aufwändig. Daher haben sich zwischenzeitlich einige alternative Bezahlmodelle im (deutschsprachigen) Internet entwickelt.

- Eine recht pfiffige Lösung (vor allem zum Transfer kleiner Summen) bietet der Dienst **PayPal**. Als Privatperson kann man sich kostenlos unter *www.paypal.com/de* registrieren. Dabei werden Kreditkarte oder Bankverbindung zum Auffüllen des eigenen PayPal-Kontos angegeben. Um etwas über sein PayPal-Konto zu bezahlen, teilt man PayPal die E-Mail-Adresse des Empfängers und den Betrag mit. Der Dienst PayPal schickt dem Empfänger die

Information über die Zahlung per E-Mail. Akzeptiert der Empfänger, wird der Betrag auf dessen PayPal-Konto gutgeschrieben. Da PayPal internationl arbeitet, funktioniert dies auch bei internationalen Bestellungen. Eine ausführlichere Anleitung findet sich z.B. unter *www.ich-surfe-gratis.de/gratis/surfen/paypal.htm*.

- Zur Zahlung von Kleinstbeträgen im Internet setzen manche Anbieter auf den Dienst **FirstGate**. Um den Dienst als Privatperson nutzen zu können, müssen Sie sich kostenlos unter *www.firstgate.com/DE/de* registrieren. Im Registrierungsformular werden E-Mail-Adresse, Benutzername samt Kennwort und Kreditkarte oder Bankverbindung (zur Zahlung) abgefragt. Stoßen Sie auf ein über FirstGate bezahlbares Angebot (z. B. einer Online-Zeitschrift), müssen Sie das auf der betreffenden Webseite eingeblendete FirstGate-Logo anklicken. In einem Popup-Fenster erscheint ein FirstGate-Anmeldeformular. Dort geben Sie Ihren Benutzernamen und das Kennwort an. Sobald Sie Zugang zum FirstGate-Bereich erhalten haben, müssen Sie in einem Formular den Link für das gewünschte Angebot anklicken. Danach werden Ihnen die Leistung und die dafür anfallenden Kosten angezeigt und Sie müssen die Zahlung durch Anklicken eines Links erneut akzeptieren. Anschließend erhalten Sie eine Bestätigung der Transaktion von FirstGate und das gewünschte Angebot (z. B. ein Zeitschriftenartikel) wird freigeschaltet.
- Kleinstbeträge werden von manchen Anbietern über **infin-MicroPayment** (siehe *www.infin-online.de*) per Telefonrechnung eingezogen. In diesem Fall stellt der Anbieter eine Schaltfläche (*Bezahlen mit infin-Micropayment*) auf der Angebotsseite zur Zahlung bereit. Klicken Sie auf die Schaltfläche, wird Ihnen eine 0190er-Telefonnummer angezeigt, die Sie vom Festnetz oder vom Handy anrufen müssen. Bei diesem Anruf wird Ihnen am Telefon eine einmalig gültige Transaktionsnummer (TAN) mitgeteilt. Diese TAN ist fünf Arbeitstage gültig und muss im Eingabefeld auf der Webseite des Anbieters eingegeben werden. Dann wird das Angebot freigeschaltet und der Betrag bei der nächsten Telefonrechnung eingezogen.

Welche der obigen Zahlungsmethoden benutzt werden, legt der Anbieter der betreffenden Waren und Dienstleistungen fest.

ACHTUNG

Beim FirstGate-Angebot werden Sie über das angeklickte Logo zum FirstGate-Anmeldeformular geleitet. Dies birgt natürlich das **Risiko**, dass Sie einer auf einer Internetseite platzierten Phishing-Attacke zum Opfer fallen könnten (siehe folgendes Kapitel) und Ihre FirstGate-**Anmeldedaten über** ein **gefälschtes Anmeldeformular abgefischt werden**. **Schützen** können Sie sich, indem Sie auf eine abgesicherte **SSL-Verbindung** achten **und** auch das **Zertifikat** der Anmeldeseite vor Eingabe des Benutzernamens und des Anmeldekennworts **überprüfen**. Wie diese Überprüfung funktioniert, wird im nachfolgenden Kapitel besprochen.

eBay – größter Basar Deutschlands

Haben Sie gebrauchte oder gar neue Sachen, die Sie eigentlich weiter verkaufen möchten? Suchen Sie spezielle Sachen oder möchten Sie benötigte Waren gebraucht erwerben? Dann ist der Kleinanzeigenmarkt in Zeitschriften die erste Wahl. Je nachdem was Sie aber anbieten oder suchen, bleiben die Erfolgsaussichten oft gering, da der Leserkreis der jeweiligen Zeitschriften (lokal) begrenzt ist. Im Internet bewegen Sie sich dagegen in einem globalen Dorf. Das haben auch Versteigerungs- oder Kaufbörsen erkannt, die Käufer und Verkäufer im WWW zusammenbringen.

Der größte und populärste Anbieter ist **eBay**, dessen deutschsprachiges Angebot unter der Webadresse *www.ebay.de* zu finden ist. Auf dieser Webseite lassen sich gebrauchte Gegenstände versteigern oder ersteigern. Professionelle Anbieter stellen oft auch neue Warenangebote gegen Festpreis in die betreffenden Seiten. eBay finanziert sich aus einer geringen Versteigerungsgebühr, die der Verkäufer zu leisten hat.

- Der **Vorteil für Verkäufer** besteht bei eBay darin, dass das Angebot einen riesigen Interessentenkreis erreicht. Durch die Popularität lassen sich auch die exotischsten Sachen anbieten und häufig findet sich ein Liebhaber dafür – eine Option, die lokale Anzeigenblätter kaum leisten können. Das Ausfüllen eines Verkaufsformulars ist auch für Neulinge recht einfach. Viele Firmen sehen eBay daher als Erweiterung des eigenen Ladens, über die sich weitere Käuferschichten erreichen lassen. Privatleute haben die Möglichkeit, Gebrauchtes kostengünstig einer potentiell riesigen Interessentengemeinschaft zu präsentieren.

- Als **Käufer haben** Sie **den Vorteil**, dass Sie sich umfassend über das Angebot gebrauchter Waren informieren können. Dies ist auf Flohmärkten kaum möglich. Oder wüssten Sie jetzt auf Anhieb, wo man einen gebrauchten Laserdrucker Kyocera FS 1750, einen gebrauchten Overhead-Projektor oder ein spezielles Ersatzteil für ein Gerät herbekommen kann? Bei eBay bin ich bereits häufig fündig geworden!

Es ist erstaunlich, was alles angeboten wird und was Käufer findet. Sie können ja bei Interesse einmal die Webseite *www.ebay.de* besuchen. Hier sehen Sie die Startseite dieses Anbieters.

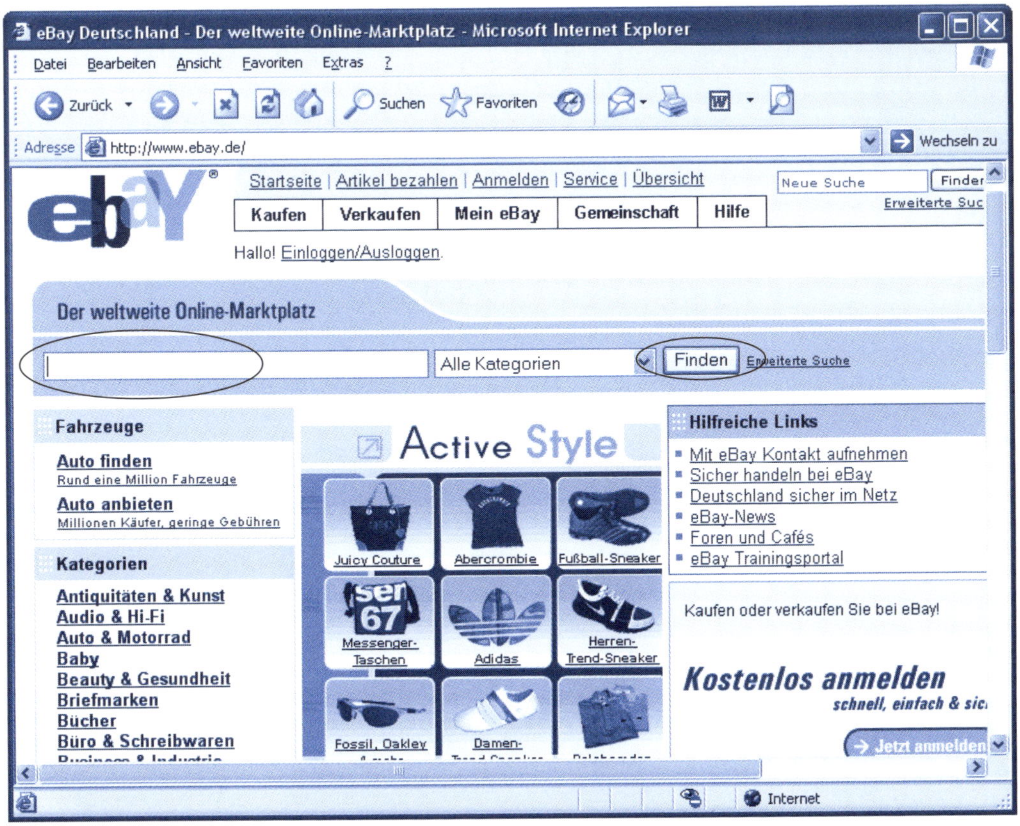

- In einer Spalte sind die Angebote dieses Versteigerers nach Kategorien wie »Auto & Motorrad«, »Briefmarken« etc. geordnet. Ein Klick auf den betreffenden Hyperlink bringt Sie zu den jeweiligen Angeboten.
- Sind Sie sich unsicher bezüglich der Kategorie, finden Sie zudem ein Textfeld, in dem Sie einen Suchbegriff eintippen können. Über die Schaltfläche *Finden* neben dem Textfeld lässt sich das eBay-Angebot nach diesem Stichwort durchsuchen.

Vielleicht stöbern Sie versuchsweise im eBay-Angebot. Wenn Ihnen ein Hyperlink zusagt, können Sie die Folgeseite durch Anklicken abrufen. Das funktioniert so einfach wie das Surfen in Webseiten.

HINWEIS

Bevor Sie bei eBay in Aktionen mitbieten bzw. etwas **kaufen oder verkaufen** können, **müssen Sie sich** einmalig **anmelden**. Die betreffende Schaltfläche *Anmelden* finden Sie direkt auf der Startseite (siehe oben). Von dort gelangen Sie zu einem Anmeldeformular, in dem Sie Ihre Adresse und einen Benutzernamen (z.B. ein Pseudonym) zur Teilnahme an Auktionen eintragen müssen. Der Benutzername wird durch ein von Ihnen vorgegebenes Kennwort abgesichert. Solange dieses Kennwort geheim bleibt, kann niemand unter Ihrem Benutzernamen bieten und dadurch Waren unter Ihrem Namen kaufen.

Hier habe ich einmal die Kategorie »Automobile« gewählt. Sie sehen, dass diese Kategorie nach Marken oder Fahrzeugtypen untergliedert wird.

Sagt Ihnen ein Angebot zu, können Sie direkt auf den betreffenden Hyperlink klicken und gelangen zur Angebotsseite. Dort finden Sie alle Informationen zum angebotenen Produkt.

Bei eBay kann der Verkäufer einen Festpreis oder ein Mindestgebot vorgeben. Die hier gezeigte **Angebotsseite** für ein Auto **zeigt das aktuelle Gebot** samt dem Bieter.

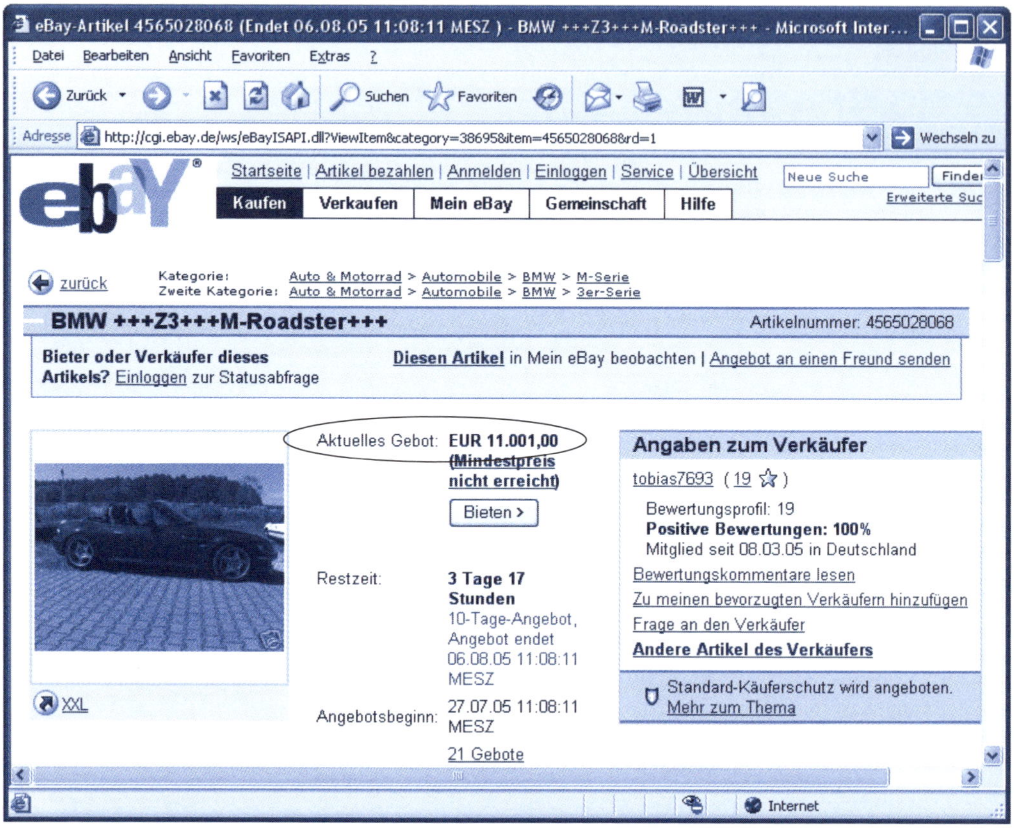

eBay bietet dem Verkäufer die Möglichkeit, neben einer Textbeschreibung des Angebots auch Fotos auf der Seite zu hinterlegen. In der betreffenden Seite lässt sich nach unten blättern, um diese Details zum betreffenden Angebot nachzulesen. Sehen Sie sich diese Angaben genau an, um herauszufinden, ob Ihnen das Angebot auch wirklich zusagt. Das letzte Gebot, welches bei Ablauf der Aktion eingegangen ist, erhält dann bei eBay den Zuschlag. Wenn Sie also mitbieten und den Zuschlag erhalten, ist ein Vertrag mit der Verpflichtung zur Abnahme der Ware zustande gekommen.

Im Kopf der Angebotsseite erfahren Sie auch, wann die Auktion begann und wie lange diese noch läuft. Über den Hyperlink *Gebote* können Sie sich auch darüber informieren, wie viele Leute mitbieten und wie die Auktion läuft. Auf der Angebotsseite erfahren

Sie auch etwas über Zahlungsmodalitäten und Übergabe der Ware. Der oben gezeigte PKW muss beim Verkäufer abgeholt werden. Bei Gebrauchtwagen wäre dies eine eher problematische Angelegenheit, da keine Besichtigung möglich ist.

Wie steht's mit der Sicherheit?

Da es bei Auktionen mitunter um beträchtliche Beträge geht, stellt sich die Frage der Sicherheit. Bekomme ich als Verkäufer auch mein Geld? Zahle ich als Käufer und sehe niemals die Ware? Wohl jeder wird sich diese Frage stellen. Vorab: Auch eBay ist vor Betrügern nicht sicher und Fälle geprellter Kunden bzw. Anbieter gab es durchaus. Aber auch auf Floh- oder Gebrauchtwarenmärkten gibt es die Gefahr, übers Ohr gehauen zu werden. Andererseits dient die Auktionsbörse einer großen Gemeinschaft von Menschen zum Handel untereinander. eBay stellt daher verschiedene Mechanismen bereit, um »schwarze Schafe« bei Käufern oder Verkäufern herauszufinden und zu sperren. Käufer und Verkäufer können sich gegenseitig bewerten. Diese Bewertung wird durch Zahlen und kleine Sternchen neben dem Hyperlink *Verkäufer (Bewertung)* und *Höchstbietender* dargestellt. In den Angebotsseiten lässt sich bei vielen Verkäufern daher sofort erkennen, wie die Kundenzufriedenheit ist. Schauen Sie sich bei Verkäufern die Bewertung an. Ein Verkäufer kann sich andererseits über die Bewertung des Höchstbietenden informieren. Solange diese Bewertungen nicht durch Anbieter oder Käufer gefälscht werden, können Sie die Seriosität sehr schnell feststellen.

Bezüglich der finanziellen Transaktion stellt eBay verschiedene Zahlungsmodi bereit. Werden Waren zwischen Käufer und Verkäufer direkt übergeben, bietet sich Barzahlung an. Beim Versand von Waren bestehen viele Käufer auf Vorkasse, was für den Käufer ein Risiko bedeutet, da das Geld dann weg ist. eBay bietet daher einen Treuhänderservice an, bei dem die Zahlung auf ein Treuhandkonto geht. Nach Zahlungseingang erhält der Verkäufer eine Benachrichtigung. Geht die Ware beim Käufer ein, gibt dieser die Zahlung an den Verkäufer frei. Zusätzlich finden Sie in Kapitel 4 einige Hinweise, was im Hinblick auf Sicherheit zu beachten ist.

HINWEIS

An dieser Stelle spare ich mir eine detaillierte Diskussion der Anforderungen, der Geschäftsbedingungen, des Ablaufs einer Aktion, etc. Auf der Startseite finden Sie bei der Anmeldung zwei Schaltflächen *So kaufen Sie* und *So verkaufen Sie*, über die Sie detaillierte Anleitungen zu diesen Themen abrufen können. Zudem finden Sie auf den eBay-Seiten Hyperlinks zu Tipps, Foren und Chats, in denen sich alles um das Thema Online-Auktionen dreht. Im Kopf einer Angebotsseite finden Sie zudem den Hyperlink *Hilfe*, der zusätzliche Informationsseiten abruft. Wenn Sie sich zu Beginn noch unsicher sind, stöbern Sie doch einfach in den Angeboten und beobachten Sie, wie das Bieten läuft. Zur Probe können Sie ja Waren mit geringem Wert ersteigern, bevor Sie sich an »größere Brocken« heranwagen.

Auf ein Wort – Onlinebanking

Interessieren Sie sich für Onlinebanking? Möchten Sie Ihre Bankgeschäfte rund um die Uhr von den eigenen vier Wänden aus abwickeln? Onlinebanking wird unter Bankkunden immer beliebter und auch die Banken sind daran interessiert, personalintensive Arbeiten aus dem Angebot herauszuhalten. Onlinebanking wird daher durch vergünstigte Kontenführung oder sonstige Bonusse versüßt. Bevor Sie sich aber auf dieses Parkett begeben, sollten Sie sich über die Möglichkeiten und die Risiken klar sein.

Vorab müssen Sie die genauen Modalitäten mit Ihrer Bank (sei es mit Ihrer Hausbank oder einer der Onlinebanken) klären. Mit einer Umstellung auf Onlinebanking akzeptieren Sie auch die Geschäftsbedingungen der betreffenden Bank!

Technisch gesehen benötigen Sie für Onlinebanking einen Rechner, einen Onlinezugang und eine Onlinebanking-Software.

Heute wird bei den meisten Banken nur noch ein Internetzugang sowie ein Browser für das Homebanking vorausgesetzt. Durch geeignete Softwarezusätze in den Webseiten für Onlinebanking soll die Sicherheit für Transaktionen gewährleistet werden.

HINWEIS

Viele Banken setzen mittlerweile auf so genannte Multikanalzugänge per Telefon, Fax, T-Online oder das Web. Handys zur Autorisierung werden zukünftig sicherlich ebenfalls eine Rolle spielen.

Bevor ich kurz diese Sicherheitsmechanismen skizziere, möchte ich erst auf die Funktionen des Homebanking eingehen und klären, welche Missbräuche es geben könnte.

- Über Onlinebanking können Sie natürlich jederzeit Ihre Kontostände abfragen. Hier ist es für mich persönlich wichtig, dass kein Dritter an diese geheimen Daten herankommt.

HINWEIS

Bedenken Sie auch, dass neben dem ordinären Girokonto ggf. weitere Konten wie Depots einsehbar sind. Sicherheitspannen wie bei der Barklays Bank, wo im Sommer 2000 Kontendaten stundenlang offen im Internet standen, können nach Aussagen von Experten überall passieren.

- Der zweite Funktionsbereich besteht im Ausführen von Überweisungen sowie im Erstellen oder Stornieren von Daueraufträgen. Hier ist es wichtig, dass Überweisungen auf Fremdkonten nicht missbräuchlich durch Dritte vorgenommen werden können. Eine Überweisung lässt sich (im Gegensatz zu einer Abbuchung) durch die Bank nicht rückgängig machen!

  Sie sehen also, Onlinebanking bringt ein gewisses Risiko mit sich. Schauen wir uns doch jetzt einmal an, wie die Banken hier an die Sicherheit ihrer Kunden denken. Zur Sicherung des Zugangs beim Onlinebanking kommen zur Zeit zwei Verfahren zum Einsatz:

- **PIN/TAN:** Dieses ältere Verfahren teilt dem Kunden eine PIN (**per**sönliche **I**dentifikations**n**ummer) zu. Dies ist so etwas wie die Geheimnummer der Scheckkarte, mit der Sie an Ihre Kontostände etc. herankommen. Um Geldtransfers durchzuführen, benötigen Sie dann noch so genannte TANs (**T**rans**a**ktions**n**ummern). Diese bestellen Sie bei Ihrer Bank. Jede Buchung (z.B. eine Überweisung) erfordert eine eigene TAN, die anschließend nicht mehr verwendet werden kann. Solange diese TANs nicht in fremde Hände gelangen oder erraten werden, können keine Transaktionen wie Überweisungen ausgeführt werden. Beim Zugang per Internet wird dann zur Sicherung der übertragenen Daten das SSL-Verfahren (wie bei Kreditkartenzahlungen) angewandt. Ich benutze dieses Verfahren seit Jahren problemlos.

- **HBCI:** Dies ist ein neuer, sehr sicherer Standard zur Übertragung der Daten im Internet, der 1998 von allen Banken in Deutschland flächendeckend eingeführt werden sollte. Als Zugangskennung für Konten dient eine PIN oder zukünftig wohl eine Chipkarte (was Kosten verursacht). Leider sieht die Situation Ende 2005 so aus, dass diese Technik nur von knapp 20% der Banken genutzt wird. Es deutet sich an, dass sich HBCI nicht durchsetzt.

Obwohl Banken keine Probleme beim Homebanking sehen, empfehlen Verbraucherverbände und Bankexperten, immer die sicherste Methode beim Onlinebanking einzusetzen. Mit HBCI haben Sie auch im Internet einen hohen Sicherheitsstandard gegen ein Abfangen und Entschlüsseln der übertragenen Daten durch Dritte. Aber auch das PIN/TAN-Verfahren ist sicher, solange Sie unverbrauchte TAN-Nummern nicht im Rechner speichern und die TAN-Liste für Dritte unzugänglich aufbewahren. Die für das Onlinekonto zugeteilte PIN sollten Sie zyklisch (z.B. alle drei Monate) wechseln. Teilen Sie niemandem diese Geheimnummern mit; Bankmitarbeiter werden Sie nie nach der PIN für Onlinebanking fragen (etwas anderes ist es natürlich, wenn Sie Telefonbanking betreiben und sich gegenüber dem Mitarbeiter identifizieren müssen – selbst dann werden aber nur einzelne Ziffern der Geheimzahl abgefragt, niemals die gesamte PIN).

ACHTUNG

Es versteht sich wohl von selbst, dass Sie in öffentlichen Räumen (z.B. Internetcafé) kein Internetbanking durchführen. Die Gefahr, dass Dritte die von Ihnen benutzten Kennwörter ausspähen oder über den Rechner mit protokollieren und dann das Konto abräumen, ist einfach zu groß. Zudem sollten Sie sich die Sicherheitshinweise in Kapitel 4 aufmerksam durchlesen, um über Sicherheitsmängel und andere Risiken informiert zu sein.

Wenn Sie sich für das Thema interessieren, sprechen Sie mit Ihrer Bank und lassen Sie sich die technischen Möglichkeiten, die Risiken und die Haftung detailliert erklären. Wenn Sie sich unsicher sind, lassen Sie es lieber bleiben. Dies gilt auch, falls Sie noch keine Interneterfahrung besitzen.

Homebanking zur Probe

Möchten Sie einmal probieren, wie Homebanking funktioniert? Dazu brauchen Sie noch nicht einmal ein eigenes Konto. Viele Bankinstitute bieten zum Üben Probekonten an. Dort können Sie nach Herzenslust probieren und sich so die Technik zum Homebanking erarbeiten. Erst wenn alles klappt und Sie die Schritte sicher beherrschen, lässt sich Homebanking beim eigenen Konto anwenden. Welches Bankinstitut Sie zum Üben verwenden, bleibt Ihnen freigestellt.

Zur ersten Orientierung möchte ich nachfolgend eine Überweisung per Homebanking skizzieren. Ich habe für diesen Zweck ein Testkonto der Sparkassen unter der Webadresse *osgv.tzv.de* benutzt.

1 Rufen Sie die Webseite des Homebanking-Kontos (hier *osgv.tzv.de*) im Browser auf.

Nach dem Aufruf der Webseite erscheint ein Formular zur Eingabe der Kontonummer und der PIN. Beim Testkonto werden die zulässigen Eingaben in der rechten Spalte angezeigt.

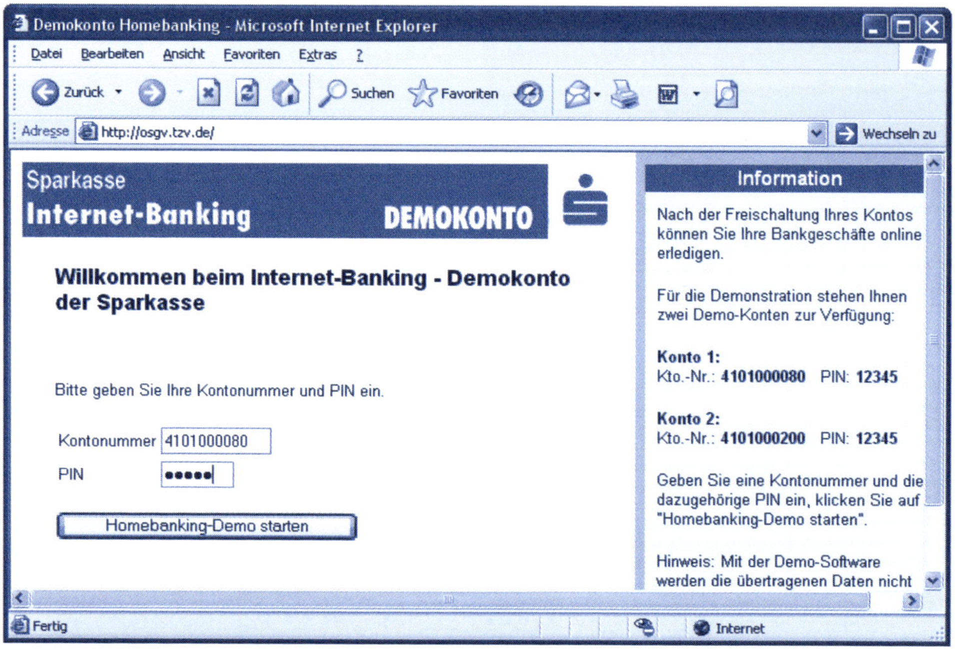

2 Als Benutzer müssen Sie die beiden Angaben in den Feldern des Formulars eintippen und dann über die Schaltfläche *Homebanking-Demo starten* bestätigen.

3 Bei erfolgreicher Anmeldung erscheint eine Begrüßungsseite, auf der Ihnen der Zeitpunkt der letzten Homebanking-Sitzung angezeigt wird. Klicken Sie auf die Schaltfläche *Weiter*, um zur eigentlichen Homebanking-Seite zu gelangen.

Hier sehen Sie die Hauptseite mit dem aktuellen Kontostand. Die verfügbaren Banking-Funktionen lassen sich über Schaltflächen in der rechten Spalte abrufen.

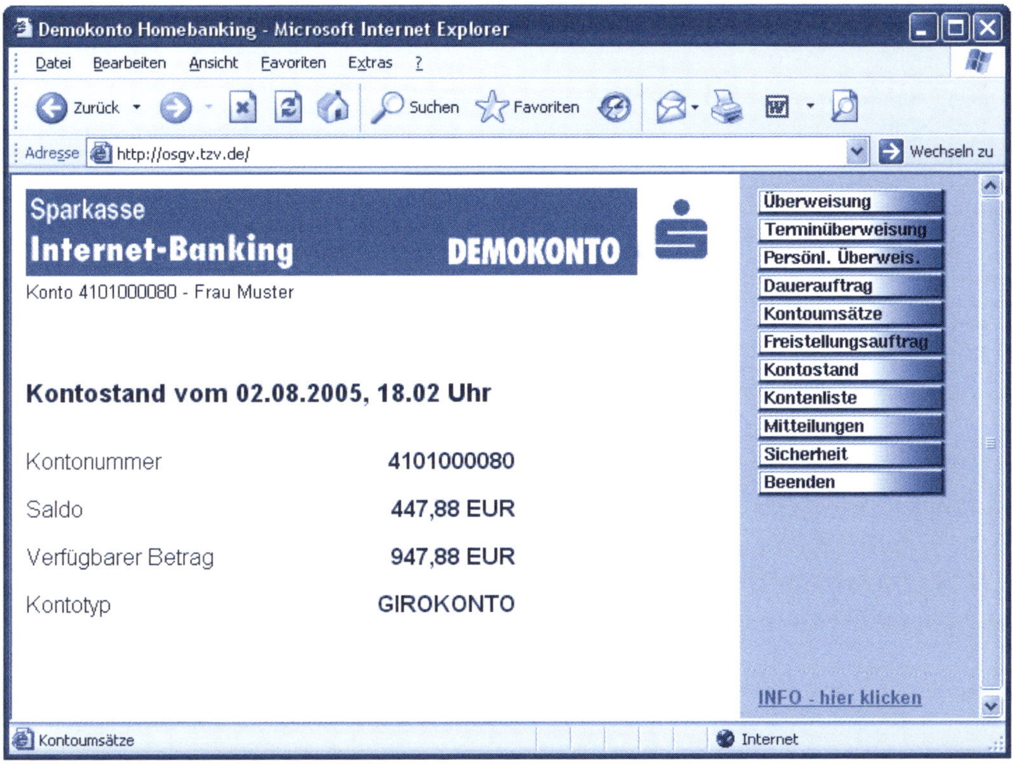

Zum Ausführen einer Überweisung sind nur wenige Schritte erforderlich.

1 Klicken Sie in der rechten Spalte auf den Eintrag *Persönl. Überweisung*, um das Überweisungsformular abzurufen (je nach Testkonto kann der Eintrag abweichend benannt sein).

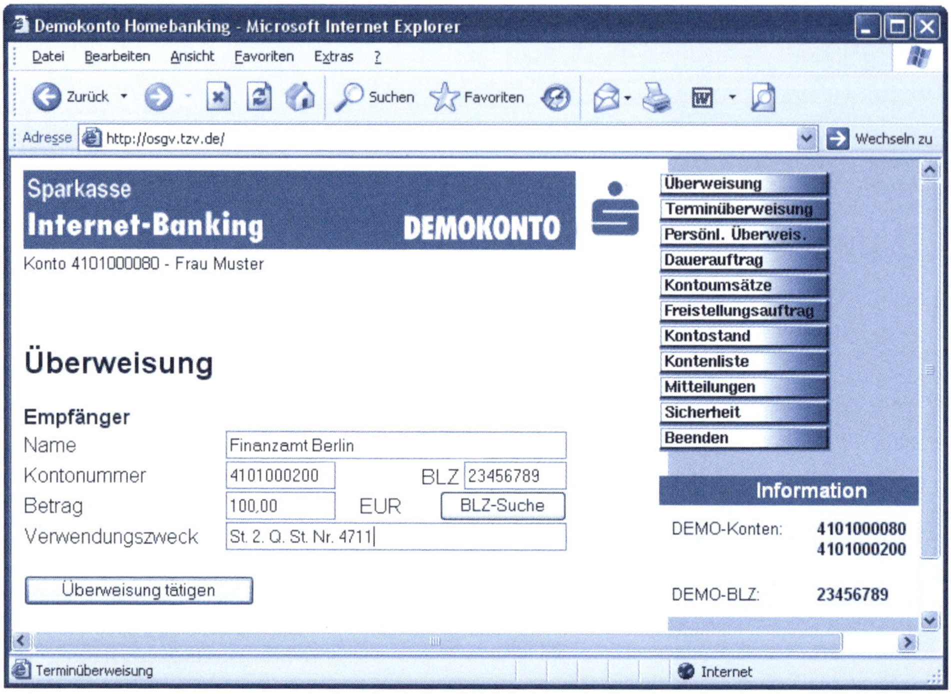

2 Ergänzen Sie die Angaben für den Empfänger im Überweisungsformular und klicken Sie dann auf *Überweisung tätigen*.

Der obige Schritt entspricht dem manuellen Ausfüllen eines Überweisungsformulars bei Ihrer Bank.

ACHTUNG

Beim Homebanking sollten Sie besondere Vorsicht beim Eintragen der Empfängerdaten walten lassen. Bei manuellen Überweisungen haftet die Bank bei Fehlüberweisungen, falls die Kontonummer nicht zum Empfänger passt. Schreibfehler beim Homebanking gehen dagegen zu Ihren Lasten, da die Banken für Fehlüberweisungen wegen Schreibfehlern bei Kontendaten nicht haften müssen.

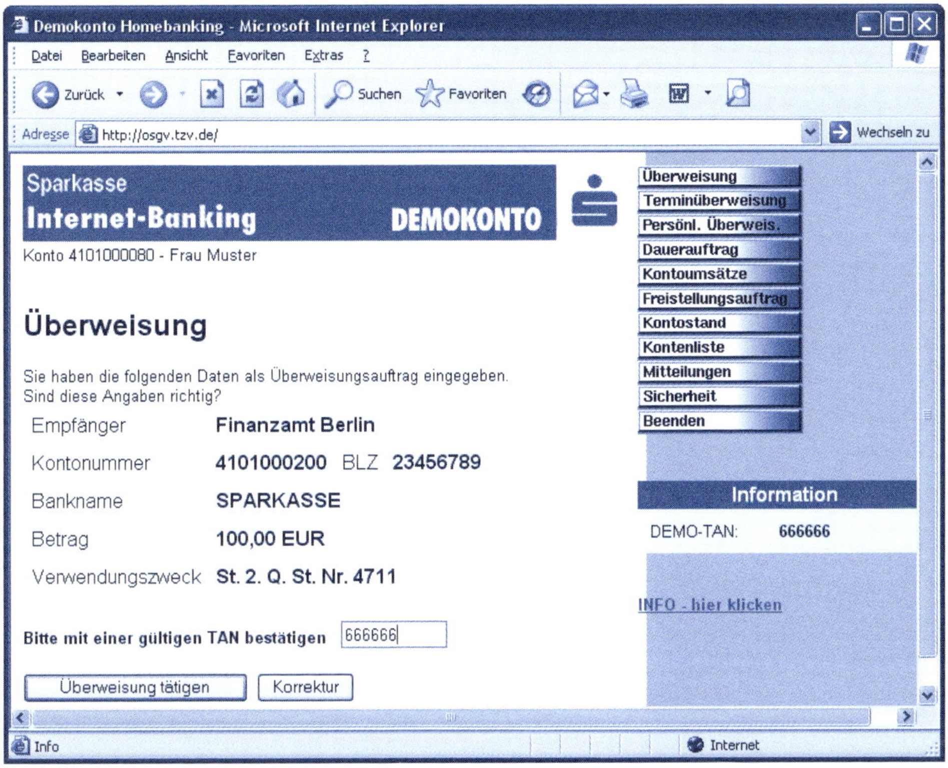

3 Kontrollieren Sie im Folgeformular nochmals die Angaben. Bei Abweichungen können Sie die Schaltfläche *Korrektur* wählen.

Stimmt alles? Dann muss die Überweisung per TAN bestätigt werden. Von der Bank erhalten Sie hierzu eine Liste mit mehreren TANs. Für jede Transaktion (z.B. Dauerauftrag, Überweisung etc.) muss eine unverbrauchte TAN angegeben werden. Verbrauchte TANs streicht man am besten aus der Liste aus. Beim obigen Testkonto wird die TAN 666666 benutzt.

4 Stimmen die Eingaben, tippen Sie eine unbenutzte TAN aus der Liste im betreffenden Formularfeld ein und klicken dann auf die Schaltfläche *Überweisung tätigen*.

Jetzt überträgt der Browser die Daten an den Computer der Bank. Dort wird geprüft, ob die TAN gültig ist und ob das bei der Bank vorgegebene Limit für Transaktionen noch nicht überschritten wurde. Stimmt alles, wird die Überweisung ausgeführt. In einer automatisch erscheinenden Webseite wird die Ausführung oder Ablehnung der Überweisung bestätigt.

HINWEIS

Bei den meisten Banken werden bei erfolgreicher Transaktion die Überweisungsdaten mit angezeigt. Ich drucke mir die betreffende Seite, um eine Kontrolle des jeweiligen Überweisungsvorgangs zu haben, und hefte den Ausdruck ab.

Führen Sie die Transaktion während der üblichen Banköffnungszeiten durch, können Sie bereits wenige Sekunden nach dem Absenden über die Funktion »Kontoumsätze« die Abbuchung des Betrags kontrollieren. Über weitere Funktionen lässt sich eine Übersicht über die verfügbaren Konten und die aktuellen Kontenstände abrufen. Alles in allem eine sehr komfortable Angelegenheit, die ich seit Jahren nutze. Na, wie wäre es denn nun, möchten Sie Homebanking probieren? Besuchen Sie doch einmal eine Webseite mit einem Probekonto und probieren Sie die obigen Schritte.

Auch wenn Sie Ihr Girokonto nicht per Internet verwalten, könnte ein Termingeldkonto bei einer Onlinebank wie der Direktbank *www.ing-diba.de* interessant sein. Diese Banken bieten meist höhere Zinssätze als Vor-Ort-Banken. Wenn Sie dann noch die Sicherheit erhalten, dass Überweisungen nur zwischen Festgeldkonto und Ihrem Girokonto möglich sind, ist einem möglichen Missbrauch von vornherein ein Riegel vorgeschoben.

Onlinebrokerage

Kümmern Sie sich selbst um Ihre Wertpapierdepots und Vermögensentwicklung? Dann haben Sie vermutlich zwei Probleme: ständig Informationen über die wirtschaftliche Lage und Entwicklung zu bekommen und die Kosten für Wertpapiergeschäfte zu reduzieren. Auf beiden Feldern bietet das Internet neue Chancen – aber auch neue Risiken.

HINWEIS

Das Wörtchen »Risiko« wird nicht immer gerne gehört. Gerade beim Wertpapierhandel sind vermeintliche Informationen und Insidertipps oft heiß gehandelte Ware. Vor einiger Zeit flogen dann auch die ersten **Betrügereien** auf: Findige Zeitgenossen hatten Aktien gekauft und durch geschickt in Chaträumen, Webseiten und Nachrichtendiensten platzierte Meldungen über die Unternehmen den Kurs in die Höhe getrieben. Die Aktien wurden dann schnell verkauft, bevor die Blase platzte. Da Börsengeschäfte gerade in den USA der Börsenaufsicht unterliegen, fielen größere Manipulationen aber schnell auf und die Urheber konnten ermittelt werden. Solche Betrügereien sind natürlich auch in Deutschland nicht ausgeschlossen.

Um sich über laufende Entwicklungen oder Börsenkurse zu informieren, finden Sie im Web massenhaft Seiten. Jede gute Suchmaschine bzw. jedes Internetverzeichnis wird Ihnen Rubriken zu Börse, Geld oder Wirtschaft anbieten. Börsenkurse werden auch von fast allen im Netz vertretenen Banken angeboten. Die folgende Tabelle enthält einige Startadressen, wobei die Seiten der Financial Times Deutschland recht interessant sind. Außerdem finden Sie in der Tabelle die Webadressen einiger Direktbanken.

Adresse	Bemerkungen
www.ftd.de	Seite der Financial Times Deutschland mit Wirtschaftnachrichten sowie Fonts- bzw. Aktien-Tools. Interessant auch die Broker-Ampel, die die Erreichbarkeit von Direktbrokern anzeigt.
www.boerse.de	Seite mit Wirtschaftsdaten, Versicherungsvergleichen und Zugriffen auf Börsenkurse etc.
www.ing-diba.de	Direktbank

Adresse	Bemerkungen
www.comdirect.de	Direktbank
www.cortalconsors.de	Direktbroker
www.dab-bank.de	Direktbank

Zudem können Sie über Suchmaschinen nach Stichworten wie »Börse«, »Aktien« etc. suchen. Unter der Rubrik »Finanzen« des Anbieters WEB.DE (*www.web.de*) gelangen Sie ebenfalls in einen Bereich mit Informationen zu Aktien, Börsenkursen und mehr.

Zusammenfassung

Nach der Einführung in den Browser im vorherigen Kapitel haben Sie in diesem Kapitel das Suchen nach Webinhalten gelernt. Weiterhin habe ich Ihnen eine kursorische Auflistung von Webseiten zu verschiedenen Themen gezeigt. Dieses »Futter« sollte Ihnen den Start ins Web sowie die ersten Ausflüge leichter machen. Mit zunehmender Erfahrung werden Sie die für sich persönlich interessanten Webseiten selbst zusammenstellen (z.B. in der Liste der Favoriten). Auf jeden Fall werden Sie jede Menge interessante Informationen finden. Mit Sicherheit stoßen Sie auch auf viele Seiten, die Einführungen in Computer- und Internetthemen zum Ziel haben. Hier können Sie bei Bedarf Ihr Wissen ergänzen. Im nächsten Kapitel gehe ich auf Fragen zur Sicherheit im Internet ein. Zur Kontrolle Ihres bisherigen Wissens können Sie die folgenden Fragen beantworten:

- **Wie finde ich Seiten zu bestimmten Themen im Internet?**
(Indem Sie über eine Suchmaschine nach dem Thema suchen lassen – siehe Kapitelanfang)
- **Was ist der Unterschied zwischen einer Suchmaschine und einem Portal?**
(Eine Suchmaschine erlaubt die Eingabe eines Suchbegriffs und greift auf interne maschinell erstellte Stichwortlisten zurück. Ein Portal stellt Informationen bereit, die zusammengestellt und gepflegt werden. Meist bietet das Portal noch eine Suchfunktion.)

- **Wie kann ich per Internet nach Personen suchen?**
  (Geben Sie den Namen in einer Suchmaschine ein. Falls dies nicht hilft, können Sie über die Internet-Telefonauskunft der Anbieter nach dem Namen suchen lassen.)
- **Wie komme ich per Internet an Schnäppchen heran?**
  (Verwenden Sie eine Preissuchmaschine wie *idealo.de*, um den besten Preis für ein Produkt zu ermitteln.)
- **Wie kann ich mich bei Reisen im Internet informieren?**
  (Verwenden Sie eine Suchmaschine, um Informationen über die Reiseregion abzurufen. Nutzen Sie Reiseportale wie *www.lastminute.de*, um Informationen über Preise und Unterkünfte zu ermitteln. Bei der Anfahrt mit eigenem Auto können Sie über Dienste wie map24 die Reiseroute planen lassen.)

Sicherheit im Internet

In den Kapiteln 2 und 3 haben Sie die Grundlagen für Ausflüge ins World Wide Web erworben und einige Internetangebote kennen gelernt. Nun ist es an der Zeit, sich auch der Frage nach der Sicherheit bei der Nutzung des Internets zu widmen. Nachrichten über Virenbefall in Computern oder Schlimmeres kennen Sie sicherlich zur Genüge. Ähnlich wie jeder sein Haus durch eine Tür mit Schloss sichern kann, sollte man auch einige Vorsichtsmaßnahmen bei der Nutzung des Internets treffen. Mit etwas Wissen und der richtigen Ausstattung haben Viren keine Chance und auch Geldgeschäfte lassen sich sicher im Internet abwickeln. Dieses Kapitel geht auf die verschiedenen Sicherheitsaspekte im Zusammenhang mit dem Internet ein und zeigt, wie sich das System sicher nutzen lässt.

Das lernen Sie in diesem Kapitel

- (Geld-)Geschäfte & Sicherheit
- Mehr Sicherheit beim Surfen
- Windows absichern

4

(Geld-)Geschäfte & Sicherheit

Im vorhergehenden Kapitel wurde bereits erwähnt, dass Sie im Internet auch Geschäfte abwickeln und Konten online pflegen können. Sobald es um Bestellungen oder finanzielle Transaktionen geht, steht natürlich auch die Frage nach der Sicherheit der übertragenen Daten und der Bezahlvorgänge im Raum. Können Dritte die Daten ausspähen und damit Missbrauch treiben? Nachfolgend möchte ich Ihnen zeigen, wie Sie Klippen oder unsicheres »Fahrwasser« umgehen und sich vor Gefahren schützen.

Abgesicherte Eingaben und Vorgänge!

Viele Webseiten enthalten Formulare, in denen sich Daten wie Name, Adresse oder andere Angaben eintippen lassen. Die eingetragenen Formulardaten werden dann vom Browser per Internet zum Webserver, auf dem die Webseiten gespeichert sind, übertragen. Da das Internet aber aus einem Verbund verschiedener Rechner besteht, gelangen diese Daten bei der Übertragung auf verschiedene Rechner. Es besteht also ein gewisses Risiko, dass Dritte diese Daten mitlesen und missbrauchen könnten. Gerade bei Bestell- und Bezahlvorgängen oder bei der Übertragung von Anmeldedaten (z.B. für ein Konto) ist es wichtig, die zugehörigen Daten vor Missbrauch zu schützen. Verhindern lässt sich dies über eine so genannte Verschlüsselung der Formulardaten, die zusätzlich über eine sichere Verbindung zu einem HTTPS-Server übertragen werden. Selbst wenn Dritte die Daten abfangen, können Sie, wegen der Verschlüsselung, damit nichts anfangen.

Achten Sie deshalb **bei** allen **sicherheitskritischen Angaben** (Kreditkartendaten, Zugangsdaten für E-Mail-, Bank- oder Ebay-Konten etc.) auf Webseiten darauf, dass der Anbieter eine **sichere Verbindung** zu einem HTTPS-Server über das *https*-Protokoll bereitstellt.

FACHWORT

Das Kürzel *https* steht für Hypertext transfer protocol secure, ein Übertragungsverfahren, bei dem die Daten mit SSL (steht für Secure Sockets Layer) verschlüsselt und dann zum Server übertragen werden.

Hier sehen Sie die Browserfenster des Firefox (Hintergrund) und des Internet Explorer (Vordergrund) mit der Anmeldeseite für ein Bankkonto. Eine solche Anmeldeseite ist typisch für Eingabeformulare mit kritischen Daten (im konkreten Beispiel werden die Zugangscodes zum Onlinebanking im Formular eingegeben).

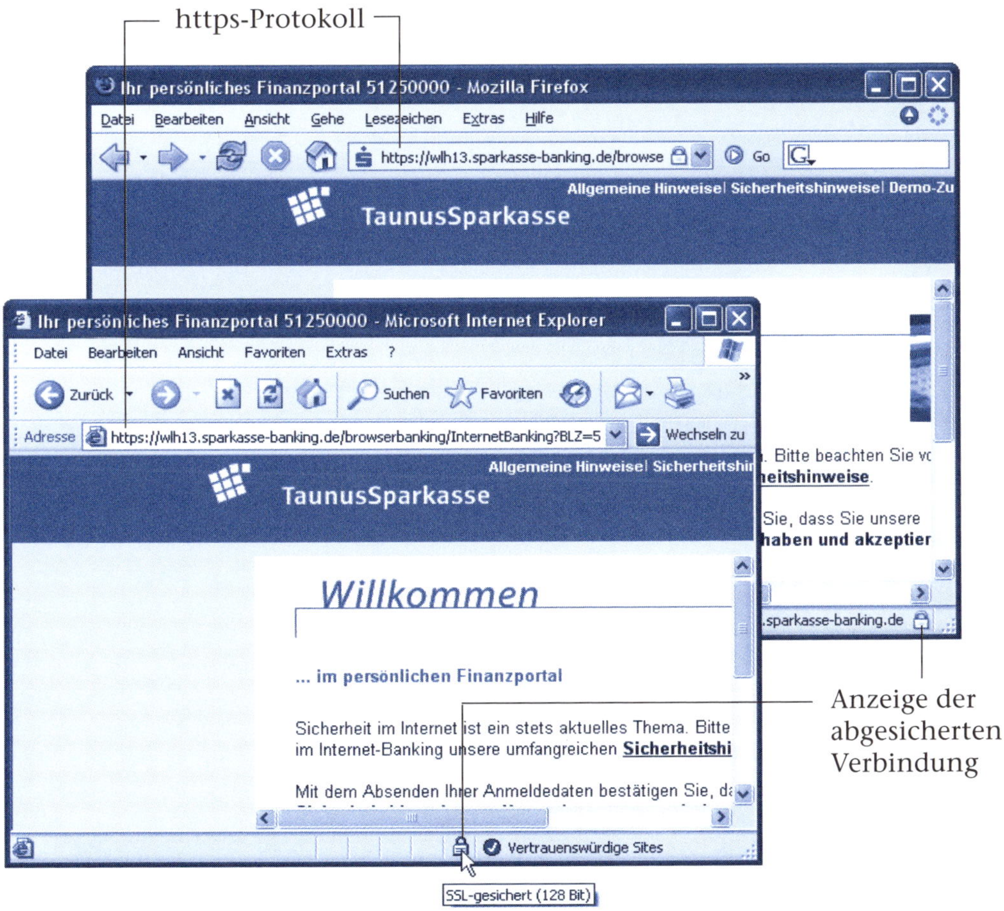

Ob eine **sichere Verbindung** zu einem HTTPS-Webserver vorliegt, **erkennen** Sie daran, dass in der Adressleiste der Text *https://* anstelle von *http://* angezeigt wird. Noch wichtiger ist aber, dass der Internet Explorer Ihnen beim Zugriff auf eine solche Webseite die sichere Verbindung in der Statuszeile durch ein stilisiertes (geschlossenes) Schloss bestätigt. Solange dieses Schloss angezeigt wird, besteht eine sichere Verbindung.

HINWEIS

Zeigen Sie beim Internet Explorer auf das Symbol des Schlosses, blendet der Browser eine QuickInfo mit der Verschlüsselungsstufe ein. Es sollte mindestens eine Verschlüsselung mit 128 Bit vorliegen, da diese sich nicht so leicht knacken lässt. Der Firefox verwendet sogar eine 256 Bit-Verschlüsselung. Daher wird beim Zeigen auf das Schloss eine QuickInfo mit dem Namen des Zertifikatsausstellers angezeigt.

Überprüfung eines Zertifikats

Eine Verbindung zu einem HTTPS-Server per *https*-Protokoll stellt aber lediglich sicher, dass die von Ihnen im Browserfenster eingetippten Daten im Internet verschlüsselt übertragen werden. Es besteht aber noch die Möglichkeit, dass Dritte einen *https*-Server mit gefälschten Webseiten betreiben. **Sie müssen** daher sicherstellen, dass beim Aufruf einer entsprechenden Webseite (z.B. Zugangsseite für Internetbanking) auch wirklich der erwartete Anbieter dahinter steht. Dies lässt sich über ein **Zertifikat überprüfen**.

1 Wählen Sie hierzu das in der Statuszeile eingeblendete stilisierte Schloss per Doppelklick an.

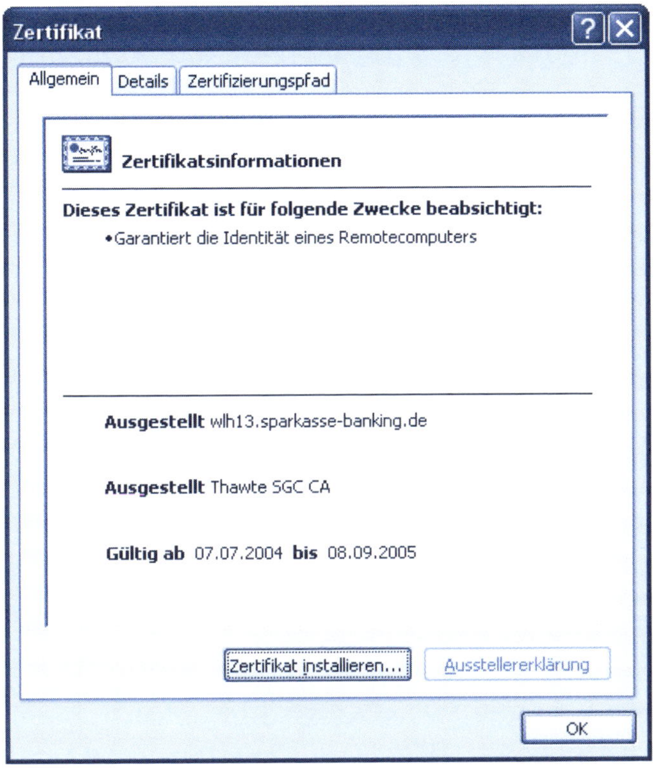

2 Anschließend überprüfen Sie im eingeblendeten Fenster das angezeigte Zertifikat.

Im Internet Explorer wird automatisch das Eigenschaftenfenster mit den Zertifikaten eingeblendet, während Sie beim Firefox noch die Schaltfläche *Anzeigen* auf der Registerkarte *Sicherheit* anklicken müssen.

Hier sehen Sie das im Internet Explorer angezeigte Zertifikat einer Sparkasse. Es ist erkennbar, für wen das Zertifikat ausgestellt wurde und wie lange es gültig ist. Zudem wird der Aussteller des Zertifikats aufgeführt.

Auf den restlichen Registerkarten können Sie Details zum Zertifikat ansehen. Wichtig ist, dass das Zertifikat noch gültig und nicht abgelaufen ist und dass es auf die erwartete Person bzw. Institution ausgestellt ist. Wenn Sie Internetbanking nutzen, sollte das Zertifikat auf die betreffende Bank oder deren Dienstleister für Internetbanking ausgestellt sein. Erkundigen Sie sich ggf. bei Ihrer Bank bzw. auf den Informationsseiten der Bank, wie das Zertifikat aussehen muss und was zu beachten ist. Ähnliches gilt bei anderen Anbietern, die HTTPS-Server betreiben. Ob der Zertifikataussteller (Trustcenter) eines Zertifikats selbst integer ist, lässt sich ggf. auf der Webseite *www.openvalidation.org* überprüfen.

Phishing, die neue Gefahr im Internet

Besitzen Sie ein Online-Konto bei einer Bank oder sind Sie bei eBay angemeldet? Besitzen Sie eine Kreditkarte oder haben Sie ein Konto bei PayPal? Nutzen Sie ein E-Mail-Konto per Internet? Dann ist es besonders wichtig, dass Dritte nicht an Ihre Kennwörter und Zugangsdaten kommen und damit Missbrauch treiben. Vermutlich sind Ihnen die Fälle zu Ohren gekommen, wo Betrüger versucht haben, mit kriminellen Mitteln an diese Zugangsdaten zu gelangen. Das Ganze läuft unter dem Schlagwort Phishing (manchmal auch als »Pishing« geschrieben) ab. Phishing ist ein Kunstwort aus den englischen Begriffen »Password« und »Fishing«. Ziel ist es, dem Benutzer mit allerlei Tricks die Zugangsdaten oder mehr abzuluchsen. Schauen wir uns einmal an, wie eine solche Phishing-Attacke abläuft und welche Risiken diese bietet:

- Im ersten Schritt stellen die Betrüger im Internet eine gefälschte Webseite bereit, die der Anmeldeseite einer Bank oder eines anderen Anbieters (PayPal, Ebay etc.) täuschend ähnlich sieht. Bei gut gemachten Seiten findet der Benutzer sogar noch weitere Formularseiten für Überweisungen und andere Transaktionen.
- Nun gilt es noch, möglichst viele ahnungslose Benutzer auf diese Seite zu locken und zur Eingabe der Benutzerdaten zu verleiten. Hierzu verschicken die Betrüger massenhaft E-Mails mit einer angeblichen Mitteilung der betreffenden Bank bzw. des Anbieters an die Kunden. In diesen E-Mails wird der Kunde wegen eines angeblich technischen Problems, wegen festgestellter Betrugsversuche, wegen einer vorgeblichen Unregelmäßigkeit bei den Daten etc. gebeten, sein Konto zu reaktivieren. Auch hier erfolgt

wieder die Aufforderung, sich am Konto anzumelden und die eigenen Daten zu überprüfen.

Vielleicht denken Sie, dass niemand so dumm sein kann, um darauf hereinzufallen. Aber die E-Mail benutzt eine als sozial engineering bezeichnete Ansprache, die dem Empfänger z.B. suggeriert, dass eine mysteriöse Kontenbelastung ausgeführt wird, wenn dieser nicht sofort widersprochen wird. Da kann man schon mal nervös werden.

- Netterweise findet sich noch ein Hyperlink im Text, den der Kunde nur noch anzuklicken braucht. Dieser Link öffnet die vorgebliche Anmeldeseite des betreffenden Anbieters. Es wird sogar ein vertrauter URL im Hyperlink angezeigt. Hinter dem Link versteckt sich aber ein Verweis auf eine gefälschte Anmeldeseite, die dann die vom leichtgläubigen Kunden eingetippten Zugangsdaten abfischt und an die Betrüger weiterleitet.
- Fällt der Benutzer auf die Fälschung herein, besteht sogar noch die Möglichkeit für die Betrüger, über ein Formular eine TAN-Nummer zur Verifizierung anzufordern. Auch diese TAN wird natürlich an die Schwindler übertragen. Zusammen mit den Anmelde- und Benutzerdaten (Name, Konto) samt PIN besitzen diese nun mindestens eine gültige und unverbrauchte TAN. Die Betrüger können sich mit diesen Daten am richtigen Kundenkonto bei der Bank anmelden. Schon lässt sich das Konto mit einer Überweisung abräumen. Noch schlimmer: Das Konto wird mit einem geänderten Kennwort versehen und der legale Besitzer bekommt keinen Zugang mehr.

Bisher enthielten die Phishing-E-Mails meist leicht zu entlarvende englischsprachige oder sehr fehlerhafte deutschsprachige Texte. Aber dies ändert sich, wie Sie an der folgenden E-Mail sehen, die mir zuging.

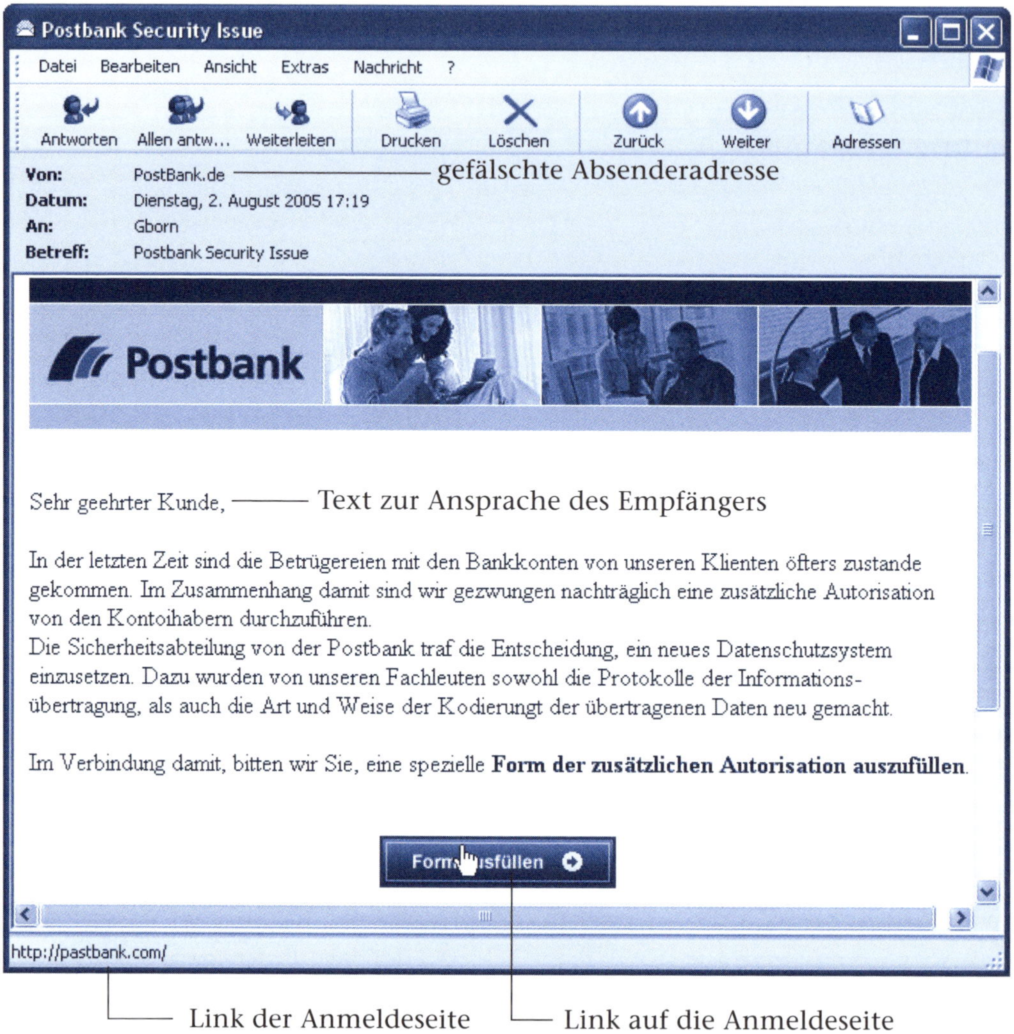

Der clever gestaltete deutsche Text ist weitgehend fehlerfrei und enthält zudem sogar ein Logo der Postbank. Klickt der Benutzer auf die mit *Form ausfüllen* beschriftete Schaltfläche, öffnet sich ein Browserfenster, in dem Teile des Internetauftritts der Postbank zu sehen sind. Allerdings findet sich dort auch ein Formular zur Eingabe der Zugangsdaten für das Bankkonto. Zudem wird eine TAN-Nummer zur Zugangskontrolle abgefragt, die laut Hinweis im Formular anschließend verbraucht sein soll. Müßig zu erwähnen, dass dieses Formular nicht von der Postbank stammt, sondern von Betrügern gefälscht wurde. Eine solche E-Mail dürfte mit Sicherheit uninformierte Leute hinters Licht führen.

Da die Zahl der Phishing-Versuche sprunghaft ansteigt, sollten Sie gewappnet sein. Ein gut informierter Internetanwender wird beim Zeigen auf die im Fenster des E-Mail-Programms enthaltene Schaltfläche *Form ausfüllen* bereits stutzig. Die in der Statusleiste des Fensters angezeigte Adresse *http://pastbank.com/* gehört mit Sicherheit nicht zum Online-Auftritt der Postbank. Um kein Opfer von Phishing-Attacken zu werden, sollten Sie einige Regeln beachten:

- Banken oder andere seriöse Anbieter, bei denen Sie ein Konto unterhalten, werden Sie niemals telefonisch oder per E-Mail nach Anmeldedaten oder Kennwörtern fragen! Diese Anbieter verlangen auch nicht per E-Mail mit integriertem Link, dass Sie Ihr Konto reaktivieren. Selbst beim Telefonbanking fragt die Bank bei der Authentifizierung nur einzelne Ziffern der Geheimnummer ab.
- Neue PIN- oder TAN-Listen werden von den Banken niemals per E-Mail verschickt, sondern immer per Post. Die Nummern sind in verschlossenen Umschlägen enthalten. Wird Ihnen ein solcher Umschlag beschädigt oder geöffnet zugestellt, sollten Sie unverzüglich die Bank bzw. den betreffenden Anbieter verständigen und die PIN/TANs sperren lassen.
- Klicken Sie niemals auf einen per E-Mail zugesandten Link, um eine Anmeldeseite für ein Konto abzurufen. Wie oben gezeigt, kann der angezeigte URL von der wirklich abgerufenen Adresse abweichen. Tippen Sie daher die Ihnen bekannte Internetadresse der Bank bzw. des Anbieters manuell in die Adressleiste Ihres Browsers ein, um zur Anmeldeseite des Kontos zu gelangen.
- Überprüfen Sie nach dem Aufruf, ob die Anmeldeseite auf einem *https*-Server mit der erwarteten Adresse liegt und ob eine abgesicherte SSL-Verbindung benutzt wird. Über das Symbol des Schlosses können Sie sich dann noch das Zertifikat ansehen und auf Gültigkeit und Plausibilität des Antragstellers prüfen (siehe auch vorhergehende Seiten).

Betrügern dürfte es kaum gelingen, die hier erwähnten Sicherheitsmechanismen samt Zertifikaten auszuhebeln. Es liegt daher an Ihnen, diese Mechanismen auch richtig anzuwenden.

HINWEIS

Diese Phishing-Angriffe werden als Massenmails an sehr viele Benutzer verschickt. Opfer können nicht nur Besitzer von Online-Bankkonten sein. Auch Besitzer anderer Konten (E-Mail, Ebay, Paypal etc.) könnten in solchen Mails adressiert und um die Verifizierung der Zugangsdaten angegangen werden. Die englischsprachige Webseite *www.antiphishing.org* enthält eine Übersicht über bekannt gewordene Phishing-Attacken.

ACHTUNG

Wichtig ist auch, dass der Rechner frei von Trojanern ist (siehe unten), da diese u.U. Benutzereingaben aufzeichnen und per Internet weiterleiten. Wie bereits in Kapitel 3 erwähnt, sollten Sie daher auch darauf verzichten, Internetbanking in öffentlichen Räumen wie Internetcafés zu betreiben. Neben der Gefahr, dass Dritte die Zugangsdaten zufällig ausspähen, wissen Sie nicht, ob die Eingaben am Rechner nicht mit protokolliert werden. Möchte Sie im Urlaub E-Mails über Internetcafés abrufen? Dann empfiehlt es sich, für diesen Zeitraum ein neues kostenloses E-Mail-Konto bei einem Freemail-Anbieter anzulegen. Nach dem Urlaub können Sie dann zu Hause das Kennwort ändern, sodass Dritte keinen Missbrauch mit dem Konto treiben können.

Mehr Sicherheit beim Surfen

Millionen von Webseiten bieten nützliche und hilfreiche Informationen. Surfen im WWW ist eine interessante Sache und wird von vielen Menschen genutzt. Nachfolgend wird auf eventuell damit verbundene Risken und Gefahren eingegangen.

Welche Gefahren lauern beim Surfen?

Beim Surfen (aber auch in E-Mails) können verschiedene Gefahren lauern, die Sie kennen und ggf. meiden sollten.

- Wenn Sie **Programme** oder andere **Dateien** von Webseiten auf den Computer **herunterladen** (auch als Download bezeichnet), besteht die **Gefahr**, dass diese **durch Viren, Trojaner, Würmer, Dialer** oder andere Schädlinge **infiziert** sein können. Mit einem aktuellen Virenschutzprogramm lässt sich dieser Gefahr aber begegnen (siehe unten).
- Manche Webseiten enthalten **aktive Inhalte** in Form von so genannten **Java-Applets, ActiveX-Komponenten** oder **Scriptprogrammen**. Eine Routenplanung im Internet, der Chatbereich einer Webseite oder das Windows-Update sind Beispiele, wo solche aktiven Inhalte die Funktion von Webseiten sinnvoll ergänzen. Andererseits lassen sich diese Techniken auch missbrauchen, um den Computer auszuspionieren oder Schädlinge einzuschleusen. Wie Sie sich gegen solche Attacken wappnen, wird auf den nachfolgenden Seiten gezeigt.
- Die **Anbieter von Webseiten** lassen sich nicht immer von edlen Motiven leiten, sondern **möchten** (bzw. müssen) in der Regel **Geld verdienen**. Ständig aufklappende Werbefenster (**Popup-Fenster**), mit denen die Anbieter die Webseiten finanzieren, sind ein häufiges Übel. Klicken Sie auf ein solches Fenster, gelangen Sie plötzlich zu den Webseiten der werbenden Firmen. Dies nervt nicht nur, sondern kostet auch Ihr Geld (da Sie in der Regel länger online sind, mehr Daten aus dem Internet übertragen oder vielleicht in der aktuellen Tätigkeit gestört werden). Wie Sie diesem Übel beikommen, wird nachfolgend erklärt.
- Es gibt unseriöse Webseiten, die illegal die Startseite des Browsers ändern. Bei dieser als **Browser-Hijacking** (Hijacking ist der englische Begriff für Entführung) bezeichneten Technik wird dann eine spezielle Webseite (oft aus dem Sexbereich) bei Beginn jeder Internetsitzung zwangsweise aufgerufen. Durch das Browser-Hijacking wird erreicht, dass möglichst viele Surfer auf die Seite gelan-

gen. Der Hijacker erhält durch den Aufruf dieser Webseite eine Vergütung vom Seitenanbieter (auch wenn die Besucher anschließend die Seite entsetzt wegklicken). Die folgenden Seiten geben auch hier Tipps, wie man so etwas ggf. vermeiden oder wieder reparieren kann.

- Manche Betreiber von Webseiten versuchen auch möglichst viel über die Surfer und ihre Surfgewohnheiten herauszufinden. Dies beginnt bei Formularen, die persönliche Angaben wie Name, Adresse oder E-Mail-Adresse erfragen und reicht bis zu so genannten **Cookies**, die beim Besuch einer Seite auf Ihrem Computer gespeichert werden. Durch Zusammenführen solcher Informationen mit den von verschiedenen Webseiten gespeicherten Cookies besteht die Gefahr, dass Sie zum »gläsernen Surfer« werden. Das kann dazu führen, dass Ihnen beim Besuch einer Webseite zielgerichtete Angebote unterbreitet, unerwünschte E-Mails oder gar Kataloge mit Werbung zugeschickt werden. Was sich hinter Cookies genau verbirgt und wie man seine Privatsphäre im Internet schützen kann, wird ebenfalls auf den folgenden Seiten diskutiert.

Sie sehen also, es gibt vielfältige Risiken beim Surfen im Internet. Aber Sie sind dem ganzen Treiben nicht wehrlos ausgesetzt. Es ist wie im täglichen Leben: Nepper, Schlepper und Bauernfänger lauern auch dort. Mit etwas Wissen, den geeigneten Maßnahmen und etwas gesundem Menschenverstand lassen sich solche Gefahren vermeiden.

HINWEIS

Informierte Computerbenutzer wissen zudem, dass auch gelegentlich Fehler in Programmen oder im Betriebssystem von Dritten ausgenutzt werden, um Schädlinge per Internet auf den Computern einzuschleusen. Gelegentlich hört man dann den Tipp, doch einen anderen Browser (z.B. Firefox statt dem Internet Explorer) oder ein anderes Betriebssystem (z.B. Linux statt Windows) zu verwenden. Es gehört aber zu den populären Irrtümern der Computerwelt, dass sich mit dem Wechsel des Browsers oder des Betriebssystems die Sicherheit nachhaltig verbessern lässt. Unter dem Strich halte ich es für gefährlich, Benutzer generell zum Wechsel auf einen anderen Browser zu verleiten. Der Anwender wiegt sich vermeintlich in Sicherheit und handelt sich im schlimmsten Fall noch größere Sicherheitsrisiken ein. Auch in Linux, dem Browser Firefox und anderen Programmen wurden in der Vergangenheit immer wieder Sicherheitslücken entdeckt. Einen **Wechsel zu anderen Browsern**, z. B. Firefox (*www.firefox-browser.de*) oder Opera (*www.opera.no/lang/de*), **sollten nur wirklich erfahrene Anwender und Anwenderinnen vornehmen**, die sich gut in der Materie auskennen. Viel wichtiger ist, dass mit aktualisierten Programmversionen (z.B. von Windows, Internet Explorer, Outlook Express, Office etc.) gearbeitet wird und dass die in diesem Kapitel besprochenen Sicherheitsmaßnahmen bekannt sind bzw. befolgt werden.

Webinhaltszonen, das sollten Sie wissen

Webseiten lassen sich im Hinblick auf Sicherheitsaspekte in verschiedene Kategorien einordnen. Bei einer lokal auf dem Computer als HTML-Dokumentdatei gespeicherten Webseite kann man vom Benutzer erwarten, dass er selbst sicherstellt, dass diese »harmlos« ist. Eine Webseite, über die Sie Internetbanking betreiben, Webseiten bekannter Firmen etc. werden Sie sicherlich auch als vertrauenswürdig einstufen. Bei Webseiten unbekannter Anbieter oder gar mit zwielichtigem Charakter (z. B. aus dem Umfeld der Sexbranche) sollte man eher zurückhaltend sein. Es ist also wie im täglichen Leben: Einem guten Bekannten wird man wohl Vertrauen entgegenbringen, während bei Haustürgeschäften oder Begegnungen mit Unbekannten eine gehörige Portion Misstrauen angesagt ist.

Der Internet Explorer benutzt so genannte **Webinhaltszonen**, um Webseiten mit unterschiedlichem Vertrauensgrad zu kategorisieren:

- **Internet:** Hierunter fallen alle **Websites**, die in keiner der anderen Zonen enthalten sind. Da die meisten angesurften Webseiten in diese Zone fallen, lauern hier die größten Risiken. Idealerweise sollte diese Zone mit sehr restriktiven Sicherheitseinstellungen konfiguriert werden – allerdings gibt es das Problem, dass sich bei zu starken Restriktionen viele Seiten nicht mehr richtig oder überhaupt nicht anzeigen lassen.
- **Lokales Intranet:** Diese Zone umfasst alle Webinhalte, die sich lokal in einem Netzwerk mit Internetfunktionen (als Intranet bezeichnet) befinden. Für diese Site gibt es die Möglichkeit, die einzubeziehenden Freigaben und Server zu konfigurieren. Bei Privatanwendern besitzt diese Zone kaum Bedeutung, da in diesem Umfeld kein Intranet benutzt wird.
- **Vertrauenswürdige Sites:** Diese Zone ist für alle Seiten vorgesehen, deren Anbieter bekannt ist und deren Inhalt Sie als vertrauenswürdig einstufen. Hierzu gehören beispielsweise Seiten mit Internetbanking-Funktionen, die Microsoft-Seiten zum Windows-Update etc. In dieser Zone können Sie beispielsweise die Nutzung der für Internetbanking benötigten Java- oder JavaScript-Funktionen freigeben oder die Nutzung signierter ActiveX-Komponenten gestatten (siehe die folgenden Seiten).
- **Eingeschränkte Sites:** In diese Zone gehören alle Webseiten, denen Sie keinesfalls vertrauen oder von denen Sie eventuell schon vorab wissen, dass diese möglicherweise schädigende Inhalte enthalten könnten. Für diese Zone sind möglichst restriktive Sicherheitseinstellungen zu wählen, um eine maximale Sicherheit zu gewährleisten. Hier könnten alle aktiven Funktionen (Active Scripting, ActiveX, Java etc.) deaktiviert werden.

FACHWORT

Der Begriff **Site** kommt aus der englischen Sprache und bezeichnet ein Fabrikgelände oder einen Aufstellungsort für die Produktion. Eine Firmenpräsenz im Internet wird auch als **Website** bezeichnet. Die Startseite nennt man auch **Homepage**.

Als Benutzer hat dieses Zonenkonzept den Vorteil, dass Sie diesen Zonen verschiedene Sicherheitseinstellungen zuordnen können. Hierzu gehen Sie in folgenden Schritten vor:

1 Wählen Sie im Menü *Extras* des Internet Explorer den Befehl *Internetoptionen*.

2 Holen Sie im nun eingeblendeten Dialogfeld *Internetoptionen* die Registerkarte *Sicherheit* in den Vordergrund. Hier werden die verfügbaren Webinhaltszonen angezeigt.

Hier sehen Sie die Registerkarte *Sicherheit* mit den Webinhaltszonen *Internet, Lokales Intranet, Vertrauenswürdige Sites* und *Eingeschränkte Sites*. Fehlt bei Ihnen eine Zone, verwenden Sie die horizontale Bildlaufleiste zum Blättern zwischen den Zonen.

3 Klicken Sie auf das Symbol einer Webinhaltszone (hier ist die Zone *Internet* markiert), blendet der Internet Explorer die Sicherheitsstufe dieser Zone im unteren Teil der Registerkarte *Sicherheit* ein.

4 Ziehen Sie den Schieberegler auf der Registerkarte nach oben oder unten, um die Sicherheitsstufe einer markierten Webinhaltszone anzupassen.

Falls noch keine Anpassungen vorgenommen wurden, verwendet der Internet Explorer Standardeinstellungen für die Sicherheit der einzelnen Webinhaltszonen. Die Zone *Internet* bekommt die Sicherheitsstufe »Mittel« zugeordnet. Die Zone *Lokales Intranet* weist die Sicherheitsstufe »Niedrig« auf, während die Zone *Vertrauenswürdige Sites* sogar auf »Sehr niedrig« gesetzt ist. Nur die Zone *Eingeschränkte Sites* erhält die Sicherheitsstufe »Hoch«.

Je höher die Sicherheitsstufe für eine Zone gesetzt ist, umso sicherer ist das Surfen. Der Nachteil ist aber, dass damit die Funktionalität des Browsers eingeschränkt wird. Internetbanking wird beispielsweise in der Sicherheitsstufe »Hoch« nicht mehr möglich sein. Die Stufen »Niedrig« und »Sehr niedrig« lassen dagegen alle Funktionen zu, aktive Inhalte und Scriptprogramme sind zulässig. Daher herrscht dort ein erhöhtes Risiko für Angriffe.

Der Internet Explorer zeigt Ihnen bei jeder Sicherheitsstufe einen Texthinweis mit der gewählten Stufe und den Auswirkungen an. Hier ist die Webinhaltszone *Eingeschränkte Sites* markiert und die Sicherheitsstufe auf »Hoch« gesetzt.

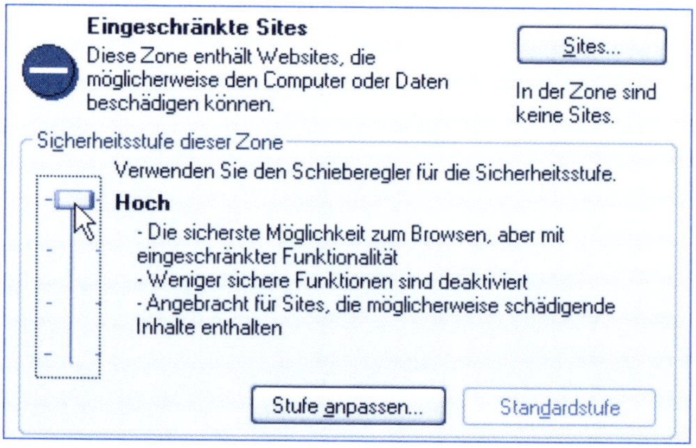

5 Um die Änderungen zu übernehmen, klicken Sie auf die *Übernehmen*-Schaltfläche oder schließen die Registerkarte über die *OK*-Schaltfläche.

Der Schieberegler in der Gruppe *Sicherheitsstufe dieser Zone* auf der Registerkarte *Sicherheit* erlaubt Ihnen nur eine sehr grobe Auswahl, welche Funktionen im Browser zulässig sind. Zudem ist die Einstellung »Mittel« für die Internetzone aus meiner Sicht nicht optimal. Über die Schaltfläche *Stufe anpassen* können Sie Funktionseinschränkungen wesentlich detaillierter festlegen. Wie dies geht und was sich hinter den einzelnen Optionen verbirgt, können Sie auf den folgenden Seiten nachlesen.

ACHTUNG

Das Konzept der Webinhaltszonen ist zwar ganz pfiffig, sollte Sie aber nicht vollständig in Sicherheit wiegen. Leider wurden in der Vergangenheit beim Internet Explorer (bzw. auch in alternativen Browsern) immer wieder Sicherheitslücken entdeckt, die entsprechend manipulierten Webseiten das Ausführen von Funktionen mit den niedrigsten Sicherheitseinstellungen erlaubten. Microsoft schließt solche Lücken zwar durch Sicherheitsupdates. Aber man sollte sich des (theoretischen) Risikos bewusst sein, dass ggf. weitere Sicherheitslücken vorhanden sind. Mit individuell angepassten Sicherheitseinstellungen (z. B. Scripting und aktive Inhalte deaktiviert) lässt sich das Risiko aber weitgehend eliminieren. Sie sollten daher die Einstellungen individuell anpassen (siehe unten).

So stufen Sie einzelne Websites ein

Ohne Ihr weiteres Zutun werden alle angesurften Webseiten der Webinhaltszone *Internet* zugeordnet und im betreffenden Sicherheitskontext angezeigt. Setzen Sie die Sicherheitseinstellungen zu hoch, werden viele Webseiten nicht mehr korrekt angezeigt. Sie können aber bestimmte Websites den Zonen *Vertrauenswürdige Sites* und *Eingeschränkte Sites* zuordnen. Dies ermöglicht Ihnen beispielsweise, den Seiten für Homebanking über die Zone *Vertrauenswürdige Sites* die Ausführung von Java oder Scripts zu erlauben. Häufiger angesurfte Webseiten, deren Anbieter Ihnen aber unbekannt oder nicht besonders vertrauenswürdig erscheint, hinterlegen Sie in der Zone *Eingeschränkte Sites*. Um die Adresse einer Webseite in die Zonen *Vertrauenswürdige Sites* oder *Eingeschränkte Sites* aufzunehmen, gehen Sie folgendermaßen vor:

1 Markieren Sie auf der Registerkarte *Sicherheit* das Symbol der gewünschten Webinhaltszone (*Vertrauenswürdige Sites* und *Eingeschränkte Sites*) und klicken Sie anschließend auf die nun freigegebene Schaltfläche *Sites*.

Hier ist die Webinhaltszone *Vertrauenswürdige Sites* markiert, die Schaltfläche *Sites* wird dann freigegeben.

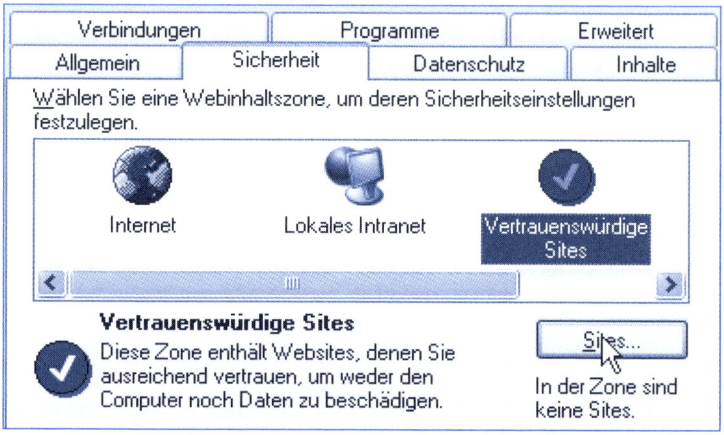

2 Im nun erscheinenden Dialogfeld *Eingeschränkte Sites* bzw. *Vertrauenswürdige Sites* tippen Sie die Adresse (URL) für die betreffende Website in das Feld *Diese Website zur Zone hinzufügen* ein.

Bereits beim Eintippen eines URL wird Ihnen ggf. eine Liste bereits besuchter Websites mit ähnlichen URLs angezeigt. Erscheint der URL, können Sie die zugehörige Adresse durch Anklicken übernehmen.

TIPP

Bei vertraulichen Inhalten (z. B. beim Internetbanking oder beim E-Mail-Austausch) wird das bereits oben erwähnte *https:*-Protokoll benutzt, bei dem die Seiten verschlüsselt übertragen werden. Dies verhindert, dass Dritte die übertragenen Daten ansehen können, während normale Seiten ungesichert über das *http:*-Protokoll abgerufen werden. Beim Eintippen der Internetadresse (URL, Uniform Resource Locator) wird der Vorspann für das Protokoll in der Regel weggelassen. Markieren Sie aber im Dialogfeld *Vertrauenswürdige Sites* das Kontrollkästchen *Für Sites dieser Zone ist eine Serverüberprüfung (https:) erforderlich*, werden nur Sites in der Liste der vertrauenswürdigen Sites akzeptiert, denen das Kürzel *https://* vorangestellt ist. Der Browser prüft dann, ob die Seiten auf einem abgesicherten *https:*-Server liegen. Möchten Sie beide Protokollvarianten in der Liste der vertrauenswürdigen Sites verwenden, belassen Sie das Kontrollkästchen unmarkiert. Webseiten, die auf *https:*-Servern liegen, ist dann beim Eintragen in der Liste der vertrauenswürdigen Sites der Vorspann *https://* (z. B. *https://www.banking.de*) voranzustellen.

3 Wurde die Adresse der Website eingetippt, lässt sich der URL durch Anklicken der *Hinzufügen*-Schaltfläche in die Liste der Websites übernehmen.

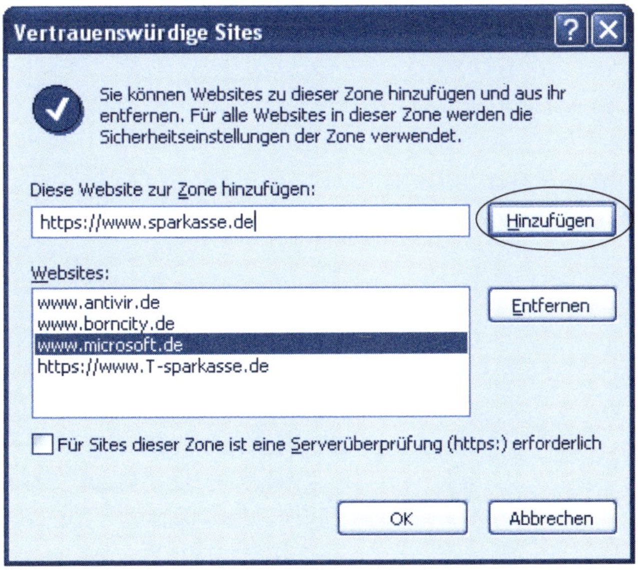

Zum Entfernen einer Website wählen Sie die betreffende Adresse (URL) in der Liste an und betätigen die *Entfernen*-Schaltfläche. Die *OK*-Schaltfläche schließt das Dialogfeld.

So passen Sie die Sicherheitseinstellungen an

Der Internet Explorer ermöglicht Ihnen, für jede Webinhaltszone die Sicherheitseinstellungen individuell anzupassen. Dadurch können Sie Risiken beim Surfen gezielt reduzieren. Zum Anpassen der einzelnen Sicherheitseinstellungen gehen Sie in folgenden Schritten vor:

1 Wählen Sie im Menü *Extras* den Befehl *Internetoptionen* und klicken Sie im dann angezeigten Eigenschaftenfenster auf die Registerkarte *Sicherheit*.

2 Markieren Sie auf der Registerkarte *Sicherheit* das Symbol der gewünschten Webinhaltszone und klicken Sie auf die Schaltfläche *Stufe anpassen*.

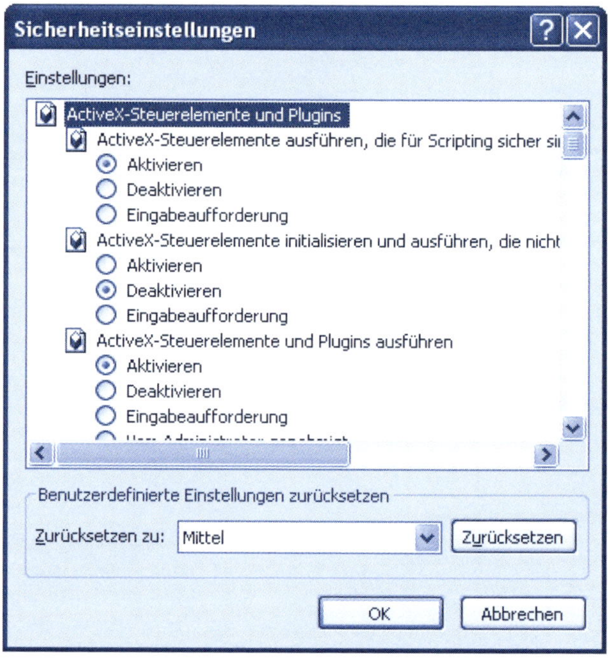

3 Wählen Sie im Dialogfeld *Sicherheitseinstellungen* die einzelnen Optionen gemäß Ihren Anforderungen bzw. entsprechend den nachstehenden Erläuterungen aus.

4 Schließen Sie das Dialogfeld *Sicherheitseinstellungen* sowie die Registerkarte *Sicherheit* über die *OK*-Schaltfläche.

Nun werden die von Ihnen vorgegebenen Sicherheitseinstellungen aktiv und wirken sich auf die zukünftig abgerufenen Webseiten aus. Je stärker die Sicherheitseinstellungen eingeschränkt werden, umso weniger Funktionen unterstützt der Internet Explorer. Dies führt ggf. dazu, dass Webseiten entweder gar nicht mehr oder zumindest nicht mehr korrekt angezeigt werden.

HINWEIS

In der Praxis wird man immer einen Kompromiss zwischen den Sicherheitsanforderungen und den Erfordernissen der Webseiten wählen müssen. Rufen Sie häufiger eine Website ab, die gelockerte Sicherheitseinstellungen benötigt, und vertrauen Sie dem Anbieter, können Sie diese in die Liste der vertrauenswürdigen Sites eintragen. Dort kann dann Scripting oder die Ausführung von ActiveX-Komponenten oder Java-Applets zugelassen werden. Internetseiten unbekannter Anbieter sollten aber möglichst mit heraufgesetzten Sicherheitseinstellungen abgerufen werden. Beim Surfen wird Ihnen übrigens die aktuelle Zone in der Statusleiste des Internet Explorer eingeblendet.

Tipps, wie die einzelnen Sicherheitsoptionen für die Zonen *Internet* und ggf. *Eingeschränkte Sites* im Internet Explorer 6 zu setzen sind, finden Sie auf meiner Webseite *www.borncity.de/Tricks/IE*. Bei der Zone *Eingeschränkte Sites* sollten Sie keine individuellen Optionen einstellen, sondern den Schieberegler auf der Sicherheitsstufe »Hoch« belassen.

Die Registerkarte *Sicherheit* weist noch einige zusätzliche Optionen auf, die Sie gemäß den Voreinstellungen der Sicherheitsstufe »Mittel« oder »Hoch« unverändert lassen können.

TIPP

Verwenden Sie Firefox als Browser, wählen Sie im Menü *Extras* des Browserfensters den Befehl *Einstellungen*. Im Fenster *Einstellungen* müssen Sie auf das in der linken Spalte eingeblendete Symbol *Web-Features* und *Downloads* klicken. Dann können Sie im rechten Teil verschiedene Optionen (z.B. Ausführung von JavaScript oder Java) über Kontrollkästchen ein- oder ausschalten.

Die **Sicherheitseinstellungen** des Browsers lassen sich auf der englischsprachigen Webseite *browsercheck.qualys.com* überprüfen. Diese zeigt Ihnen, was ein Webserver über Ihren Computer herausfindet, und erlaubt beim Internet Explorer sogar bestimmte Tests auszuführen. Der Heise-Verlag bietet unter *www.heise.de/security/dienste/browsercheck* deutschsprachige Informationen rund um das Thema Sicherheit sowie Testseiten, um die Anfälligkeit verschiedener Browser (Internet Explorer, Mozilla/Firefox etc.) gegenüber bestimmten Sicherheitslücken zu überprüfen.

Werbefenster blockieren

Viele Anbieter von Webseiten finanzieren sich durch eingestreute Werbung. Solange diese intelligent gemacht ist und die betreffenden Angebote durch Anklicken vom Benutzer abgerufen werden müssen, ist dagegen wenig zu sagen. Leider gibt es auch eine negative Seite, die mittlerweile ziemlich nervig ist: Beim Ansurfen vieler Webseiten öffnen sich zig zusätzliche Werbefenster (auch als **Popup-Fenster** bezeichnet, da diese plötzlich auf dem Bildschirm »aufspringen«). Die hier gezeigte Webseite nutzt gleich zwei Werbeeinblendungen. Das rechte Fenster mit dem Titel *Werbung* ist als Popup-Fenster realisiert. Die zweite Werbeeinblendung ist dagegen ein in der Macromedia Flash-Technik ausgeführter Baustein, der den eigentlichen Seiteninhalt überlagert. Solange diese Einblendung vorhanden ist, kommt der Benutzer nicht an das Angebot der eigentlichen Webseite heran.

Nimmt diese Art der Werbung überhand, ist dies äußerst störend, da Sie die Fenster dieser Werbeeinblendungen durch Mausklicks schließen müssen. Zudem bieten solche Fenster auch gewisse Risiken. Persönlich empfinde ich solche Werbemaßnahmen einfach nur noch als nervend!

HINWEIS

Die so genannte Flash-Technik der Firma Macromedia wird leider von vielen Webseiten u. a. zur Werbung genutzt. Charakteristisch für diese Technik sind über dem Angebot der Seite platzierte Werbeeinblendungen. Da zur Anzeige kein Windows-Fenster genutzt wird, lässt sich die Webeeinblendung auch nicht einfach zur Seite schieben. Durch die Verwendung eines unregelmäßig geformten Anzeigebereichs (auch als **Skin** bezeichnet) ist die Schaltfläche zum Schließen der Einblendung oft gut versteckt. Manche Werbeeinblendungen verschwinden zwar nach einigen Sekunden automatisch. Aber der Besucher wird regelrecht genötigt, sich die Werbung anzusehen. Wurde die Ausführung von ActiveX-Elementen aus Sicherheitsgründen deaktiviert, lässt sich die Werbeeinblendung u.U. nicht mehr schließen – die Webseite ist nicht mehr nutzbar. Die Macromedia Flash-Technik lädt zudem oft umfangreiche Datenmengen aus dem Internet, ein zusätzliches Ärgernis für Modembenutzer. Zumindest bei mir besitzen die auf diese Weise werbenden Firmen mittlerweile ein extrem negatives Image und die betreffenden Webseiten werden von mir boykottiert!

Die Fenster mit den Werbeeinblendungen bergen unter Sicherheitsgesichtspunkten zusätzliche Risiken. Vielleicht öffnet die per Java, ActiveX oder Macromedia Flash realisierte Werbeeinblendung ja unbemerkt eine Hintertür für andere Schädlinge. Obskure Webseiten können auch Popup-Fenster nutzen, um unerfahrenen Benutzern Dialer, Trojaner oder andere Schädlinge unterzuschieben. Irreführende Angaben in Fensterelementen versuchen den Benutzer auszutricksen. So gab es bereits Fälle, wo ein Fenster mit dem Titel »Möchten Sie den Dialer installieren« angezeigt wurde und die im Fenster eingeblendete *Nein*-Schaltfläche die Installation einleitete. Die hier im Buch gezeigten Sicherheitseinstellungen verhindern zwar die Installation solcher Schadprogramme. Aber nicht jeder Computernutzer ist mittlerweile gewieft genug, um diese Falle zu erkennen.

TIPP

Sie können sich vor diesen Tricks schützen, indem Sie Windows-Fenster über die am rechten oberen Fensterrand eingeblendete Schaltfläche *Schließen* beenden.

Ein durch Windows verwaltetes Popup-Fenster erkennen Sie an der eigenen Schaltfläche in der Taskleiste.

Zudem lässt sich das Fenster per Maus verschieben. Fehlen diese Merkmale, sollten Sie vorsichtig mit dem Anklicken von Schaltflächen sein. Es könnte sich um ein gefälschtes Fenster handeln, welches als Abbildung in einer Webseite eingeblendet wird. Beim Klicken auf ein solches Fenster könnte alles Mögliche passieren. Trennen Sie sofort die Internetverbindung und schließen Sie das Fenster des Internet Explorer. Bleibt dann noch ein Fenster zurück, können Sie dieses über die *Schließen*-Schaltfläche beenden.

So blockieren Sie unerwünschte Werbefenster

Um solche Werbung zu unterdrücken, werden so genannte Popupblocker angeboten. Wer Windows XP mit dem Service Pack 2 installiert hat oder den Firefox-Browser benutzt, verfügt automatisch über die betreffende Funktion. Erkennt der Popupblocker ein Werbefenster, unterdrückt er dessen Anzeige. Hier sehen Sie das Fenster des Internet Explorer, in dem ein Popup-Fenster blockiert wurde.

Am oberen Rand des Dokumentbereichs blendet der Internet Explorer (optional) die so genannte Informationsleiste ein. Dort erhalten Sie Hinweise, falls ActiveX-Elemente installiert, Dateien heruntergeladen oder eine andere sicherheitskritische Aktion ausgeführt wird. In dieser Informationsleiste werden Sie auch über blockierte Popup-Fenster informiert. Auf jeden Fall erscheint das Popupblocker-Symbol in der Statusleiste des Fensters, sobald die Anzeige eines Fensters blockiert wurde.

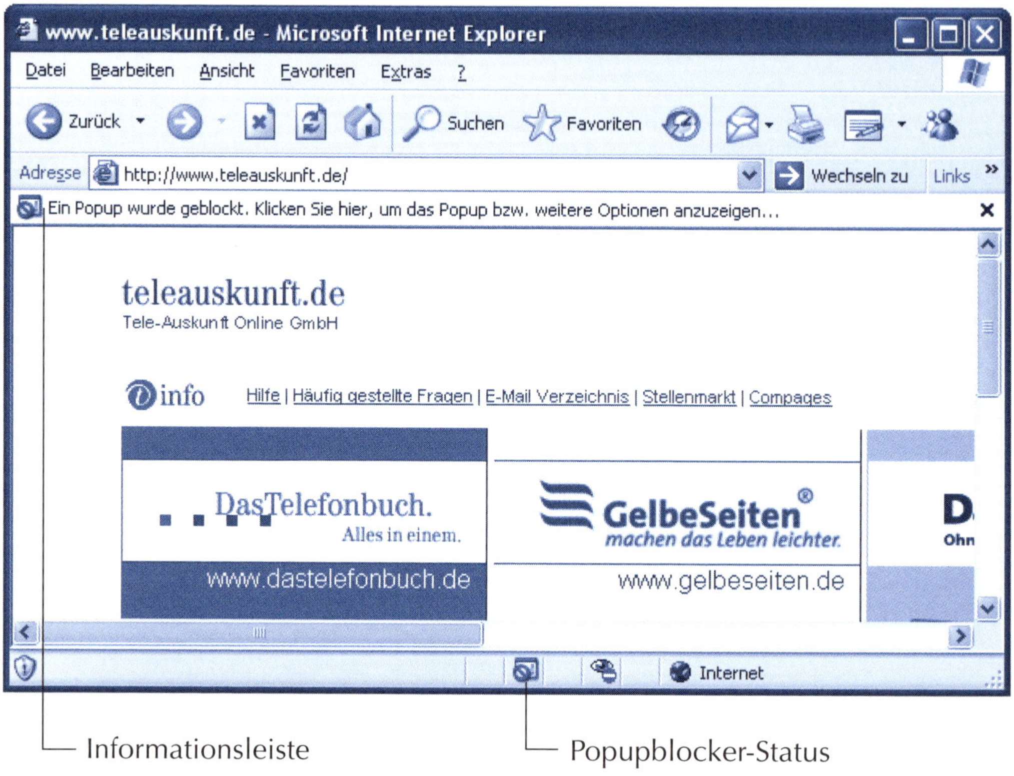

1 Zur Verwaltung der Popupblocker-Funktion klicken Sie per Maus auf das Popupblocker-Symbol in der Statusleiste des Fensters. Alternativ können Sie den Informationsbereich des Browserfensters anklicken oder den Befehl *Popupblocker* im Menü *Extras* des Internet Explorer wählen.

2 Im daraufhin eingeblendeten Untermenü finden Sie Befehle, um den Popupblocker zu deaktivieren, die Anzeige von Popup-Fenstern temporär zuzulassen oder die Einstellungen des Popupblockers anzupassen.

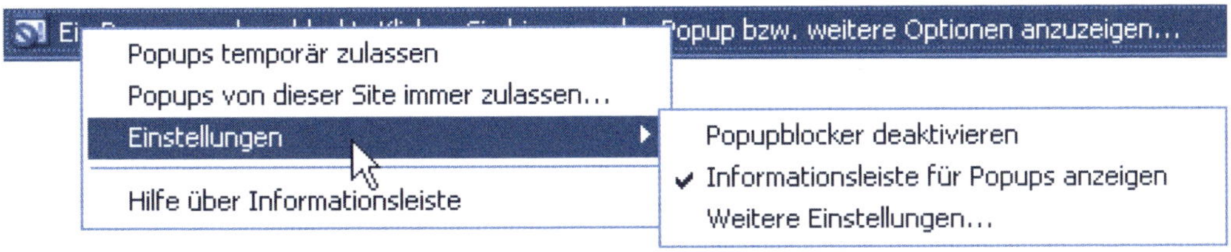

TIPP

Möchten Sie ein Popup-Fenster einmalig zulassen? Dies ist z. B. bei Hyperlinks hilfreich, die ein Popup-Fenster öffnen. Halten Sie die Strg-Taste beim Anklicken des betreffenden Links gedrückt, gibt der Internet Explorer das betreffende Popup-Fenster zur Anzeige frei.

- Über den Befehl *Hilfe über Informationsleiste* können Sie ein Hilfefenster öffnen. In diesem Fenster finden Sie ausführliche Erläuterungen zu den Funktionen der Informationsleiste.
- Wählen Sie den Befehl *Popups temporär zulassen*, zeigt der Browser Popups während der Sitzung an. In der Statusleiste erscheint dann das nebenstehende Symbol.

- Der Befehl *Einstellungen/Popupblocker deaktivieren* schaltet die Funktion dagegen komplett ab.
- **Um den Popupblocker** erneut **zuzulassen**, wählen Sie im Menü *Extras* des Browserfensters den Befehl *Popupblocker/Popupblocker aktivieren*. Alternativ können Sie im Menü *Extras* den Befehl *Internetoptionen* wählen und auf der Registerkarte *Datenschutz* das Kontrollkästchen *Popups blocken* markieren.

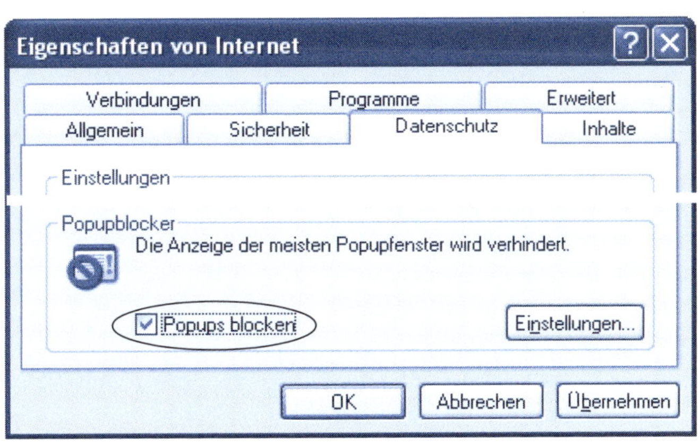

- Besonders gelungen finde ich den Befehl *Popups von dieser Site immer zulassen* im Menü des Popupblocker-Symbols. Wählen Sie diesen Befehl, gibt der Browser die Popups der gerade angezeigten Internetsite generell frei. Dies ist beispielsweise beim Internetbanking sehr hilfreich, wenn die betreffenden Webseiten Popup-Fenster zur Kontenverwaltung nutzen und diese standardmäßig blockiert werden.
- Der Befehl *Informationsleiste für Popups anzeigen* ermöglicht Ihnen, die Anzeige der Informationsleiste zu unterdrücken. Bei ausgeblendeter Informationsleiste wählen Sie im Menü *Extras* die Befehle *Popupblocker/Popupblockereinstellungen* und markieren im Dialogfeld *Popupblockereinstellungen* (siehe unten) das Kontrollkästchen *Informationsleiste für Popups anzeigen.*

  Der Befehl *Einstellungen/Weitere Einstellungen* im Menü des Popupblocker-Symbols oder der Befehl *Popupblocker/Popupblockereinstellungen* im Menü *Extras* öffnet ein Dialogfeld *Popupblockereinstellungen,* in dem Sie die Details zum Popupblocker ansehen und festlegen können.
- Um Popups für eine Website zuzulassen, können Sie deren URL im Feld *Adresse der Website, die zugelassen werden soll* eintippen und dann die Schaltfläche *Hinzufügen* anklicken.
- Zugelassene Sites lassen sich in der gleichnamigen Liste des Dialogfelds per Mausklick markieren und mittels der *Entfernen*-Schaltfläche wieder austragen.

  Über das Listenfeld *Filterungsstufe* lässt sich zudem zwischen den Modi *Hoch, Mittel* und *Niedrig* wählen. Im Modus *Niedrig* dürften alle Internetbanking-Seiten, Webmail-Postfächer und andere über das *https:*-Protokoll abgesicherten Popup-Seiten funktionieren.

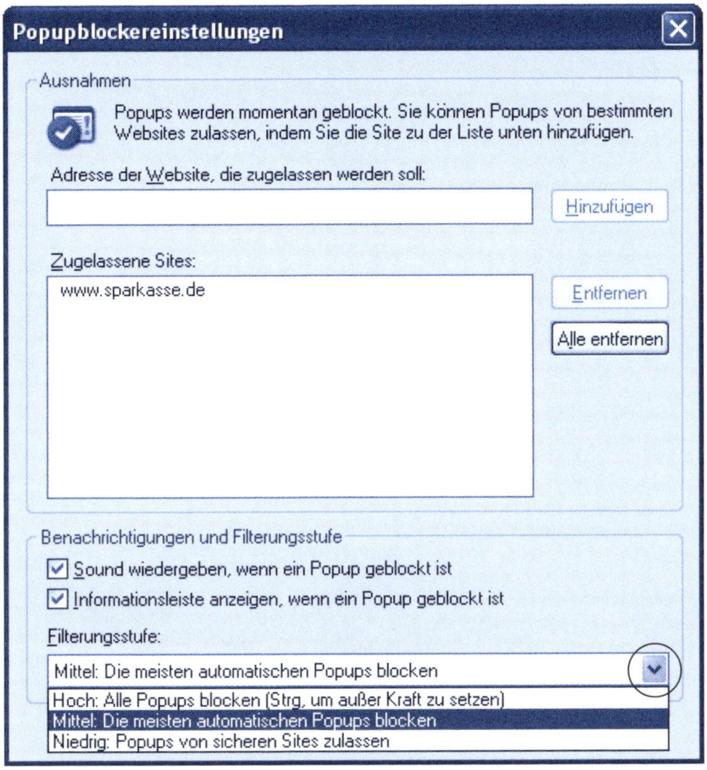

HINWEIS

Benutzer älterer Windows-Versionen können auf kostenlose Popupblocker anderer Hersteller ausweichen. So gibt es beispielsweise die MSN- (*toolbar.msn.de*) oder die Google-Toolbar (*toolbar.google.de*) kostenlos zum Download. Das Produkt *Webwasher* (*www.webwasher.com*) darf im Privatbereich ebenfalls kostenlos eingesetzt werden. Da aber der Popupblocker des Windows XP Service Packs 2 die meisten Werbefenster unterdrückt, möchte ich aus Aufwandsgründen an dieser Stelle nicht auf die erwähnten Zusätze eingehen.

Ganz schön fies: Browser-Hijacking

Je mehr Besucher auf eine werbefinanzierte Webseite zugreifen, umso günstiger ist dies für deren Betreiber. Einige Anbieter »zwielichtiger« Webseiten stellen die Startseite des Browsers (meist auf pornographische oder kommerzielle Seiten) um. Diese »Entführung der Startseite« wird auch als Browser-Hijacking bezeichnet. Starten Sie anschließend den Browser, ruft dieser automatisch die vom Hijacker vorgegebene Webseite auf. Dies ist ärgerlich und kann u.U. auch recht peinlich werden. Hijacker werden in der Regel (unbewusst) durch den Anwender auf den Rechner geholt. Dies kann beim Surfen in Webseiten, beim Ausführen von Programmen aus obskuren Quellen oder durch Öffnen von E-Mail-Anhängen passieren. Nur einige wenige Webseiten fragen, ob sie die eigene Adresse als Startseite eintragen dürfen. Stimmt der Benutzer dem zu, verändert ein (meist harmloses Scriptprogramm) die Windows-Einstellungen. Stellen Sie fest, dass der Browser plötzlich beim Start eine bestimmte Webseite aufruft? Dann sollten Sie versuchsweise die Startseite Ihres Browsers anpassen.

1 Wählen Sie im Menü *Extras* des Internet Explorer den Befehl *Internetoptionen* und holen Sie dann die Registerkarte *Allgemein* in den Vordergrund.

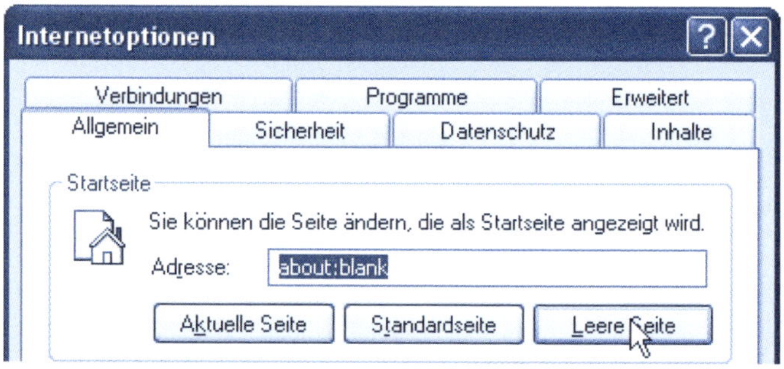

2 Klicken Sie in der Gruppe *Startseite* auf die Schaltfläche *Leere Seite*, wird der Wert »about:blank« als Startseite im Browser eingetragen.

3 Schließen Sie die Registerkarte über die *OK*-Schaltfläche, beenden Sie den Browser und starten Sie ihn neu.

HINWEIS

Beim Firefox wählen Sie den Befehl *Einstellungen* des Menüs *Extras* und klicken dann auf das in der linken Spalte des Fensters *Einstellungen* eingeblendete Symbol *Allgemein*. Anschließend können Sie im rechten Teil des Fensters die Schaltfläche *Leere Seite verwenden* wählen und das Fenster über *OK* schließen.

Zeigt der Browser eine leere Startseite an, haben Sie vermutlich Glück gehabt! Anschließend sollten Sie Windows beenden, den Computer neu starten und den Browser ein weiteres Mal aufrufen. Manche **Browser-Hijacker** (z. B. CoolWebSearch) **nutzen Sicherheitslücken** oder die Unerfahrenheit des Benutzers aus, um (ähnlich wie Viren) Teile von Windows zu verändern. Dann hilft das Zurückstellen der Startseite nicht mehr, denn spätestens beim nächsten Windows-Start wird die Startseite wieder gekapert. Dann benötigen Sie Programme wie Ad-Aware (*www.lavasoft.de*) oder Spybot – Search&Destroy (*www.safer-networking.org*). Diese können **Hijacker** erkennen und teilweise beseitigen. Die Seite *www.trojaner-info.de* liefert zusätzliche Informationen zu dieser Thematik. Lässt sich der Hijacker nicht entfernen, müssen Sie auf die professionelle Hilfe von Experten zurückgreifen.

Wie halte ich den Browser aktuell?

Auf den vorherigen Seiten wurde bereits erwähnt, dass Sie nur mit aktuellen Fassungen des Browsers (oder des E-Mail-Programms) arbeiten sollten. Nur dann bekommen die Programmhersteller die Möglichkeit, Ihnen fehlerbereinigte Fassungen, bei denen Sicherheitslücken geschlossen wurden, bereitzustellen.

Sofern Sie den Internet Explorer und Outlook Express verwenden, ist die Aktualisierung sehr einfach. Da beide Programme in Windows enthalten sind, erfolgt deren Aktualisierung auch mit dem Update des Betriebssystems (siehe auch folgende Seiten).

Verwenden Sie alternative Browser (oder E-Mail-Programme), müssen Sie sich selbst um deren Aktualisierung kümmern. Der Firefox überprüft bei Internetsitzungen zyklisch, ob aktualisierte Fassungen zum Download bereitliegen.

Aktualisierungen werden über eine Einblendung auf dem Desktop gemeldet. Die Downloadseite kann über einen Hyperlink abgerufen werden.

Um die Update-Funktion ein- oder auszuschalten bzw. um manuell auf anstehende Updates zu prüfen, wählen Sie im Menü *Extras* des Browserfensters den Befehl *Einstellungen*. Im gleichnamigen Dialogfeld wählen Sie in der linken Spalte das Symbol *Erweitert* und blättern dann im rechten Dialogfeldteil zur Rubrik »Software-Update«. Dort finden Sie Optionen und eine Schaltfläche zur Überprüfung auf Updates bzw. zum Abschalten der Update-Funktion.

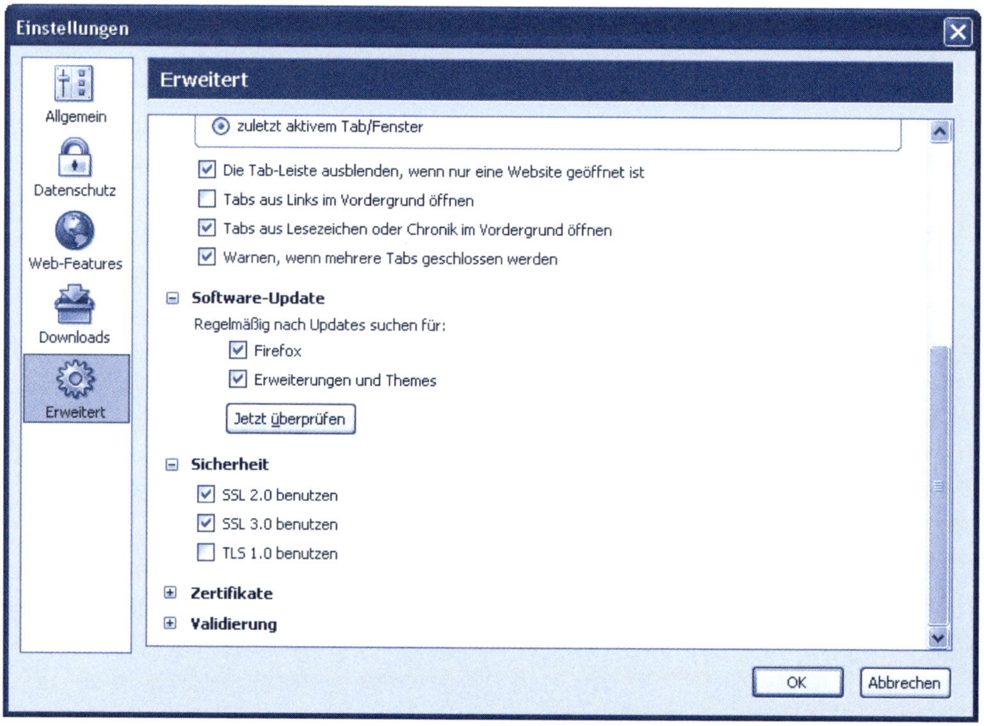

Surfspuren vermeiden und entfernen

Wenn Sie im Internet surfen, hinterlassen Sie unfreiwillig Datenspuren sowohl auf dem zum Surfen genutzten Computer als auch auf den Webservern des Internets. Beim Aufruf einer Webseite zeichnet der Browser diese beispielsweise in einem internen Speicher auf und merkt sich auch die Webadresse. Diese Informationen lassen sich über das Listenfeld *Adresse* bzw. über die Verlaufsliste des Browsers abrufen (siehe Kapitel 2). Weiterhin können Webserver so genannte Cookies (siehe folgende Seiten) beim Besuch einer Webseite auf dem Computer hinterlegen. Gerade bei Systemen, auf denen mehrere Benutzer gleichzeitig arbeiten, sind solche Datenspuren kritisch. In einem Internetcafé kann später jeder sehen, welche Seiten Sie angesurft haben.

Im Internet Explorer können Sie die auf dem lokalen Computer aufgezeichneten Spuren mit folgenden Schritten löschen.

1 Wählen Sie im Menü *Extras* den Befehl *Internetoptionen* und klicken Sie dann auf den Registerreiter *Allgemein.*

2 Klicken Sie auf der Registerkarte *Allgemein* auf die Schaltfläche *Cookies löschen*, um diese Informationen zu entfernen.

3 Klicken Sie auf die Schaltfläche *Dateien löschen*, markieren Sie im daraufhin eingeblendeten Dialogfeld das Kontrollkästchen *Alle Offlineinhalte löschen* und schließen Sie das Dialogfeld über die *OK*-Schaltfläche.

4 Klicken Sie auf die Schaltfläche *„Verlauf" leeren* und bestätigen Sie das Dialogfeld mit der Frage, ob der Verlauf der besuchten Webseiten wirklich zu löschen ist, über die *Ja*-Schaltfläche.

HINWEIS

Im Internet Explorer kommt es vor, dass sich der Verlauf des aktuellen Tages manchmal nicht löschen lässt. Klicken Sie dann auf der Registerkarte *Allgemein* auf die Schaltfläche *Einstellungen* und im nun eingeblendeten Dialogfeld *Einstellungen* auf die Schaltfläche *Dateien anzeigen*. Der Browser öffnet ein Windows-Ordnerfenster *Temporary Internet Files*, in dem die Ordner zur Verwaltung diverser Browserdaten untergebracht sind. Drücken Sie die Taste [⇐] und wählen Sie in der dann angezeigten Ordnerebene das Symbol *Verlauf* mit einem Doppelklick an. Anschließend können Sie im Ordnerfenster den Eintrag *Heute* bzw. dessen Inhalt markieren und durch Drücken der [Entf]-Taste löschen. Danach schließen Sie alle geöffneten Fenster und Dialoge wieder.

Wenn Sie aber das Internet intensiv nutzen, haben Sie vielleicht Daten (Name, E-Mail-Adresse, Postadresse etc.) in Formularen eingetragen, die von der Browserfunktion *AutoVervollständigen* gespeichert wurden. Oder es wurden Kennwörter in Formularen eingetragen und intern vom Browser gespeichert.

5 Wechseln Sie im Eigenschaftenfenster *Internetoptionen* zur Registerkarte *Inhalte.*

6 Klicken Sie auf dieser Registerkarte auf die Schaltfläche *AutoVervollständigen.*

7 Im daraufhin eingeblendeten Dialogfeld *Einstellungen für AutoVervollständigen* klicken Sie auf die Schaltflächen *Formulare löschen* und *Kennwörter löschen.*

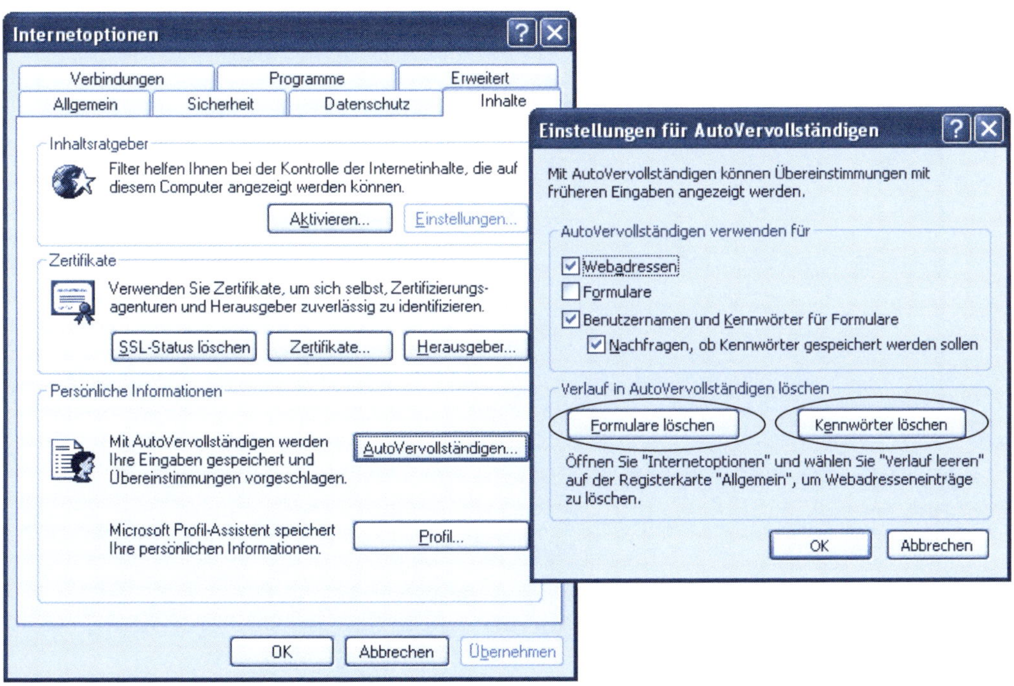

Sie können anschließend die geöffneten Dialogfelder und Registerkarten wieder schließen. Die benutzerspezifischen Einstellungen sind gelöscht und lassen sich von Spionageprogrammen oder neugierigen Zeitgenossen nicht mehr abrufen.

1 Beim Firefox-Browser wählen Sie im Menü *Extras* den Befehl *Einstellungen* und klicken dann in der linken Spalte des Dialogfelds auf das Symbol *Datenschutz*.

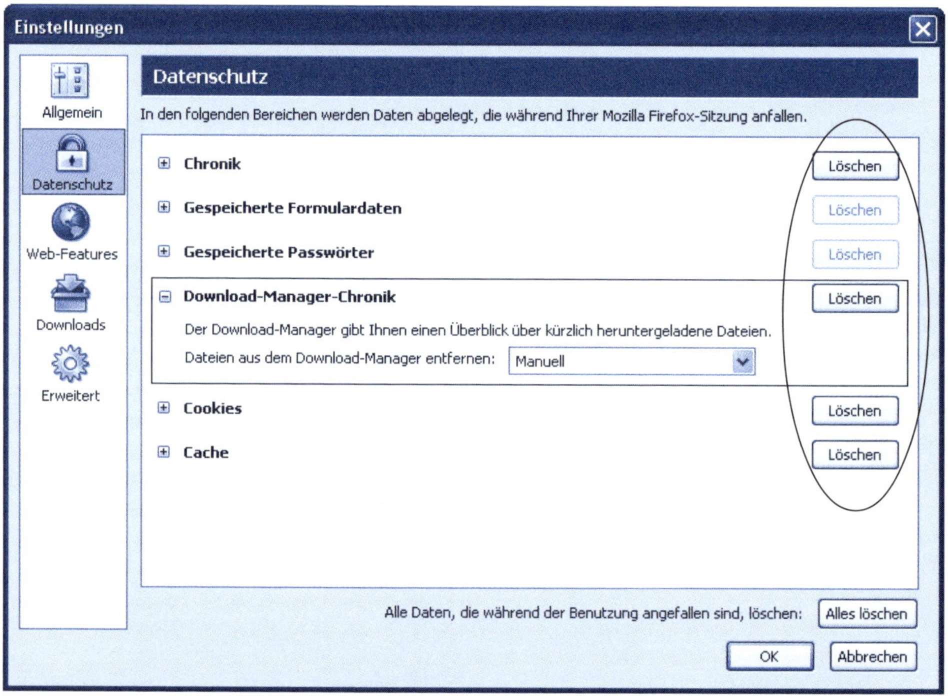

2 Anschließend können Sie die vom Firefox-Browser verwalteten Datenschutzbereiche durch Anklicken der jeweiligen Schaltfläche *Löschen* leeren.

Klicken Sie auf die angezeigte Überschrift eines Bereichs, blendet der Browser ggf. Zusatzoptionen ein. Sie können die Optionen ggf. anpassen und danach das Dialogfeld über *OK* schließen.

HINWEIS

Neben den lokalen Spuren auf dem Computer hinterlassen Sie beim Surfen im Internet unfreiwillig weitere Informationen. Jeder Webserver kann z.B. vom Browser eine ganze Menge an Informationen über den betreffenden Rechner abfragen (siehe *browsercheck.qualys.com*). Zudem werden vom Provider Ihre Einwahldaten und Verbindungszeiten zu Abrechnungszwecken und für Anfragen der Strafverfolgungsbehörden für einige Wochen oder Monate gespeichert.

Cookies – was muss ich wissen?

Auf den vorherigen Seiten ist das Wort Cookies bereits aufgetaucht und Sie haben gelernt, wie sich Cookies löschen lassen. Aber was steckt dahinter? Der Begriff **Cookies** ist das englische Wort für Plätzchen oder Keks und beschreibt einen Mechanismus, bei dem ein Webserver eine kleine Textdatei auf Ihrem Rechner hinterlegt. Einige Webserver verwenden solche Cookies, um Einstellungen, die der Benutzer beim Besuch der Website gewählt hat, zu speichern. Obwohl Cookies an sich eine gute Sache sind (bei Bestellsystemen im Internet sind Cookies meist zwingend erforderlich), sollte man die Funktion im Auge behalten. Der Webserver kann nämlich jede beliebige Information über den Surfer in einer solchen Textdatei speichern. Er muss nur an die notwendigen Informationen kommen und diese geschickt im Cookie kombinieren. Da das Cookie auf der Festplatte des Benutzers liegt, ist dies gar nicht so schwierig. Vom Browser kann der Webserver beispielsweise den Provider sowie eine eindeutige Kennung (die so genannte IP-Adresse) des Computers abfragen. Gibt der Benutzer dann noch in irgendeinem Internetformular (z. B. bei einer Warenbestellung) seine E-Mail-Adresse ein, kann ein Webserver diese Informationen unter Umständen kombinieren und z. B. zum Auskundschaften der Surfgewohnheiten oder zum Erstellen persönlicher Daten missbrauchen. Zudem lassen sich ggf. von anderen Websites auf dem Computer abgelegte Cookies auslesen. Daher sollten Sie die automatische Annahme der Cookies abschalten:

1 Rufen Sie das Eigenschaftenfenster über den Befehl *Internetoptionen* im Menü *Extras* auf.

2 Auf der Registerkarte *Datenschutz* stellen Sie den Schieberegler auf eine Datenschutzeinstellung für die Internetzone ein.

3 Über die Schaltfläche *Erweitert* lässt sich die automatische Cookiebehandlung abschalten und anschließend im Dialogfeld *Erweiterte Datenschutzeinstellungen* individuell konfigurieren.

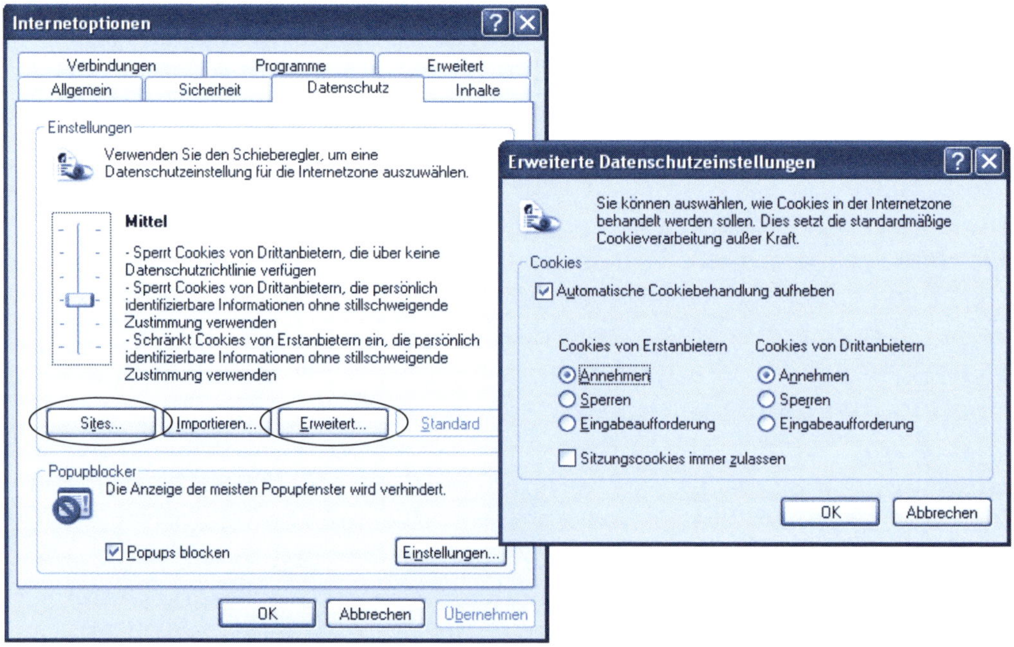

Sie können die Annahme von Cookies individuell konfigurieren. Markieren Sie das Kontrollkästchen *Automatische Cookiebehandlung aufheben* und setzen Sie zum Beispiel die Cookieannahme auf *Sperren*. Da viele Webserver Cookies voraussetzen, würden etliche Webseiten nicht mehr korrekt angezeigt werden. Sie können diese Server aber austricksen, indem Sie das Kontrollkästchen *Sitzungscookies immer zulassen* markieren. Jetzt nimmt der Browser zwar Cookies während der aktuellen Sitzung vom Server an. Sobald Sie aber den Browser beenden, werden die Cookies wieder gelöscht. Das Sammeln umfangreicher persönlicher Daten wird damit verhindert oder zumindest erheblich erschwert.

Setzen Sie im Dialogfeld *Erweiterte Datenschutzeinstellungen* die Cookieannahme auf *Eingabeaufforderung*, erscheint dieses Dialogfeld, sobald der Server ein Cookie auf Ihrem Rechner ablegen will.

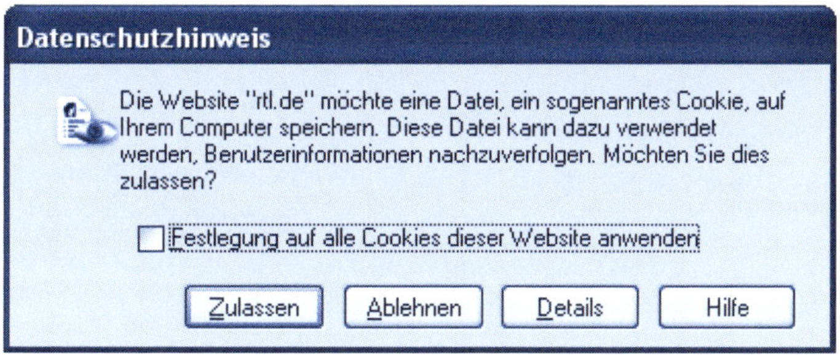

Sie können dann die Schaltfläche *Zulassen* oder *Ablehnen* wählen. Markieren Sie das Kontrollkästchen *Festlegung auf alle Cookies dieser Webseite anwenden*, trägt der Browser die Webseite beim Anklicken der jeweiligen Schaltfläche mit dem betreffenden Cookiemodus in eine interne (Datenschutz-)Liste ein.

Cookie-Datenschutzlisten pflegen

Gelegentlich passiert es aber, dass eine Website ungewollt oder mit falschen Vorgaben in der Liste *Verwaltete Websites* der Registerkarte *Datenschutzaktionen pro Website* landet. Sie können diese Liste aber auch manuell pflegen:

1 Öffnen Sie das Eigenschaftenfenster über den Menübefehl *Extras/Internetoptionen* des Internet Explorer.

2 Klicken Sie dann auf der Registerkarte *Datenschutz* auf die Schaltfläche *Sites*.

Es erscheint das Dialogfeld *Datenschutzaktionen pro Site* mit den bereits verwalteten Sites.

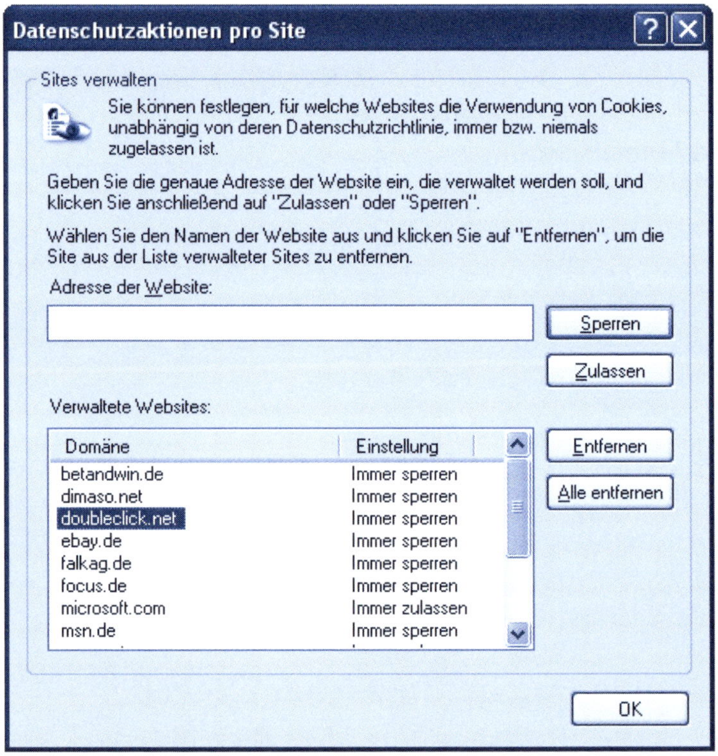

3 Markieren Sie den Eintrag der Website in der Liste *Verwaltete Websites* und löschen Sie ihn über die Schaltfläche *Entfernen*.

Anschließend können Sie die Cookiebehandlung beim nächsten Besuch der Website neu vorgeben.

HINWEIS

Im Firefox wählen Sie im Menü *Extras* den Befehl *Einstellungen* und klicken in der linken Spalte des gleichnamigen Dialogfelds auf das Symbol *Datenschutz*. Dann können Sie im rechten Teil des Dialogfelds *Einstellungen* auf die Überschrift »Cookies« klicken. Der Browser zeigt dann Optionen, über die Sie die Cookieannahme regeln, gespeicherte Cookielisten abrufen und Ausnahmen zur Cookiebehandlung definieren können.

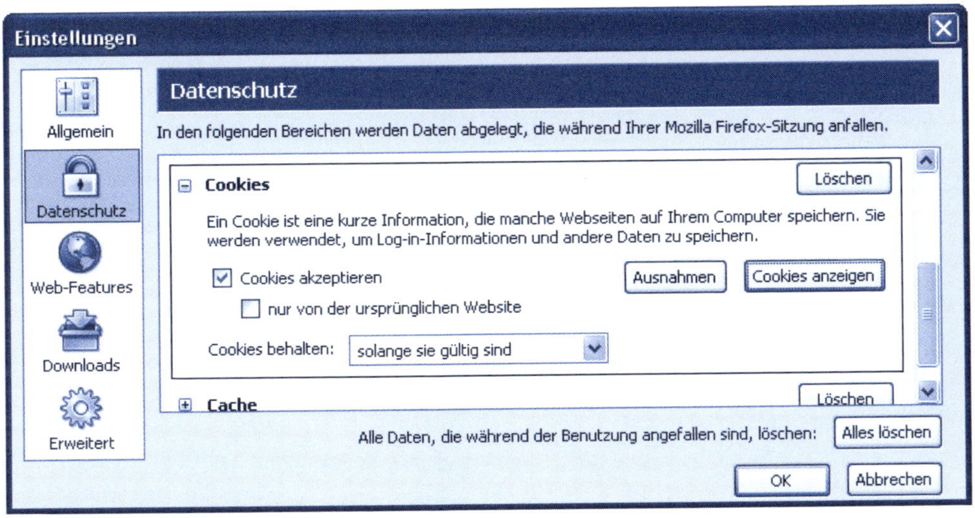

Regeln zum Datenschutz

Nach der Lektüre der vorhergehenden Seiten wissen Sie, dass Sie Spuren beim Surfen im Internet und auf Ihrem Computer hinterlassen. Achten Sie daher beim Surfen im Internet auf die Einhaltung Ihrer Privatsphäre. Wenn Sie in jedem Formular oder Gewinnspiel persönliche Daten wie Ihre E-Mail-Adresse, Ihre postalische Adresse, Telefonnummer oder gar Kreditkartennummer und Bankverbindung eingeben, dürfen Sie sich über Missbrauch und ungefragt zugesandte Werbung nicht wundern. Die betreffenden Seiten bauen auf die Leichtgläubigkeit der Benutzer und sammeln fleißig Daten, die dann gewinnbringend verkauft werden. Hier einige Regeln für den privaten Einsatz:

- Um möglichst wenig Informationen über sich zu liefern, **verzichten** Sie auf das **Ausfüllen von Formularen** in allen möglichen Webseiten (z.B. bei Gewinnspielen). E-Mail-Adressen, Telefonnummern und Adressen lassen sich für Werbemüll missbrauchen.
- Geben Sie niemals Kreditkarten- oder Bankdaten in Webformulare ein, wenn Sie nicht auf die Verlässlichkeit des Partners bauen können oder diesen vielleicht gar nicht kennen.
- Erfordert der Zugang zu einem Angebot eine Anmeldung mit Angabe einer E-Mail-Adresse, verwenden Sie ein eigens zu diesem Zweck bei einem Freemail-Anbieter (z. B. WEB.DE oder GMX) angelegtes kostenloses E-Mail-Postfach.
- Sperren Sie die Annahme von Cookies und löschen Sie regelmäßig den Ordner *Verlauf*.

Bleiben Sie misstrauisch und benutzen Sie Ihren gesunden Menschenverstand auch beim Surfen im Internet. Denken Sie bei der Benutzung fremder Rechner (z.B. in einem Internetcafé) daran, dass Sie Spuren hinterlassen. Zudem haben Sie meist keinen Überblick, wie sicher solche Rechner sind. Kritische Operationen wie Internetbanking, Bestellungen etc. sollten daher auf solchen Systemen vermieden werden.

Windows absichern

Um möglichst risikoarm im World Wide Web surfen, E-Mails verwalten oder andere Internetfunktionen nutzen zu können, ist es wichtig, dass das auf dem Computer vorhandene Windows möglichst aktuell und gegen den Befall von Schädlingen gesichert ist. Der folgende Abschnitt zeigt, was Sie in dieser Hinsicht tun können und was es alles zu wissen gilt.

So bleibt Windows aktuell

Autofahrer kennen dies: Der Wagen muss regelmäßig in der Werkstatt gewartet werden und gelegentlich gibt es sogar Rückrufaktionen des Herstellers, um fehlerhafte Teile auszuwechseln. Dadurch bleibt das Auto verkehrssicher und ggf. auf dem neuesten technischen Stand. Bei Computerprogrammen oder Betriebssystemen ist dies ähnlich. Auch wenn Microsoft für Windows kostenlose Programmverbesserungen (auch als Patch, zu deutsch »Flicken«, oder als Update bezeichnet) bereitstellt, müssen Sie sich selbst um die Aktualisierung des Betriebssystems kümmern.

1 Stellen Sie eine Internetverbindung her, rufen Sie den Internet Explorer auf und wählen Sie im Menü *Extras* den Befehl *Windows Update*.

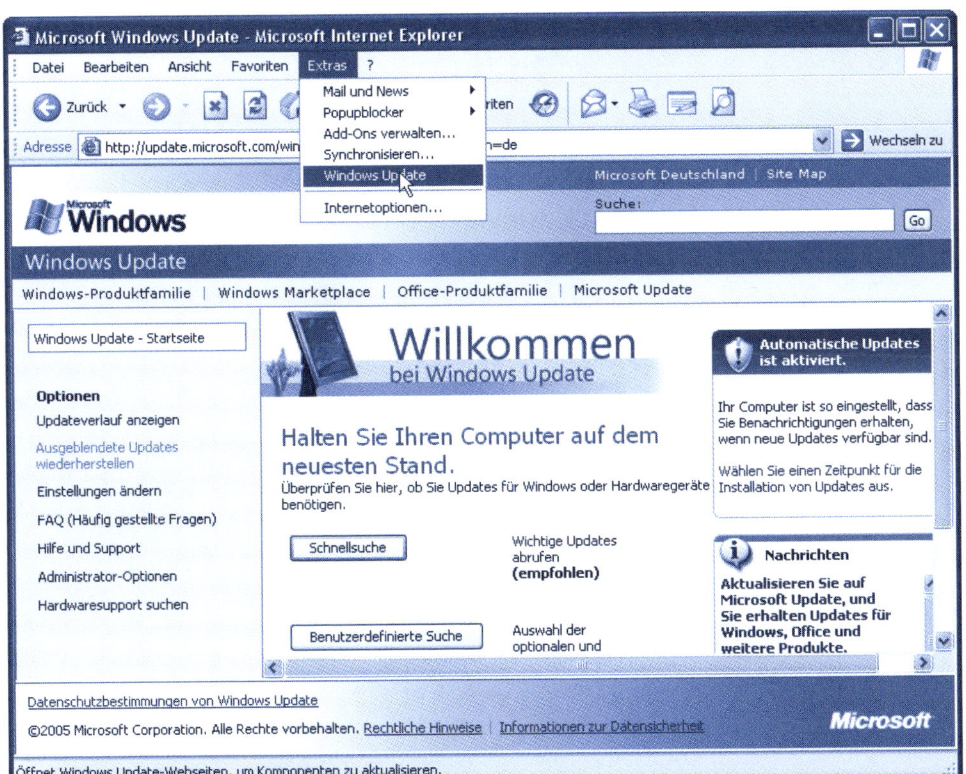

Im Browserfenster erscheint die Microsoft Update-Seite, deren Inhalt je nach Windows-Version von der hier für Windows XP gezeigten Variante abweicht. Die Seite liefert Informationen zu Updates sowie Schaltflächen, über die sich nach verfügbaren Updates suchen lässt.

2 Klicken Sie auf die mit *Updates suchen, Schnellsuche* oder ähnlich beschriftete Schaltfläche. Erscheinen Sicherheitswarnungen, dass ActiveX-Komponenten installiert werden, müssen Sie deren Installation zulassen.

3 Verfügbare Updates werden im Browserfenster aufgeführt. Sie können dann Updates über Kontrollkästchen zum Download markieren und dann den Download sowie die Installation über eine auf der Seite eingeblendete Schaltfläche anstoßen.

Je nach Umfang der Updates und der Geschwindigkeit der Internetverbindung kann das Herunterladen einige Zeit dauern. Anschließend werden die betreffenden Komponenten automatisch installiert und der Computer muss nach dem Trennen der Internetverbindung ggf. neu gestartet werden.

HINWEIS

Bei älteren Windows-Versionen wie Windows 98 hat Microsoft zwischenzeitlich die Unterstützung durch Entwicklung neuer Updates eingestellt. Dies ist der Grund, warum ich Internetnutzern die Verwendung von Windows XP empfehle. Von Zeit zu Zeit fasst Microsoft die gesammelten Updates zu einem Paket zusammen und bezeichnet dieses dann als **Service Pack**. Service Packs werden häufig auch auf CD (durch Microsoft oder z.B. als Beilagen in Computerzeitschriften) verteilt. Ist ein Service Pack für die von Ihnen benutzte Windows-Version verfügbar, sollte dieser unbedingt installiert werden. Bei Windows XP ist es z.B. extrem wichtig, den Service Pack 2 wegen der zahlreichen Sicherheitsverbesserungen zu installieren. Ob ein Service Pack installiert ist, können Sie prüfen, indem Sie den Ordner der Windows Systemsteuerung über das Startmenü öffnen und dann das Symbol *System* per Doppelklick anwählen.

Auf der Registerkarte *Allgemein* des Eigenschaftenfensters finden Sie Angaben zur genauen Version des installierten Windows-Betriebssystems und Angaben zu installierten Service Packs.

Lassen Sie sich ggf. von Enkeln, Kindern oder anderen versierten Nutzern oder dem Händler bei der Aktualisierung von Windows bzw. beim Einspielen des Service Packs unterstützen.

Ist Windows XP und ggf. das Service Pack 2 auf Ihrem Computer installiert? Dann ist auch die automatische Update-Funktion vorhanden, die bei jeder Internetsitzung automatisch im Hintergrund prüft, ob neue Aktualisierungen auf dem Microsoft Update-Webserver vorhanden sind. Updates werden dann auf den Rechner heruntergeladen und automatisch installiert.

Sie werden durch eingeblendete QuickInfos über diesen Vorgang informiert.

Durch Anklicken des im Infobereich der Taskleiste eingeblendeten Symbols lässt sich jeweils ein Dialogfeld öffnen, in dem Sie Informationen über die betreffenden Updates erhalten.

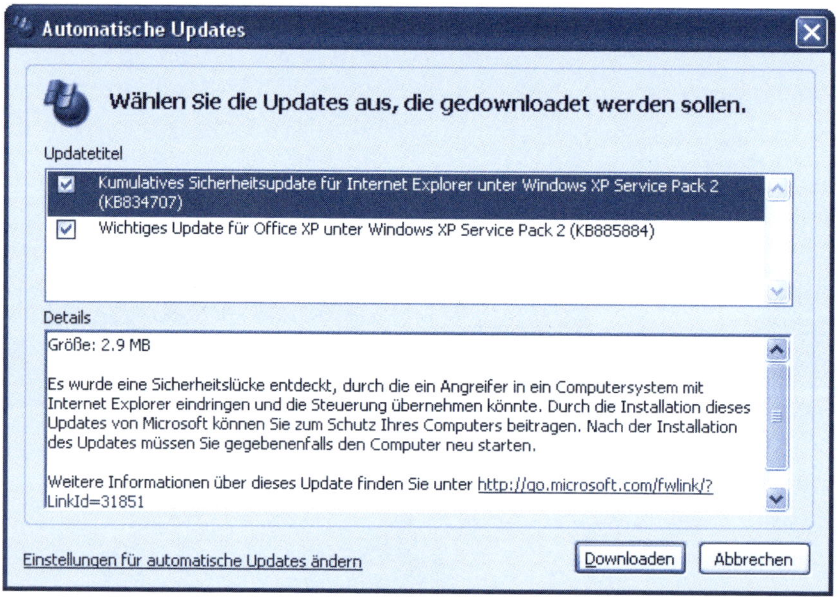

Das Dialogfeld enthält Kontrollkästchen, um Updates ggf. abzulehnen, und Schaltflächen, um Updates herunterzuladen bzw. zu installieren.

Sofern Sie nur über eine langsame Internetverbindung (z.B. Modem) verfügen, können Sie den Download auf kritische Sicherheitsupdates beschränken und andere Updates ablehnen.

Kontrolle der Update-Einstellungen

Sofern das Service Pack 2 unter Windows XP installiert ist und Sie mit einem Modem ins Internet gehen, sind automatische Updates nicht immer erwünscht.

1 Melden Sie sich unter einem Administratorenkonto unter Windows XP an und öffnen Sie die Systemsteuerung über den gleichnamigen Befehl im Startmenü.

2 Wählen Sie im Fenster der Systemsteuerung ggf. den Befehl *Zur Kategorieansicht wechseln* in der linken Spalte und doppelklicken Sie dann auf das Symbol *Windows Updates*.

Im Dialogfeld *Automatische Updates* finden Sie auf der gleichnamigen Registerkarte die Einstelloptionen für diese Funktion.

Bei installiertem Service Pack 2 sieht die Registerkarte wie hier gezeigt aus. Standardmäßig ist das Optionsfeld *Automatisch (empfohlen)* markiert, d.h. Windows XP kümmert sich um alles.

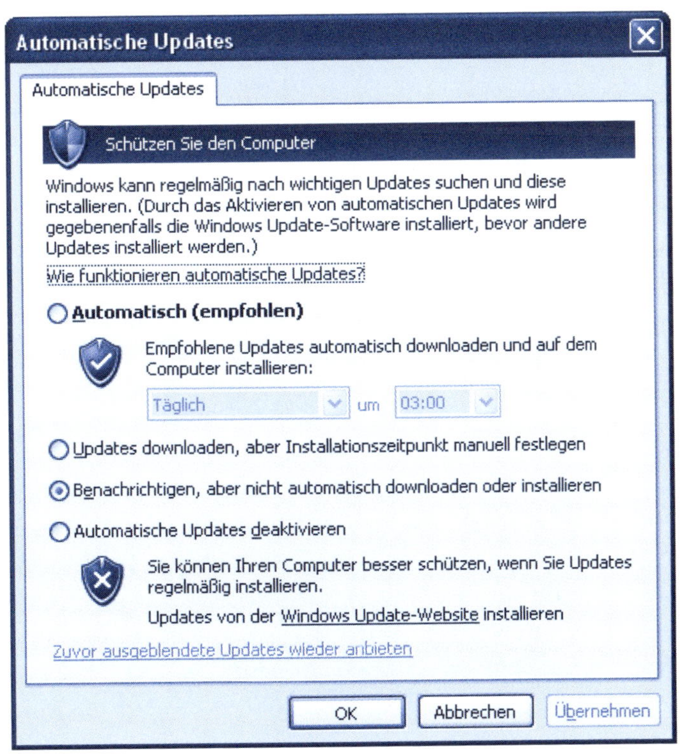

3 Falls Sie mit Modem bzw. ISDN-Karte arbeiten oder einfach mehr Kontrolle über die einzuspielenden Updates haben möchten, markieren Sie das Optionsfeld *Benachrichtigen, aber nicht automatisch downloaden oder installieren* und schließen Sie das Dialogfeld über die *OK*-Schaltfläche.

Dann meldet Windows XP Ihnen zwar automatische Aktualisierungen, sobald Sie online sind. Sie behalten aber die Kontrolle darüber, ob und wann diese Updates heruntergeladen und installiert werden dürfen. Sobald ein Update gefunden wird, erscheint ein Update-Symbol im Infobereich der Taskleiste und Sie können die Updates durch Anklicken des Symbols manuell herunterladen und installieren lassen (siehe vorherige Seiten).

TIPP

Falls Sie eine manuelle Benachrichtigung bei Updates gewählt haben und unter einem eingeschränkten Benutzerkonto surfen, sollten Sie gelegentlich den Befehl *Windows Updates* im Menü *Extras* des Internet Explorer anwählen. Nur dann ist sichergestellt, dass alle bereitgestellten Updates wirklich erkannt werden.

Falls es nach dem Einspielen eines Updates zu Problemen kommt, melden Sie sich unter einem Administratorenkonto an. Anschließend rufen Sie im Startmenü über den Zweig *Alle Programme/Zubehör/Systemprogramme* die Systemwiederherstellung auf. Das Programm meldet sich mit einem Dialogfeld, in dem Sie die Option *Computer zu einem früheren Zeitpunkt wiederherstellen* wählen können. Über die *Weiter*-Schaltfläche können Sie dann einen Wiederherstellungspunkt wählen, der vor der Installation des Updates angelegt wurde. Dann setzt das Programm Windows XP auf diesen Zustand zurück und das Update ist entfernt.

Schutz durch eine Firewall

Wenn ein Rechner eine Verbindung zum Internet herstellt, wird dieser für Dritte sichtbar und kann gezielt angegriffen werden. Enthält das Betriebssystem Sicherheitslücken, können Würmer oder andere Schädlinge auf dem Computer installiert werden. Aus diesem Grunde ist es einerseits wichtig, die auf dem Computer installierten Programme und das Betriebssystem aktuell zu halten. Andererseits gibt es noch das Risiko, dass (auch ohne geöffneten Browser) plötzlich Dialoge mit zwielichtigen Angeboten auftauchen.

Hier verweist eine »Dame« auf Ihre Bilder und liefert die Adresse ihrer Homepage gleich mit. Denkbar wäre auch ein Hinweistext auf ein (angeblich) gefundenes Virus oder ein bereitgestelltes Update.

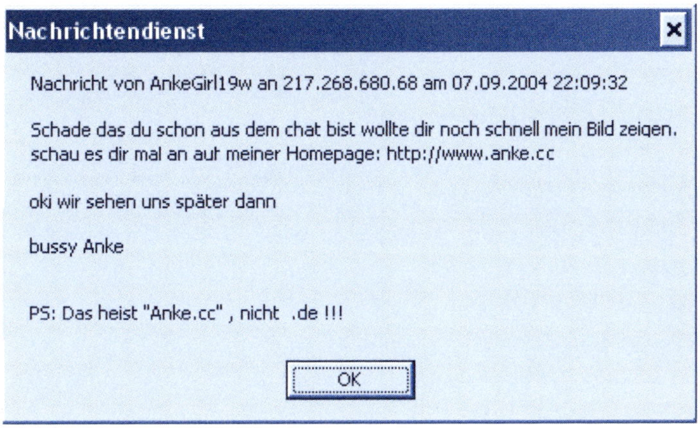

Die Masche funktioniert ähnlich wie Phising und versucht unerfahrene Personen dazu zu bringen, die in der Nachricht angegebene Webseite anzusurfen. Müßig zu erwähnen, dass dort Viren oder andere Schädlinge als vermeintliche Updates oder Antivirenprogramme zum Download angeboten werden.

Eine weitere Schutzmaßnahme besteht darin, den Computer durch eine so genannte **Firewall** (d.h. Brandschutzmauer) gegenüber Zugriffen aus dem Internet abzuschotten. Eine Firewall überwacht den Datenverkehr zwischen dem Internet und dem Computer und blockiert die oben erwähnten Dialoge und andere Zugriffsversuche auf den Computer. Über Filter lässt sich festlegen, welche Programme Daten aus dem Internet empfangen dürfen. Wenn Sie Windows XP (mit Service Pack 2) verwenden, ist der Computer bereits mit einer Firewall ausgestattet. Bei älteren Windows-Versionen müssen Sie auf Produkte von Fremdanbieter zurückgreifen. Für private Anwender ist beispielsweise die Firewall ZoneAlarm (*www.zonelabs.de*) kostenlos nutzbar. Manche Sicherheitspakete (z.B. Symantec Internet Security, Mc Afee Internet Security etc.) enthalten ebenfalls eine Firewall. Eine Alternative sind ggf. DSL-Router mit integrierter Firewall. Die Konfigurierung der Firewall erfordert jedoch einige Erfahrung. Lassen Sie sich ggf. von Experten beim Einrichten helfen.

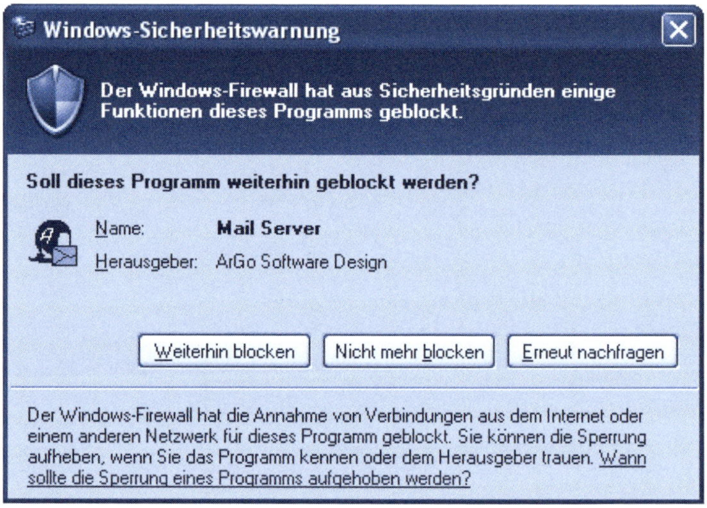

Versucht ein der Firewall unbekanntes Programm auf dem lokalen Computer Verbindung mit dem Internet aufzunehmen, löst die Firewall Alarm aus. Hier sehen Sie die Sicherheitswarnung der Windows XP-Firewall.

- Trauen Sie dem Programm, d.h. soll dieses (z.B. E-Mail-Programm, Browser etc.) eine Internetverbindung aufbauen dürfen, klicken Sie auf die Schaltfläche *Nicht mehr blocken*. Dann trägt die Firewall diese Ausnahme in deren interne Regelliste ein. Die Sicherheitswarnung unterbleibt zukünftig.
- Taucht das Dialogfeld plötzlich auf, kann dies ein Hinweis auf eine Spionagefunktion oder auf einen Trojaner sein. Ist Ihnen das Programm unbekannt, können Sie dessen Verbindung zum Internet über die Schaltfläche *Weiterhin blocken* sperren. Dann unterbindet die Firewall die Kommunikation aus dem Internet zu diesem Programm ohne weitere Nachfragen.

Mit der Schaltfläche *Erneut nachfragen* gibt die Firewall die Verbindung für die betreffende Anwendung nur temporär frei. Die Sicherheitswarnung erscheint dann beim nächsten Internetzugriff erneut. Dies ist hilfreich, wenn Sie noch nicht genau wissen, ob eine Anwendung freizugeben oder zu blockieren ist.

Ein Administrator kann die Einstellungen der Windows-Firewall kontrollieren und zudem gezielt festlegen, ob Ausnahmen für Programme zulässig sind.

1 Melden Sie sich unter einem Administratorenkonto an, öffnen Sie die Systemsteuerung und doppelklicken Sie auf das Symbol *Windows-Firewall*.

Windows öffnet das hier gezeigte Eigenschaftenfenster mit verschiedenen Registerkarten. Auf der Registerkarte *Allgemein* muss die Option *Aktiv* markiert sein. Ist zusätzlich das Kontrollkästchen *Keine Ausnahmen zulassen* markiert, bietet die Firewall maximale Sicherheit.

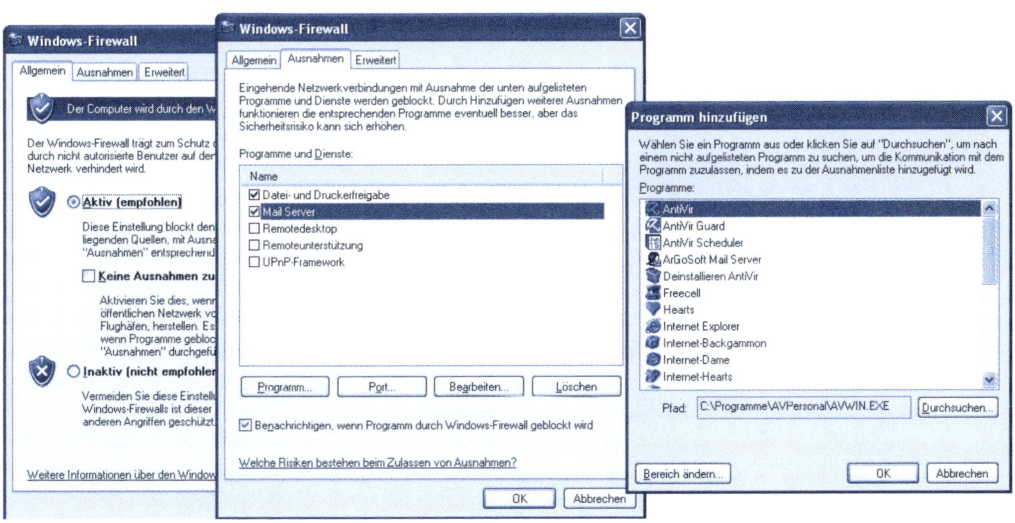

Sind keine Ausnahmen zugelassen, funktionieren aber u.U. bestimmte Programme und Windows-Funktionen nicht mehr. Aus diesem Grund können Sie die Markierung des Kontrollkästchens *Keine Ausnahmen zulassen* löschen. Dann kann für Programme und so genannte Ports (das sind Kommunikationskanäle) über die Registerkarte *Ausnahmen* definiert werden, ob diese mit dem Internet kommunizieren dürfen. Über die Schaltfläche *Nicht mehr blocken* freigegebene Programme und andere Dienste listet die Firewall auf der Registerkarte *Ausnahmen* auf. Durch Markieren der betreffenden Kontrollkästchen lässt sich steuern, ob der betreffende Port oder die Anwendung als Ausnahme zugelassen ist. Hier wurden die Datei- und Druckerfreigabe im Windows-Netzwerk sowie die Kommunikation mit einem E-Mail-Serverprogramm freigegeben. Die restlichen Ausnahmen sind dagegen abgeschaltet.

- Markieren Sie das Kontrollkästchen *Benachrichtigen, wenn Programm durch Windows-Firewall geblockt wird* auf der Registerkarte, erhalten Sie die Sicherheitswarnung, wenn eine nicht freigegebene Anwendung mit dem Internet kommunizieren möchte.
- Über die Schaltfläche *Programm* können Sie den Dialog *Programm hinzufügen* öffnen. Dort lassen sich lokale Anwendungen auswählen und für die Kommunikation freischalten.
- Ein freigeschaltetes Programm können Sie in der Liste *Programme und Dienste* auf der Registerkarte *Ausnahmen* markieren. Wenn Sie die *Löschen*-Schaltfläche anklicken, entfernt Windows den Eintrag aus der Liste und die Firewall blockiert das Programm wieder.

TIPP

Auf den Webseiten *www.sygatetech.com* und *www.symantec.de* (Hyperlink Security-Check) können Sie die Sicherheit Ihres Rechners samt Firewall überprüfen lassen.

Diese Option sollte aber nur von erfahrenen Anwendern benutzt werden. Fehlt Ihnen die Erfahrung für so etwas? Dann achten Sie lediglich darauf, dass die Windows-Firewall aktiv ist, und geben Sie nur solche Programme als Ausnahmen frei, denen Sie trauen und deren Funktionen eine Kommunikation mit dem Internet unbedingt erfordern.

Das Sicherheitscenter von Windows XP

Viele Benutzer arbeiten einfach mit ihrem PC, ohne sich um Sicherheitseinstellungen zu kümmern. Oft wird nicht bemerkt, dass bestimmte Sicherheitseinrichtungen einfach abgeschaltet sind. Mit dem Service Pack 2 wird in Microsoft Windows XP auch das genannte Sicherheitscenter installiert. Dieses überwacht, ob die drei Funktionen **Firewall, Automatisches Update** sowie **Virenschutz** vorhanden und eingeschaltet sind.

Bei Sicherheitsproblemen erscheint ein stilisiertes (in roter Farbe gezeichnetes) Schild als Symbol im Infobereich der Taskleiste.

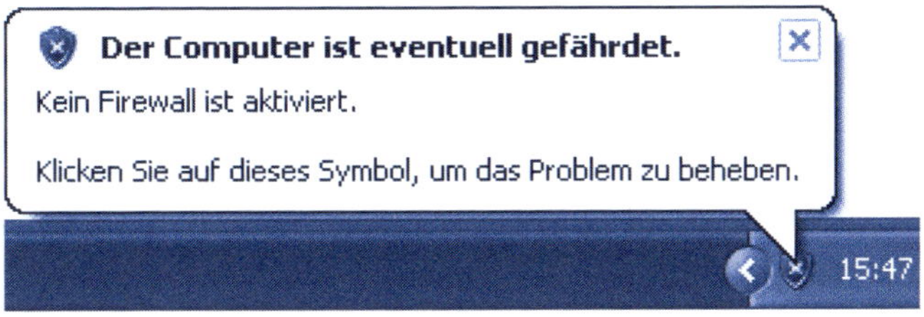

Gleichzeitig wird kurzzeitig eine QuickInfo mit einem Hinweis auf die Art des Problems (z.B. ausgeschaltete Firewall, veralteter Virenscanner etc.) angezeigt. Das Symbol verschwindet erst aus dem Infobereich, wenn die Sicherheitsprobleme behoben sind!

Um nähere Informationen zu gemeldeten Sicherheitsproblemen zu erhalten oder die Sicherheitseinstellungen anzupassen, reicht ein Mausklick auf das Symbol der Windows-Sicherheitswarnung im Infobereich der Taskleiste. Alternativ können Sie das Symbol *Sicherheitscenter* in der Detailanzeige der Windows-Systemsteuerung per Doppelklick anwählen. Windows öffnet daraufhin das Fenster des Sicherheitscenters.

In der rechten Spalte sehen Sie sofort den Status der drei überwachten Kategorien **Firewall**, **Automatische Updates** und **Virenschutz**.

- Ein **grüner Punkt** und der Text »AKTIV« am rechten Rand einer Kategorie signalisiert, dass im Hinblick auf Sicherheitsaspekte alles in Ordnung ist.
- Ein **gelber Punkt** und der Text »EINSTELLUNGEN ÜBERPRÜFEN« weist ggf. auf eine reduzierte Sicherheit hin. Dies ist beispielsweise der Fall, wenn Sie die automatische Update-Funktion so einstellen,

dass Sie bei anstehenden Updates vor dem Download und vor der Installation zustimmen müssen. Windows signalisiert Ihnen mit dem gelben Punkt, dass Sie diese Kategorie unter Sicherheitsaspekten im Auge behalten sollten.

- Ein **roter Punkt** und der Text »NICHT GEFUNDEN« oder »INAKTIV« weist dagegen auf ein potentielles Sicherheitsproblem (z.B. abgeschaltete Firewall, fehlender Virenscanner) hin. Sie sollten diesem Punkt dann schnellstmöglich nachgehen.

Über die Schaltfläche *Details ein-/ausblenden* am rechten Rand der jeweiligen Kategorie können Sie Detailinformationen anzeigen lassen oder verstecken (einfach die Schaltfläche anklicken). Das Formular stellt Ihnen ggf. auch Schaltflächen bereit, um eine abgeschaltete Funktion zu aktivieren oder um beispielsweise Zusatzinformationen abzurufen. Durch Anklicken der Symbole am unteren Fensterrand (im Abschnitt *Sicherheitseinstellungen verwalten für*) können Sie die zugehörigen Eigenschaftenfenster für automatische Updates, die Windows-Firewall oder für die Interneteinstellungen öffnen.

Sicherheitsrisiko Benutzerkonto

Zum Arbeiten mit Windows XP muss mindestens ein so genanntes Benutzerkonto vorhanden sein. Windows benutzt dieses Konto, um die Benutzereinstellungen und Berechtigungen zu verwalten. So werden alle vom Benutzer oder von Programmen benutzerspezifisch vorgenommenen Einstellungen pro Benutzerkonto gespeichert. Die Verwendung mehrerer Benutzerkonten verhindert, dass sich verschiedene Benutzer, die einen Computer gemeinsam verwenden, gegenseitig in die Quere kommen. Es ist dann nicht möglich, Dateien, E-Mails oder Einstellungen fremder Benutzer gewollt oder ungewollt zu verändern oder zu löschen. Allerdings unterscheidet Windows XP Home Edition **eingeschränkte Benutzerkonten** und **Administratorenkonten**. Ein an einem eingeschränkten Benutzerkonto angemeldeter Benutzer kann zwar Programme nutzen, im Internet surfen, E-Mails lesen, Fotos ansehen und vieles mehr. Auch der Zugriff auf die eigenen Dateien, auf das Kennwort des Benutzerkontos oder die eigenen Benutzereinstellungen ist möglich. Windows verhindert aber den Zugriff auf die Daten anderer Benutzer oder die Installation neuer Geräte und Programme, Windows-Updates oder Änderungen an den allgemeinen Windows-Einstellungen. Nur wenn ein Benutzer als Computeradministrator eingerichtet ist, können Programme oder Gerätetreiber eingerichtet oder entfernt und Windows-Einstellungen angepasst werden. Um zu verhindern, dass jemand unter einem anderen **Benutzerkonto** arbeitet, lässt sich jedes Konto zudem **mit** einem **Kennwort schützen**.

Leider wird Windows XP so installiert, dass der Benutzer standardmäßig unter einem Administratorenkonto arbeitet. Dies ist zwar komfortabel (Sie dürfen alles tun), aber **aus Sicherheitsaspekten** ziemlich **gefährlich**. Schleust sich zum Beispiel beim Surfen im Internet oder per E-Mail ein Virus, ein Trojaner oder ein anderer Schädling auf dem Computer ein, kann sich dieser ungehindert installieren und verbreiten. **Was kann man** also **besser machen** bzw. was sollte man tun?

1 Melden Sie sich daher unter einem Administratorenkonto an, öffnen Sie die Systemsteuerung und wählen Sie dort das Symbol *Benutzerverwaltung* mit einem Doppelklick an.

2 Anschließend legen Sie über die Formulare der Benutzerverwaltung für jeden Benutzer des Computers ein eigenes eingeschränktes **Konto** an.

Das Fenster der Benutzerverwaltung stellt Formulare zum Anlegen neuer Konten bereit. Den Kontentyp können Sie dabei komfortabel über Optionsfelder des betreffenden Formulars wählen. Beim späteren Arbeiten unter Windows müssen alle Benutzer für normale Tätigkeiten dieses eingeschränkte Benutzerkonto verwenden. Versucht sich dann ein Virus oder ein Dialer beim Surfen auf dem

Rechner zu installieren, wird dies in der Regel durch Windows blockiert. Nur wenn Sie Programme installieren oder etwas anderes an den Windows-Einstellungen ändern möchte, müssen Sie sich vom normalen Benutzerkonto ab- und unter dem Administratorenkonto anmelden.

HINWEIS

Allerdings gibt es einige schlampig programmierte Windows-Programme, die nur unter einem Administratorenkonto laufen. Richten Sie in diesem Fall zwei Konten, ein Administratorkonto und ein normales Benutzerkonto, ein. Unter dem Administratorenkonto wird die betreffende Anwendung genutzt sowie die Systempflege vorgenommen. Zum Surfen im Internet oder zum Bearbeiten von E-Mails, sollten Sie sich am Konto mit eingeschränkten Benutzerrechten anmelden. Durch die Option zum schnellen Benutzerwechsel (Befehl *Abmelden* im Startmenü, dann die Option *Benutzer wechseln*) ist die Umschaltung zwischen verschiedenen Benutzerkonten unter Windows XP kein Problem mehr – die alten Anwendungen können sogar weiter geöffnet bleiben. Hinweise zum Anlegen neuer Benutzerkonten liefert die Windows-Hilfe bzw. der Titel »Windows – leichter Einstieg für Senioren«.

Schutz vor Viren und anderen Schädlingen

Viren sind Computerprogramme, die Schäden an Ihrem Computer anrichten können. Mittlerweise häufiger als Viren sind so genannte **Trojanische Pferde**, die sich unbemerkt auf dem Rechner einnisten und den Benutzer bzw. Ihre Kennworteingaben ausspähen und per Internet an ihre Urheber melden. **Würmer** sind dagegen Schadprogramme, die Sicherheitslücken im Betriebssystem ausnutzen, um sich über Internet zu verbreiten. Als letztes seien **Dialer** genannt. Dies sind Einwahlprogramme für das Internet, die überteuerte Rufnummern (30 Euro pro Einwahl oder 1,99 Euro pro Minute) verwenden.

HINWEIS

Solche Schädlinge wie **Viren, Trojaner** und **Dialer** können Sie sich **per Internet einschleppen**, wenn Sie Programme herunterladen und dann auf dem Rechner ausführen. Die Webseite *www.trojaner-info.de* enthält eine gute Übersicht über bekannte Trojaner und deren Beseitigung. Die **zweite Quelle** für solche »Schädlinge« sind **E-Mails mit angehängten Dateien**. Oft enthalten die Anlagen Programme, die über die Namensgebung (z.B. *Foto.jpg.exe*) als Dokumente getarnt sind. Die Schädlinge können dabei nicht nur in *.exe*-Dateien stecken sondern auch in Dateien mit Erweiterungen wie *.com, .vbs, .vbe, .js, .jse, .wsf, .php, .bat, .cmd* enthalten sein. Selbst simple HTML-Dokumente (*.hta, .htm, .html*) oder von Microsoft Office bzw. StarOffice erstellte Dokumentdateien (*.doc, .xls* etc.) können Skript- und Makroviren enthalten. Öffnet der Benutzer einen solchen Anhang, wird das Programm ausgeführt und installiert den Schädling. Es gibt auch Webseiten, die solche Schädlinge oder Dialer über Hyperlinks als ActiveX-Komponenten installieren. Sofern Sie die oben besprochenen Einstellungen für den Internet Explorer verwenden, werden Sie als Benutzer vor der Installation der Komponenten aber gefragt.

Um sich vor Viren, Trojanern oder anderen Schädlingen zu schützen, sollten Sie Programmdateien nur von vertrauenswürdigen Webseiten herunterladen. E-Mails mit Anhängen von unbekannten Personen sollten Sie auf keinen Fall öffnen und die Nachricht im Zweifelsfall löschen. Zusätzlich ist es erforderlich, ein so genannte Virenschutzprogramm unter Windows zu installieren.

HINWEIS

Auf der Internetseite *www.free-av.de* finden Sie das für Privatanwender kostenlose Virenschutzprogramm AntiVir zum Download. Rufen Sie die Seite auf und suchen Sie den mit *Download* bezeichneten Eintrag und laden Sie sich die AntiVir PersonalEdition Classic herunter. Alternativ können Privatanwender für einige Euro pro Jahr auch die AntiVir PersonalEdition Premium bestellen, die mit erweiterten Schutzfunktionen (z.B. Spyware-Erkennung) ausgestattet ist. Es gibt weitere Anbieter kostenpflichtiger Virenschutzprogramme (z.B. Symantec, McAfee). Wichtig ist aber, dass Sie den Virenscanner des installierten Virenschutzprogramms von Zeit zu Zeit aktualisieren, da immer neue Viren auftauchen.

Virenschutzprogramme überwachen den Rechner auf einen Befall durch Viren, Trojaner und andere Schädlinge. Ist ein Programm wie AntiVir auf dem Computer installiert, können Sie das Programm aufrufen und alle auf der Festplatte gespeicherten Dateien durch den Virenscanner überprüfen lassen.

1 Starten Sie hierzu AntiVir über das auf dem Desktop oder im Startmenü hinterlegte Symbol und warten Sie, bis das hier im Hintergrund gezeigte Fenster von AntiVir erscheint.

2 Der Scanner überprüft bereits beim Start den Arbeitsspeicher des Computers sowie den Startbereich der Festplatte (Bootsektoren) auf einen Virenbefall. Sobald das entsprechende Dialogfeld verschwindet, markieren Sie im Anwendungsfenster die Kontrollkästchen aller zu überprüfenden Laufwerke.

3 Anschließend klicken Sie auf die in der Symbolleiste des Programmfensters sichtbare Schaltfläche *Suchen*.

AntiVir startet den Scan, der durchaus mehrere Stunden dauern kann. Während des Scans zeigt das (hier im Vordergrund sichtbare) Dialogfeld *Luke Filewalker* die gescannten Dateien und eventuelle Virenfunde an.

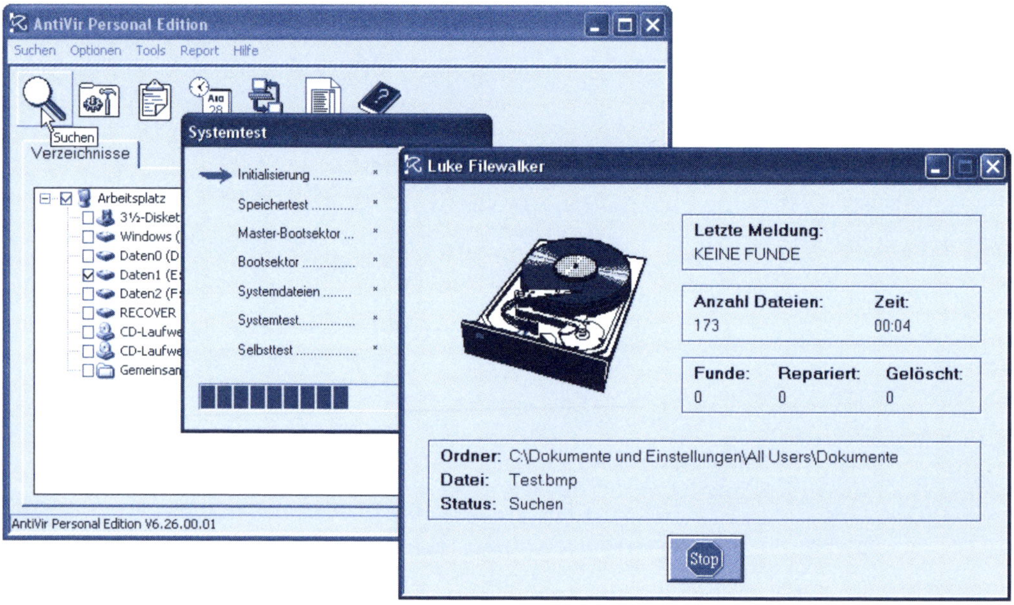

Stößt der Virenscanner auf eine infizierte Datei, wird dies in einem Zusatzdialog gemeldet. Sie sollten dann die Datei über die betreffende Schaltfläche des Dialogfelds löschen lassen. Allerdings kann AntiVir in ZIP-Archiven gefundene infizierte Dateien nur anzeigen, aber nicht löschen. Bei infizierten Dokumentdateien bietet AntiVir zwar eine Reparaturoption an. Dies klappt aber nicht in allen Fällen.

Ist AntiVir installiert, überwacht zusätzlich das Programm AntiVir Guard im Hintergrund alle Versuche zum Öffnen von Dateien. Wählen Sie eine infizierte Datei per Doppelklick in einem Ordnerfenster an oder versuchen Sie einen infizierten E-Mail-Anhang zu speichern oder zu öffnen, schlägt der Virenwächter Alarm. In einem Dialogfeld wird der gefundene Schädling aufgelistet und Sie erhalten über Optionsfelder die Möglichkeit, die infizierte Datei zu löschen, in ein Quarantäneverzeichnis zu verschieben, zu reparieren oder zu belassen. Im Zweifelsfall sollten Sie das Optionsfeld zum Löschen der Datei markieren und dann das Dialogfeld über die *OK*-Schaltfläche schließen.

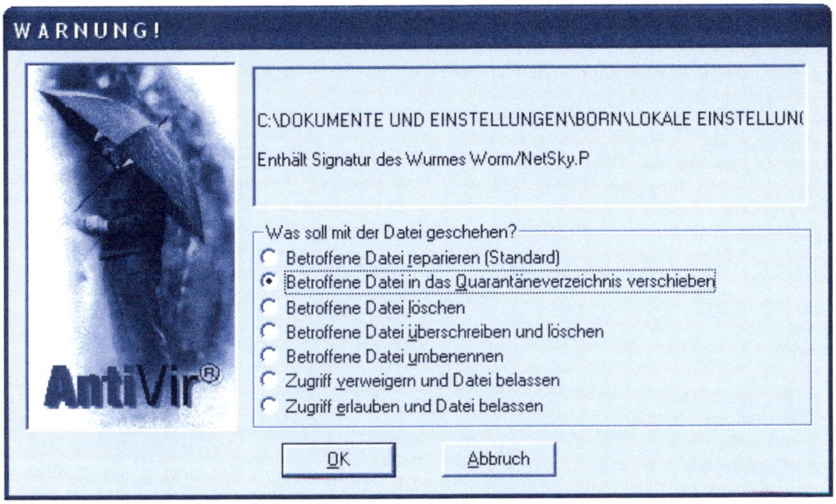

HINWEIS

Zur Aktualisierung des Virenscanners stellen Sie eine Internetverbindung her, starten AntiVir und wählen im Menü *Tools* des Programmfensters den Befehl *Internet Update*. Im dann angezeigten Dialogfeld können Sie das Internetupdate über eine Schaltfläche anstoßen. Das Programm prüft, ob eine neue Version vorliegt, lädt die betreffenden Dateien herunter und installiert diese. Weitere Details zu AntiVir entnehmen Sie der Programmhilfe oder dem Buch »Sicherheit für Windows XP – leichter Einstieg für Senioren« des Verlags.

Wissen zum Dialerschutz

Sicherlich kennen Sie Berichte über Betrug und Missbrauch durch so genannte Dialer. **Dialer** sind **Wählprogramme**, die auf dem lokalen Computer installiert werden und dann den Aufbau einer Internetverbindung über bestimmte Anbieter (Provider) übernehmen. Der bereits erwähnte WEB.DE SmartSurfer ist ein erwünschter Dialer, der die preiswertesten Internetverbindungen heraussuchen und aufbauen kann. Leider wurde und wird diese Technik auch zur Abzocke missbraucht. Beim Besuch einer Webseite wird dem Surfer die Installation einer Zugangssoftware angeboten, ohne die sich das betreffende Angebot (meist als Premium-Angebot oder Mitgliederbereich bezeichnet) der Website nicht nutzen lässt. Akzeptiert der Benutzer dieses Angebot, wird der Dialer installiert. Danach gibt es zwei Szenarien:

- Der Dialer richtet sich (illegalerweise) so ein, dass er alle zukünftig aufgebauten Internetverbindungen über die teure Einwahlnummer leitet. Der ahnungslose Benutzer glaubt, dass er über den üblichen Provider im Internet surft. Die böse Überraschung kommt mit der Rechnung der Telefongesellschaft, wenn plötzlich horrende Gebühren aufgelistet sind.
- Der Dialer wird nur aktiv, wenn der Benutzer diesen explizit aufruft, um das zugehörige Angebot abzurufen. Dann fallen für diese Sitzung die vom Dialeranbieter festgelegten Gebühren an, die per Telefonrechnung eingezogen werden.

Der ursprüngliche Ansatz, Kleinbeträge über Telefon zu zahlen, wird so unterlaufen. Nach der sprunghaften Zunahme des Dialermissbrauchs wurden in Deutschland ab August 2003 regulative Maßnahmen ergriffen. Dialer müssen bei der **Bundesnetzagentur** (*www.bundesnetzagentur.de*) registriert werden und sind in den Gebührensätzen begrenzt (30 Euro pro Einwahl, 2 Euro pro Minute, Trennung nach einer Stunde).

HINWEIS

Zwielichtige Geschäftemacher verwenden zwischenzeitlich Dialer, die sich ohne Nachfrage installieren, einmalig eine Auslandsrufnummer über eine teure Satellitenverbindung aufbauen und sich dann automatisch vom Computer löschen. Dann haben Sie das Problem, dass Sie die unberechtigte Einwahl durch den Dialer nachweisen müssen. Eine andere Masche zur Umgehung der Bundesnetzagentur besteht darin, dass die Anbieter die Abrechnung zunehmend über Handy fordern. Bei der Anmeldung auf einer Internetseite ist die Handynummer anzugeben. Sie erhalten dann per SMS einen Freischaltcode zum betreffenden Webangebot (z.B. Klingeltöne etc.). Geben Sie diesen Code in der Anmeldeseite ein, kommt ein Vertrag zustande und der Anbieter bucht alle paar Tage x Euro über Ihr Handykonto ab. Auch hier gilt: Studieren Sie jedes Angebot genau und vermeiden Sie, Bankdaten oder Handynummern in solchen Webseiten einzutragen.

Bei **DSL funktionieren Dialer nicht**. Entsprechende Angebote erfordern einen separaten Telefonanruf bei einer Auskunftsnummer (1,99 Euro/Minute) zum Abrufen eines Einmalkennworts. Nur solange die Telefonverbindung zur Auskunftsnummer steht, lässt sich das Angebot per DSL mittels des Kennworts abrufen. Die aktive Mitarbeit des Benutzers stellt sicher, dass der Betreiber die teilweise horrenden Beträge eintreiben kann. Bei DSL lauert zusätzlich die Gefahr über im PC eingebaute Modems/ISDN-Geräte. Trennen Sie allerdings deren Verbindung zum Telefonanschluss, haben eingeschleppte Dialer keine Chance mehr. Die Dialerinstallation lässt sich auch verhindern, wenn Sie unter einem eingeschränkten Benutzerkonto surfen. Zudem überwacht der Tarifmanager SmartSurfer die Internetverbindung und schlägt Alarm, wenn diese durch einen Dialer getrennt wird. Das Virenschutzprogramm AntiVir kann den Rechner optional auf Dialer untersuchen. Haben Sie den Verdacht, dass sich ein Wählprogramm (Dialer) ungewollt auf Ihrem Computer eingenistet hat? Dann hilft nur planvolles Handeln, um den **Befall** eindeutig **festzustellen**, **Beweise zu sichern** und Schlimmeres zu verhindern.

- **Bewahren Sie Ruhe** und trennen Sie den Computer als Erstes vom Telefonnetz (Telefonstecker des Modems oder der ISDN-Karte aus der Telefonanschlussdose ziehen). So kann der Dialer keine weiteren Verbindungen aufbauen und weitere Kosten verursachen.

- Hat bereits eine Einwahl stattgefunden oder haben Sie eine entsprechende Gebührenposition auf der Telefonrechnung entdeckt? **Wichtig ist** es, den Dialer nicht panisch vom System zu löschen. Falls Sie sich von dem Anbieter des Dialers getäuscht oder gar betrogen fühlen, müssen Sie **eine Beweissicherung** durchführen.

  Sobald Sie den Befall bemerken, bitten Sie Personen aus dem Bekanntenkreis als **Zeugen** zur Beweissicherung dazu. Notieren Sie sich, auf welcher Webseite der Dialer zum Download angeboten wurde und mit welchen Schritten sich der Dialer installiert hat. Dies ist wichtig, um ggf. nachzuweisen, dass sich der Dialer nicht an die Auflagen zur Zulassung bei der Bundesnetzagentur gehalten hat. Zum **Nachweis des ungewollten Befalls** müssen Sie die betreffenden Beweise (z.B. Inhalt der Festplatte, installierte Programme, E-Mail-Anhang mit dem Dialer, Webseiten mit dem Download-Link etc.) sichern. Erst dann können Sie mit dem Beseitigen solcher Einwahlprogramme (z.B. durch AntiVir) beginnen.

  Falls Sie sich technisch nicht besonders gut auskennen, sollten Sie auf keinen Fall den Dialer auf eigene Faust entfernen, sondern dies Fachleuten überlassen. Sind bereits Kosten durch einen illegalen Dialer angefallen, wenden Sie sich an das nächstgelegene Polizeirevier und stellen Strafantrag wegen Betrug. Dort sollten Ihnen auch die Telefonnummer der zuständigen Experten genannt werden können, die den Befall durch den illegalen Dialer nachvollziehen können. Dann ist aber wichtig, dass nichts an Ihrem PC verändert und Spuren verwischt wurden.

  Tauchen **Kosten**, die der Dialer verursacht hat, **auf** Ihrer **Telefonrechnung** auf, gilt es gezielt zu handeln. Legen Sie **Einspruch** gegen die Telefonrechnung ein und fordern Sie umgehend bei Ihrem Telefonanbieter einen ungekürzten Einzelverbindungsnachweis für den betreffenden Zeitraum an. Um die Sperre des Telefonzugangs zu vermeiden, sollten Sie zudem den unstrittigen Anteil der Telefonrechnung an den Anbieter des Telefonanschlusses zahlen.

TIPP

Weitere Informationen zu den Tricks der Dialeranbieter, Tipps zum Entfernen von Dialern, Informationen zu rechtlichen Aspekten sowie zur Vorgehensweise bei der Abwehr unberechtigter Ansprüche etc. finden Sie auf der Webseite *www.dialerschutz.de.*

Schutz vor Spionage durch Adware

Sind Ihnen die Begriffe **Adware** oder **Spyware** bereits begegnet, wissen aber nicht so richtig, was sich dahinter verbirgt? Nun, es handelt sich meist um kostenlose, aber **über Werbung finanzierte Programme**, die hilfreiche Funktionen bereitstellen. Daher holen sich die Anwender diese Programme selbst auf den Rechner (und übersehen dabei meist das englischsprachige Kleingedruckte beim Download bzw. bei der Installation). Das werbefinanziertes Programm blendet beim Start Werbebanner ein, die ggf. über eine Internetverbindung geladen werden. Dies nervt und kostet Ihr Geld. Noch schlimmer ist aber, dass in solcher Adware häufig zusätzliche Funktionen einbaut sind, die den Anbietern Informationen über den Computer (installierte Hard- und Software) oder das Nutzungsverhalten des Anwenders (Nutzungszeiten, angesurfte Webseiten, zuletzt benutzte Dateien, bestellte Waren etc.) liefern. Die so genannte Spyware stiehlt zwar keine Kennwörter, aber die wenigsten Benutzer möchten ihre Daten unbemerkt an Dritte weitergeben. Selbst wenn der Anwender das ursprüngliche Programm deinstalliert, bleiben die Spyware-Funktionen oft weiter im System zurück. Dadurch ergeben sich unkontrollierbare Sicherheitslücken. Sie sollten daher schon allein aus Sicherheitsgründen wissen, was an Spyware auf Ihrem Rechner vorhanden ist, und ggf. das System bereinigen.

Wenn Sie AntiVir PersonalEdition Premium besitzen, überprüft diese den Rechner auf solche Spyware. Alternativ lässt sich das für private Anwender kostenlose Programm **Ad-Aware SE Personal** der schwedischen Firma LavaSoft verwenden. Laden Sie das Programm von der Website *www.lavasoft.de* herunter und installieren Sie es. Nach der Installation meldet sich das Programm bei jedem Aufruf mit dem Startfenster, über das die Bedienung erfolgt.

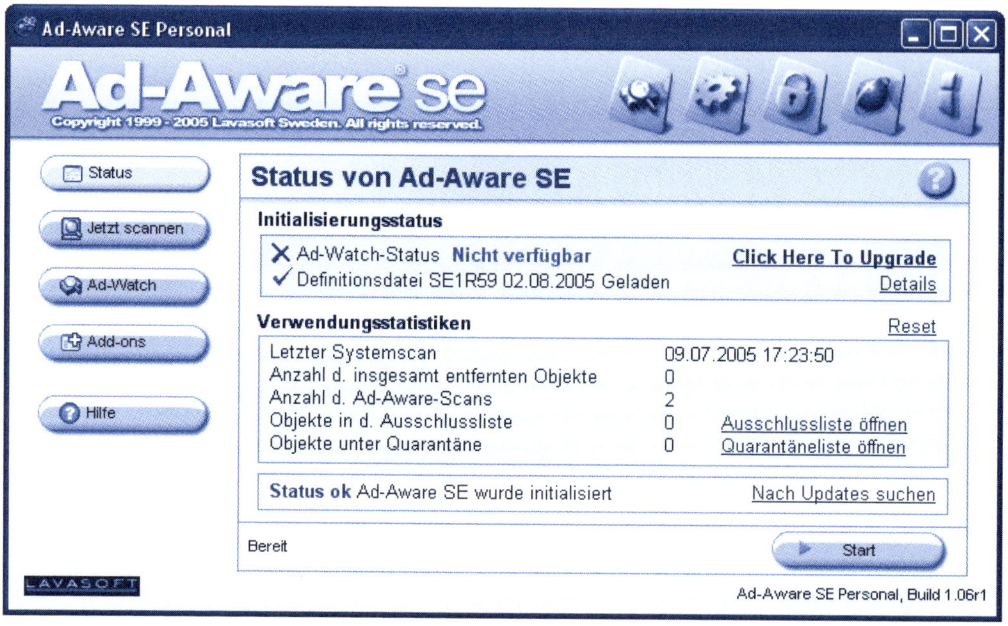

Die Symbole am oberen Rand erlauben Ihnen die Einstellungen anzupassen, den Quarantänebereich einzusehen, das Internetupdate zu starten oder den Infodialog abzurufen. Die Schaltflächen am linken Fensterrand erlauben Ihnen verschiedene Funktionen einschließlich der Hilfe abzurufen. Möchten Sie wissen, ob auf Ihrem Rechner Spyware installiert ist, und diese ggf. entfernen? Dann führen Sie die nachfolgenden Schritte aus:

1 Starten Sie Ad-Aware SE Personal über das betreffende Desktop-Symbol und klicken Sie in der linken Spalte auf die Schaltfläche *Jetzt scannen* oder wählen Sie im Statusbereich (rechts unten) die Schaltfläche *Start*. - - - - - - - - - - - - - - - ►

2 Wählen Sie ggf. im Folgedialog den Scan-Modus, indem Sie eines der Optionsfelder durch Anklicken markieren. Über die Hyperlinks *Anpassen* können Sie bei Bedarf die Einstellungen über ein Zusatzfenster anpassen. Die Prüfung starten Sie über die dann am unteren Fensterrand angezeigte *Weiter*-Schaltfläche.

Das Programm durchsucht den Arbeitsspeicher, die Registrierung (einen internen Datenspeicher von Windows) und die Dateien auf der Festplatte des Rechners nach Spionagefunktionen. Werden solche als Objekte bezeichnete Elemente gefunden, erscheint eine entsprechende Meldung im Statusbereich des Programmfensters.

3 Möchten Sie als kritisch aufgeführte Objekte entfernen, klicken Sie im Ad-Aware SE Personal-Hauptfenster auf die Schaltfläche *Weiter*.

Sie gelangen zur Seite, auf der die Details angezeigt werden. Das Programm listet penibel auf, ob es sich um Registrierungseinträge oder um Dateien handelt, und gibt auch die Zweige in der so genannten Windows-Registrierung sowie im Dateisystem an. Zudem können Sie die Details über die Schaltfläche *Prot.datei anz.* abrufen.

4 Markieren Sie die Kontrollkästchen der betreffenden Einträge, die entfernt werden sollen, und klicken Sie auf die Schaltfläche *Weiter*.

5 Bestätigen Sie den ggf. angezeigten Sicherheitsdialog mit der Frage, ob die Objekte zu entfernen sind, über die *OK*-Schaltfläche.

Ad-Aware SE Personal isoliert die markierten Elemente im so genannten Quarantänebereich. Sie sollten dann das Programm beenden, Windows XP neu starten und bei entfernter Spyware anschließend die Funktionalität des betreffenden Programms testen. Funktioniert die Adware nach dem Neustart nicht mehr, sollten Sie die betreffenden Programme deinstallieren und auf die Verwendung verzichten.

HINWEIS

Falls Sie nach dem Entfernen von Adware Funktionsbeeinträchtigungen an Windows feststellen oder bestimmte, dringend benötigte Programme nicht mehr funktionieren, ist noch nicht alles verloren. Starten Sie Ad-Aware SE Personal erneut und klicken Sie im oberen Bereich des Startfensters auf die Schaltfläche des Quarantäne-Managers.

Dann zeigt das Programm eine Auflistung aller gesicherten Archive. Markieren Sie einen Eintrag per Mausklick, lässt sich dieser über die Schaltfläche *Löschen* entfernen. Die Schaltfläche *Objektprotokoll* zeigt, welche Elemente im Objekt isoliert wurden. Um eine im Quarantänebereich enthaltene markierte Sicherung zu restaurieren, können Sie auch auf die Schaltfläche *Wiederh.* klicken. Nach einem Windows-Neustart sollten die betreffenden Programme wieder funktionieren.

Neben Ad-Aware SE Personal ist das für private Anwender kostenlose Programm **Spybot – Search & Destroy** (*www.safer-networking.org*) recht hilfreich gegen Spyware. Das Programm verträgt sich aber nicht mit Ad-aware, besitzt aber eine ganz pfiffige Funktion zum Immunisieren des Systems. Weitere Details liefert die gut gestaltete Hilfe, die sich über das betreffende Menü abrufen lässt.

Zusammenfassung

Mit diesem Kapitel möchte ich das Thema »Sicherheit« abschließen. Sie kennen jetzt die wichtigsten Gefahren des Internets und wissen, wie Sie sich dagegen schützen können. Weitere Sicherheitshinweise finden Sie zudem in den restlichen Kapiteln (z.B. zur Handhabung von E-Mails). Zur Kontrolle Ihres Wissens können Sie die folgenden Fragen beantworten:

- **Was ist beim Thema Geld und Internet zu beachten?**
  (Die Sicherheit bei der Abwicklung von Geldgeschäften sollte immer durch geeignete Maßnahmen gewährleistet sein, um Missbrauch zu verhindern.)
- **Wie halten Sie Windows aktuell?**
  (Über die Funktion *Automatische Updates* oder über den *Windows Update*-Befehl des Internet Explorer.)
- **Wozu dient das Windows-Sicherheitscenter?**
  (Es zeigt vorhandene Sicherheitsprobleme oder potentielle Schwächen wie abgeschaltete Update-Funktion, veraltete Virenschutzprogramme etc. an.)
- **Was ist bei den Windows-Benutzerkonten zu beachten?**
  (Diese sollten durch ein Kennwort geschützt werden. Normale Anwender sollten eingeschränkte Benutzerkonten zum Arbeiten benutzen.)
- **Wie schütze ich den Computer vor Viren?**
  (Indem Sie ein Virenschutzprogramm installieren und dieses aktuell halten.)

- **Was versteht man unter Cookies?**
  (Dies sind kleine Textdateien, die ein Webserver auf dem Rechner des Anwenders speichern können. Cookies erlauben Informationen über angesurfte Webseiten zu sammeln.)

E-Mail für alle!

In den vorhergehenden Kapiteln haben Sie die Grundlagen für Ausflüge ins Internet sowie den Umgang mit dem Browser und das Surfen im World Wide Web kennen gelernt. Sind Sie jetzt neugierig auf eine neue Internetfunktion? Wie wäre es denn mit elektronischer Post, auch als E-Mail bezeichnet? E-Mail ist populär, komfortabel, schnell und preiswert. In dem Film »E-Mail für Dich« wurde das Thema sogar schon cineastisch verarbeitet. Wollen Sie nicht auch mal E-Mail nutzen?

Das lernen Sie in diesem Kapitel **5**

- E-Mail im Überblick
- Woher bekomme ich eine E-Mail-Adresse?
- Einführung in Outlook Express
- Meine ersten E-Mails

Wenn Sie bereits im Web surfen, haben Sie eigentlich alles, was Sie zum Austausch von elektronischer Post brauchen. In diesem Kapitel zeige ich Ihnen, wie E-Mail funktioniert, wie Sie eine kostenlose E-Mail-Adresse bekommen und wie Sie Ihren Computer für E-Mail fit machen. Außerdem erstellen Sie Ihre ersten E-Mails, schicken diese ab und holen E-Mails aus dem Internet ab.

E-Mail im Überblick

Besitzen Sie bereits eine E-Mail-Adresse (z.B. über T-Online) und ist Ihr Computer schon für den E-Mail-Verkehr eingerichtet (Sie haben Kinder, Enkel oder Bekannte, die das für Sie erledigt haben)? Dann können Sie direkt zum Abschnitt »Meine ersten E-Mails« weiterblättern.

Vielleicht sind Sie aber ganz neu dabei und tasten sich erst ans Internet sowie an E-Mail heran? Haben Sie noch kein E-Mail-Postfach oder interessieren Sie sich für einige Grundlagen? Möchten oder müssen Sie Ihren Computer noch für E-Mail einrichten? In diesem und dem folgenden Abschnitt gehe ich mit Ihnen alle Schritte durch, mit denen Sie den Computer für E-Mail fit machen. Weiterhin lernen Sie, wie Sie an ein kostenloses E-Mail-Konto kommen und wie dieses auf dem Computer eingerichtet wird.

E-Mail – was brauche ich dazu?

Bei der Post ist es recht einfach. Wie Sie einen Brief schreiben, haben Sie irgendwann gelernt. Papier und Schreibzeug haben Sie auch. Dass Sie einen Umschlag benötigen und diesen mit Absender und Empfänger versehen müssen, ist ebenfalls klar. Briefmarke gekauft, frankiert und ab in den nächsten Briefkasten. Eintreffende Post bringt der Briefträger und wirft die Sendungen in Ihren Hausbriefkasten. Alles kinderleicht. Aber Hand aufs Herz, was Ihnen so selbstverständlich erscheint, setzt doch einige Kenntnisse voraus. Oder trauen Sie sich zu, in einem anderen Land wie z.B. Saudi-Arabien ohne weitere Rückfragen einen Brief abzuschicken? Obwohl vieles gleich funktioniert, dürften Ihnen doch ein paar Details unbekannt sein.

Ähnlich ist es auch bei der elektronischen Post. Im Grunde genommen ist alles kinderleicht. Aber Sie benötigen einige Kenntnisse über den Ablauf und müssen zum Beispiel wissen, wie die »Poststelle« erreicht werden kann. Außerdem benötigen Sie wie für die normale Post eine E-Mail-Adresse, damit Sie auch für den

»Postzusteller« bzw. für die Korrespondenzpartner erreichbar sind. Aber gehen wir die ganze Sache einmal schrittweise durch.

- Um E-Mails zu empfangen, benötigen Sie einen Briefkasten für eingehende Post. Dieser muss im Internet bekannt sein und wird über Ihre so genannte E-Mail-Adresse identifiziert.
- Sie benötigen auch ein Fach für ausgehende Post, das zur Zustellung dann geleert wird.

Während dies bei der herkömmlichen Post alles relativ formlos über Postfilialen läuft (die Post erledigt alles als Dienstleister im Hintergrund), müssen Sie sich im Internet um einige Sachen selbst kümmern. Als Erstes benötigen Sie im Internet ein so genanntes E-Mail-Konto. Dies ähnelt einem Bankkonto, das Sie auch brauchen, um Zahlungen empfangen und Überweisungen ausführen zu können. Aber **wie komme ich an** ein solches **E-Mail-Konto**?

- Haben Sie einen Vertrag für den Internetzugang bei einem Anbieter wie T-Online abgeschlossen, wird für Sie in der Regel automatisch ein E-Mail-Konto geführt und ein Postfach eingerichtet. Es wird Ihnen dann zusammen mit den Unterlagen für den Internetzugang auch die zum Postfach gehörende eigene E-Mail-Adresse mitgeteilt.
- Sind Sie meinem Rat gefolgt und schnuppern erst einmal mit Internet-by-Call im Internet? Oder haben Sie Zugang zum Internet über ein Internet-Café? Dann haben Sie vermutlich noch kein Postfach. Kein Grund zur Klage, das können wir nachholen – und das Ganze ist bisher sogar noch kostenlos.

Ich zeige Ihnen die entsprechenden Schritte zum Beantragen eines solchen Postfachs. Sie erfahren auch, wie Sie ein Postfach in dem auf Ihrem Computer vorhandenen Programm Outlook Express eintragen. Dann können Sie zukünftig Ihre Post recht bequem mit diesem Programm bearbeiten. Vor allem sparen Sie Zeit und Nerven und müssen sich nicht jedes Mal in ein neues Programm einarbeiten, wenn Sie mal den Internetanbieter wechseln oder dieser eine neue Programmversion auf den Markt bringt.

E-Mail-Konten – zwei Varianten

Sie haben gerade gelernt, dass zur Teilnahme an E-Mail ein E-Mail-Konto bei einem Internetanbieter erforderlich ist. Der Anbieter stellt Ihnen über dieses Konto die notwendigen Funktionen zum Verschicken und Empfangen von Post über eine Art Postfach zur Verfügung. Bei der Bereitstellung von E-Mail-Postfächern werden zwei Varianten unterschieden, die für Sie als Nutzer durchaus von Bedeutung sind:

- **Variante A:** Der einfachste Weg besteht darin, den Posteingangskorb auf einer Internetseite anzubieten. Über einen Benutzernamen und ein Kennwort erhalten Sie Zugang zum eigenen Postfach und können dann Ihre E-Mails lesen. Möchten Sie eine neue E-Mail schreiben, tippen Sie die Nachricht in einer Art Formular ein und schicken diese ab.
- **Variante B:** Der Anbieter stellt Ihnen einen Posteingangs- und einen Postausgangskorb auf seinem Internetrechner (als **E-Mail-Server** bezeichnet) bereit. Mit einem auf Ihrem Computer installierten Programm holen Sie eingegangene Post ab und verschicken gleichzeitig neue bereits geschriebene Nachrichten. Die komplette Bearbeitung der Post erfolgt auf Ihrem Rechner.

Beide Varianten haben Vor- und Nachteile. Schauen wir uns einmal Variante A an. Wird ein Postfach im Internet gehalten, brauchen Sie nur den Internet Explorer oder einen anderen Webbrowser, um die Seiten abzurufen und die Post zu bearbeiten. Dieses Programm kennen Sie schon vom Websurfen, um das Einrichten der E-Mail-Funktionen brauchen Sie sich nicht zu kümmern. Wer häufig auf Reisen ist und nur über fremde Rechner (z.B. in Internet-Cafés) Zugang zum Internet hat, wird dies zu schätzen wissen. Sie müssen sich nur Benutzername und Kennwort merken, um beispielsweise auf Ibiza Ihre E-Mails abzuholen. Falls Sie allerdings Internetcafés im Urlaub zur Postbearbeitung nutzen, sollten Sie die im vorherigen Kapitel beschriebenen Sicherheitserwägungen einbeziehen und ggf. ein nur für diesen Zweck angelegtes Postfach verwenden. Andernfalls besteht die Gefahr, dass Dritte Ihre Zugangsdaten ausspähen und an das Postfach herankommen können.

HINWEIS

Wer im Urlaub E-Mail nutzt, muss doch spinnen, oder? Vielleicht nicht! Es soll ja Leute geben, die den Winter im Süden verbringen. Aber lassen die sich dann für 6 Wochen einen Internetanschluss auf Ibiza oder Mallorca legen? Muss nicht sein, Internet-Cafés gibt es mittlerweile an vielen Orten. Wäre es nicht schön, auch in dieser Zeit gelegentlich mit den Lieben zu Hause per E-Mail in Kontakt zu treten? Ich hatte mein Aha-Erlebnis vor einigen Jahren, als mein damals 16-jähriger Sohn über Weihnachten 1998/99 zum Weltpfadfindertreffen nach Chile reiste. Drei Stunden vor Abflug besuchten wir die Webseiten des Lagers in Chile und druckten ihm letzte Informationen aus. Aus einer plötzlichen Eingebung heraus richtete ich ihm noch eine kostenlose E-Mail-Adresse bei einem Internetanbieter ein und zeigte ihm, wie das Ganze funktioniert. Im Pfadfinderlager gab es ein Internet-Café. Zwei Tage nach der Abreise erreichte uns die erste E-Mail aus Südamerika und die Familie war beruhigt.

Sie ahnen es sicher schon, Variante A muss doch einen Haken haben? Hat sie auch! Zum Schreiben, Lesen und Bearbeiten von E-Mails müssen Sie die ganze Zeit online sein. Zwei bis drei Stunden vergehen da schnell – u.U. eine teure Angelegenheit. Außerdem hat jeder dieser Anbieter andere Funktionen bzw. die Webseiten mit den E-Mail-Konten sehen unterschiedlich aus.

Um Ihnen eine einfache Postbearbeitung zu erlauben, bieten Anbieter wie America Online (AOL), T-Online und weitere die Variante B zur Postbearbeitung an. Meist halten diese Firmen noch ein Programm mit den betreffenden Funktionen für den PC bereit. Sie gehen nur für einige Minuten online, um Post abzuholen und Post zu versenden. Wenn Sie wieder offline sind, können Sie die Nachrichten in Ruhe lesen oder bearbeiten. Es ist auch kein Problem, an einer E-Mail über einen Zeitraum von mehreren Tage zu schreiben.

Leider stehe ich als Autor dieses Buchs vor zwei Problemen. Beschreibe ich die Postbearbeitung mit dem T-Online-Programm, bleiben alle Leser außen vor, die einen anderen Anbieter verwenden. Wähle ich einen anderen Anbieter, ist es dasselbe in Grün.

Außerdem: Jede neue Version der Zugangssoftware besitzt eine gänzlich neue Oberfläche. Persönlich bin ich natürlich auch von dieser Situation betroffen und möchte Sie in diesem Buch von meinen Erfahrungen profitieren lassen. Ich besitze z.B. aus verschiedenen Gründen Postfächer bei unterschiedlichen Anbietern und habe deswegen früher mit mehreren Programmen gearbeitet. Dies bedeutete einen hohen Aufwand und Doppelarbeit (z.B. sind Adressenlisten mehrfach anzulegen). Jede neue Softwareversion der Anbieter erforderte eine aufwändige Installation sowie die Einarbeitung in die neuen Funktionen. Das Ganze war also ziemlich unbefriedigend.

HINWEIS

Genervt von den unterschiedlichen Programmen dieser Hersteller und frustriert von Fehlern, die häufig in neuen Programmversionen steckten, habe ich schließlich irgendwann die Notbremse gezogen. Ich verwende nur noch ein E-Mail-Programm zur Bearbeitung meiner Post. Dieses Programm kann alle Postfächer gleichzeitig verwalten – und ich bin sehr zufrieden.

Wer den **Internet Explorer** unter Windows **besitzt**, hat automatisch **auch** das Programm **Outlook Express**. Dies ist ein recht komfortables Werkzeug, mit dem sich Adressen verwalten oder E-Mails bearbeiten lassen. Daher stelle ich es auch in diesem Buch vor, um Ihnen daran die Funktionen zur Bearbeitung von E-Mails zu erläutern.

Woher bekomme ich eine E-Mail-Adresse?

Sind Sie noch ohne E-Mail-Adresse? Es gibt verschiedene Anbieter, die solche E-Mail-Konten kostenlos bereitstellen. Beim Schreiben dieses Buches musste ich aber feststellen, dass es ziemliche Unterschiede in den Leistungen der Anbieter gibt. Bei der **Auswahl** ist **Wert** auf Seriosität, **Sicherheit**, Komfort und einen guten **Leistungsumfang** zu legen. Ich habe mich bereits vor Jahren für den Anbieter WEB.DE entschieden, der auch die in den vorherigen Kapiteln erwähnte Suchmaschine *www.web.de* betreibt. Der

WEB.DE E-Mail-Dienst taucht bei vielen Vergleichstests in Zeitschriften auf den vorderen Plätzen auf. Das so genannte FreeMail-Angebot dieser Firma überzeugt durch gute Bedienung und Kompetenz. So können Sie das Postfach wahlweise über Webseiten (z. B. im Urlaub) als auch mit Outlook Express bearbeiten. Die kostenlose Grundversion bietet zudem bereits Grundfunktionen zum Schutz vor Viren und Werbemüll. Selbstverständlich steht es Ihnen frei, einen anderen Anbieter (z. B. *www.gmx.de*) für ein kostenloses Postfach zu wählen.

Ein Postfach bei WEB.DE beantragen

Wenn Sie bereits ein Postfach besitzen, können Sie diesen Schritt überspringen. Wenn Sie aber noch ohne eigene E-Mail-Adresse sind, zeige ich Ihnen, wie Sie in wenigen Schritten eine kostenlose E-Mail-Adresse beim Anbieter WEB.DE beantragen.

1 Rufen Sie im Browser die Webseite *freemail.web.de* auf und lesen Sie sich das auf der Webseite angezeigte Angebot für WEB.DE FreeMail durch.

2 Blättern Sie in der angezeigten WEB.DE-Seite nach unten und klicken Sie auf die mit *Kostenlos registrieren* (oder ähnlich) beschriftete Schaltfläche.

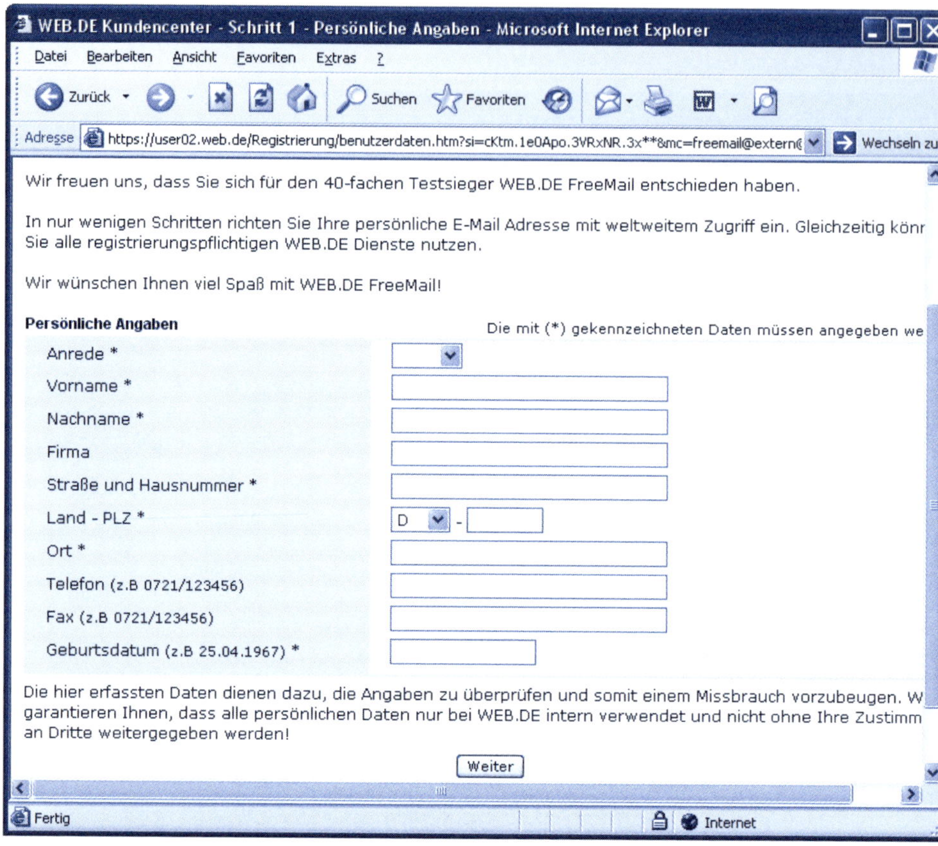

3 Jetzt erscheint ein Formular, in dem Sie Ihren Namen und Ihre Anschrift eingeben müssen.

HINWEIS

Ihre Adresse ist erforderlich, da WEB.DE Ihre Anschrift zur Überprüfung verwendet. So wird vermieden, dass anonyme E-Mail-Konten eingerichtet werden.

Verwenden Sie die in den Formularen eingeblendeten Schaltflächen, um zwischen den einzelnen Seiten zu blättern.

4 In dem folgenden Formular müssen Sie Ihre gewünschte E-Mail-Adresse eintragen und über *Weiter* bestätigen.

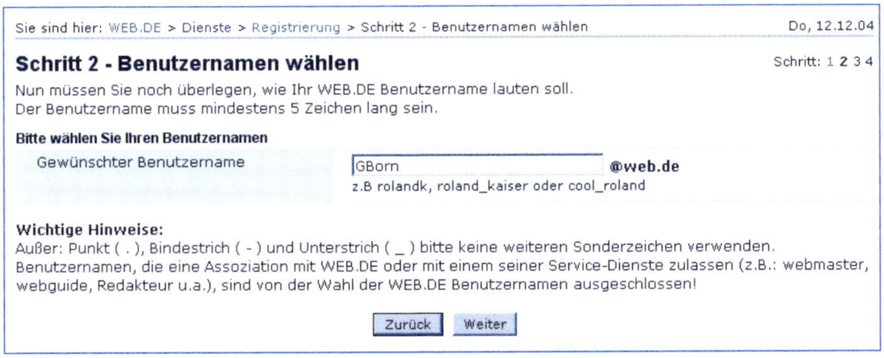

Die E-Mail-Adresse setzt sich aus einem persönlichen Teil (hier zum Beispiel »GBorn«) und dem feststehenden Teil »web.de« zusammen. Die beiden Teile der Adresse werden durch das so genannte AT-Zeichen (@) getrennt. Meine E-Mail-Adresse bei WEB.DE lautet also *GBorn@web.de*.

TIPP

Wählen Sie eine Adresse, die Sie leicht schreiben und sich leicht merken können. Verzichten Sie auf Umlaute. In dem von Ihnen wählbaren Teil dürfen auch keine Leerzeichen enthalten sein. Häufig verwendet man die Initialen des Vornamens zusammen mit dem Nachnamen. Sie können notfalls den Unterstrich _ oder einen Punkt . zum Trennen von Namensteilen benutzen. Bei Doppelnamen sollten Sie nach Möglichkeit Abkürzungen wählen. Keiner Ihrer Briefpartner wird gerne eine E-Mail-Adresse der Art *Brunhild.Mathilde.Happel-Haukenschlag@web.de* eingeben. Da vertippt man sich schnell und dann kommen die E-Mails als unzustellbar zurück. Die E-Mail-Adresse *B_Happel@web.de* lässt sich dagegen leicht merken und schreiben.

HINWEIS

Eine E-Mail-Adresse ist weltweit eindeutig. Haben Sie eine Adresse gewählt, die bereits belegt ist, erscheint eine Seite mit einer entsprechenden Nachricht. Sie erhalten dann Vorschläge für alternative Namen und Sie können in einem Eingabefeld eine andere Variante der Adresse eingeben.

Damit nicht jeder Ihre E-Mails lesen und abrufen kann oder sogar in Ihrem Namen E-Mails verschickt, wird Ihr E-Mail-Konto über ein Kennwort geschützt. Als Benutzer benötigen Sie daher neben dem so genannten Benutzernamen, dies ist der erste Teil der E-Mail (z.B. *GBorn* in meinem Beispiel), ein Kennwort.

5 Sobald in der Anmeldung ein gültiger Name für die E-Mail-Adresse akzeptiert wurde, erscheint das Formular zur Eingabe des Kennworts. Dieses Formular müssen Sie ausfüllen und über *Weiter* bestätigen.

Das Kennwort muss mindestens sechs Zeichen lang sein und ist im Formular zweimal in den Feldern *Passwort* und *Passwort (Wdhg.)* einzutippen.

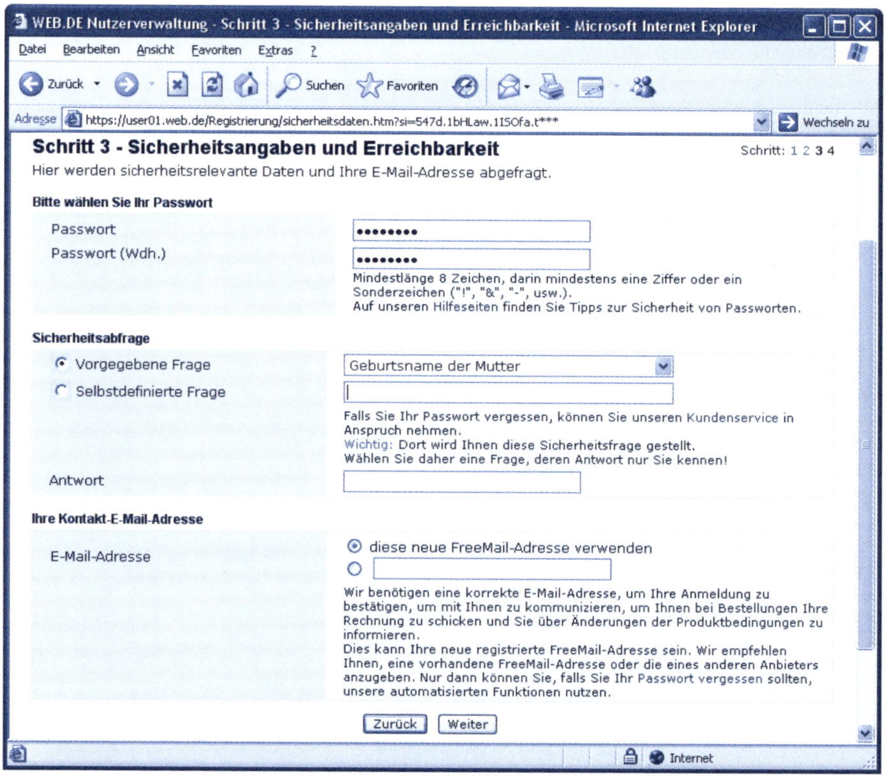

Wenn Sie das Kennwort vergessen, können Sie nicht mehr auf das E-Mail-Konto zugreifen. Im unteren Teil des Formulars bietet WEB.DE Ihnen aber die Eingabe einiger Sicherheitsinformationen wie Geburtsdatum und den Namen Ihrer Mutter etc. an. Haben Sie das Kennwort vergessen, können Sie sich auf der WEB.DE-Anmeldeseite für FreeMail an das Passwort erinnern lassen. Zur Kontrolle werden dann aber vor der Herausgabe des Kennworts die von Ihnen im Formular geleisteten Sicherheitsfragen sowie die Antworten abgefragt. Nur wer diese Fragen und Antworten kennt, kann das Passwort erneut abrufen.

ACHTUNG

Das Kennwort ist für Außenstehende tabu, verraten Sie es niemandem! Kein Mitarbeiter von WEB.DE wird Sie jemals nach Ihrem Kennwort fragen!

6 Die Eingaben schließen Sie durch einen Mausklick auf *Weiter* ab.

7 Im Folgefenster werden Ihnen nochmals alle Benutzerangaben und Sicherheitsinformationen gezeigt. Sie können diese Seite bei Bedarf ausdrucken und dann durch einen Klick auf *Weiter* bestätigen.

8 Im letzten Schritt müssen Sie die allgemeinen Geschäftsbedingungen bestätigen.

Wurde auch diese Seite akzeptiert? Gratuliere, Sie haben es geschafft! Sie besitzen nun bei WEB.DE ein eigenes E-Mail-Konto und können zukünftig über dieses Medium in Kontakt mit der Welt treten.

WEB.DE-FreeMail per Internet nutzen

Direkt nach der Beantragung des E-Mail-Kontos sind dessen Funktionen verfügbar. Sie können das weiter unten beschriebene Programm Outlook Express zum Postversand verwenden oder mit dem Internet Explorer eingehende Briefe lesen sowie neue Briefe verfassen. An dieser Stelle möchte ich Ihnen daher kurz zeigen, wie Sie ein bei WEB.DE eingerichtetes E-Mail-Konto per Internet Explorer nutzen.

1 Rufen Sie die Freemail-Seite von WEB.DE (aus *www.web.de* oder direkt *freemail.web.de*) im Internet Explorer auf.

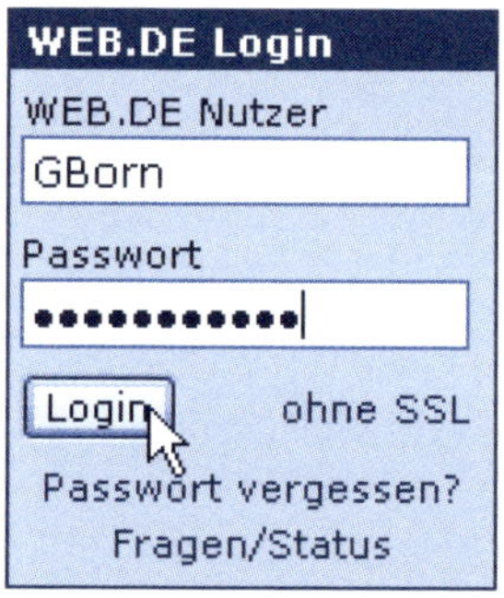

2 Tippen Sie im Anmeldeformular Benutzername und Passwort ein und klicken Sie auf die Schaltfläche *Login*.

Im Internet Explorer erscheint dann die Eingangsseite Ihres E-Mail-Kontos.

Sie können nun die Symbole auf der Startseite oder die Schaltflächen am linken Rand der Seite zur Verwaltung des Postfachs verwenden. WEB.DE bietet Ihnen verschiedene Funktionen an.

- Neue E-Mails erstellen Sie, indem Sie entweder in der Seite auf den Hyperlink *E-Mail schreiben* oder in der Rubrik »Neu« auf die Schaltfläche *E-Mail* klicken. In dem dann angezeigten Formular tippen Sie die Empfängeradresse, den Betreff sowie den Text der Nachricht ein und schicken diese über die entsprechende Schaltfläche ab. Dies klappt ähnlich wie unten am Beispiel des Programms Outlook Express beschrieben.
- Die eingetroffenen Nachrichten speichert WEB.DE bei bekannten Absendern im Ordner *Posteingang* (bzw. *Freunde & Bekannte*) ab. Ist die Funktion des Drei-Wege-Spamschutzes aktiv, werden Nachrichten

von unbekannten Absendern dagegen im Ordner *Unbekannt* hinterlegt und erkannter Werbemüll geht gleich in den Ordner *Unerwünscht*. Der Inhalt dieser Ordner lässt sich direkt über den Hyperlink *Posteingang/Ordner* der Eingangsseite oder über das Listenfeld der Rubrik »Posteingang« abrufen. Es erscheint eine Seite, die alle eingegangenen Nachrichten als Liste enthält. Hyperlinks in der Seite erlauben Ihnen, zwischen den Ordnern *Freunde & Bekannte*, *Unbekannt* und *Unerwünscht* zu wechseln, Nachrichten zum Lesen zu öffnen oder als Spam (Werbemüll) zu kennzeichnen. WEB.DE markiert über eine farbige Leiste als Spam erkannte Nachrichten und entfernt automatisch erkannte Viren. Klicken Sie auf das Kontrollkästchen vor einer Nachricht, wird diese markiert. Sie können dann das Listenfeld *Ablegen in* im Kopf und Fuß der Seite verwenden, um die markierten Nachrichten in die Ordner *Posteingang* oder *Unerwünscht* zu verschieben. Das Listenfeld *Aktionen* erlaubt Ihnen, markierte Nachrichten zu löschen.

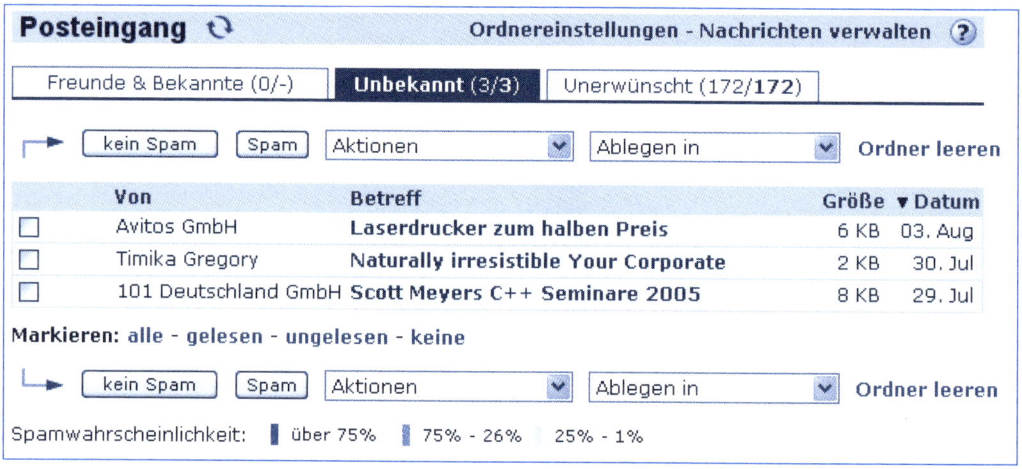

Die Nutzung der Funktionen ist recht einfach. Sie müssen nur den betreffenden Hyperlink im Formular suchen und anklicken oder den gewünschten Wert in den Listenfeldern einstellen. Einige Hyperlinks dienen aber zur Aktivierung kostenpflichtiger Leistungen. Sie werden dann aber über betreffende Formulare über die Kosten aufgeklärt und können entscheiden, ob Sie diese Leistungen in Anspruch nehmen möchten.

Die Seite bietet Ihnen weitere Symbole, um Zusatzfunktionen wie Adressbücher, FAX- oder SMS-Versand etc. abzurufen. Auf FAX und SMS gehe ich im folgenden Kapitel ein.

Nach dem Einrichten des E-Mail-Kontos erhalten Sie von WEB.DE eine Begrüßungsnachricht. Sie können dann bereits diese Nachricht zur Übung lesen. Ist das Postfach erfolgreich eingerichtet, können Sie zudem zum Test eine Nachricht an die eigene E-Mail-Adresse schicken. Oder Sie verfassen eine neue E-Mail und schicken diese an Bekannte, die bereits online sind.

ACHTUNG

Wenn Sie Ihr E-Mail-Postfach über die Webseiten besuchen, achten Sie darauf, die Seite über die Schaltfläche *Logout* zu verlassen. Erst dann sollten Sie die Verbindung zum Internet abbauen.

Einführung in Outlook Express

Verfügen Sie über eine E-Mail-Adresse (z.B. von T-Online oder bei WEB.DE)? Dann sollten Sie Outlook Express zur Organisation Ihres Postverkehrs verwenden. Das Programm ist recht komfortabel und auf (fast) allen Windows-Rechnern kostenlos dabei. Outlook Express enthält Funktionen zum Erstellen, Bearbeiten und Versenden von E-Mails oder zur Adressenverwaltung. Sie können problemlos mehrere E-Mail-Konten bei verschiedenen Anbietern gleichzeitig verwalten. Daher nutze ich fast ausschließlich Outlook Express für diese Zwecke.

HINWEIS

Bei älteren Windows-Versionen fehlt Outlook Express oder das Adressbuch eventuell. Sie müssen dann diese Programme als optionale Windows-Komponenten nachträglich über das Symbol *Software* der Windows-Systemsteuerung installieren. Die verschiedenen Optionen finden Sie auf der Registerkarte *Windows Setup*. Aus Gründen der Sicherheit sollten Sie Ihr System aber auf den Internet Explorer 6 aktualisieren und auch die Updates für den Browser einspielen. Dann verfügen Sie auch über eine aktuelle Version von Outlook Express.

Outlook Express starten

Das Starten von Outlook Express geht ganz einfach, da ein entsprechendes Symbol in der Schnellstart-Symbolleiste am unteren Rand des Bildschirms und auf dem Desktop eingerichtet ist.

1 Doppelklicken Sie auf das Desktop-Symbol von Outlook Express oder klicken Sie in der Schnellstart-Symbolleiste auf die betreffende Schaltfläche, um das Programm zu starten.

HINWEIS

Alternativ können Sie das Programm auch über den Eintrag *Microsoft Outlook Express* im Startmenü aufrufen.

ACHTUNG

Rufen Sie Outlook Express oder den Internet Explorer erstmalig auf, meldet sich ein Assistent, der sowohl den Internetzugang als auch die E-Mail-Konten einrichten will. Sie können diesen Assistenten direkt abbrechen. Das Einrichten eines Internetzugangs ist in Kapitel 2 dargestellt. Das Anlegen von **E-Mail-Konten** wird weiter unten besprochen. Bitten Sie bei Problemen ggf. einen Bekannten oder den Händler, beim Einrichten des Internetzugangs und der **E-Mail-Konten** behilflich zu sein.

Outlook Express im Überblick

Sobald Sie Outlook Express starten, öffnet das Programm ein Fenster, dessen Aufbau über das Menü *Ansicht/Layout* angepasst werden kann. Bevor wir das Programm nutzen, möchte ich Ihnen zur Orientierung die wichtigsten Elemente des Outlook Express-Fensters vorstellen.

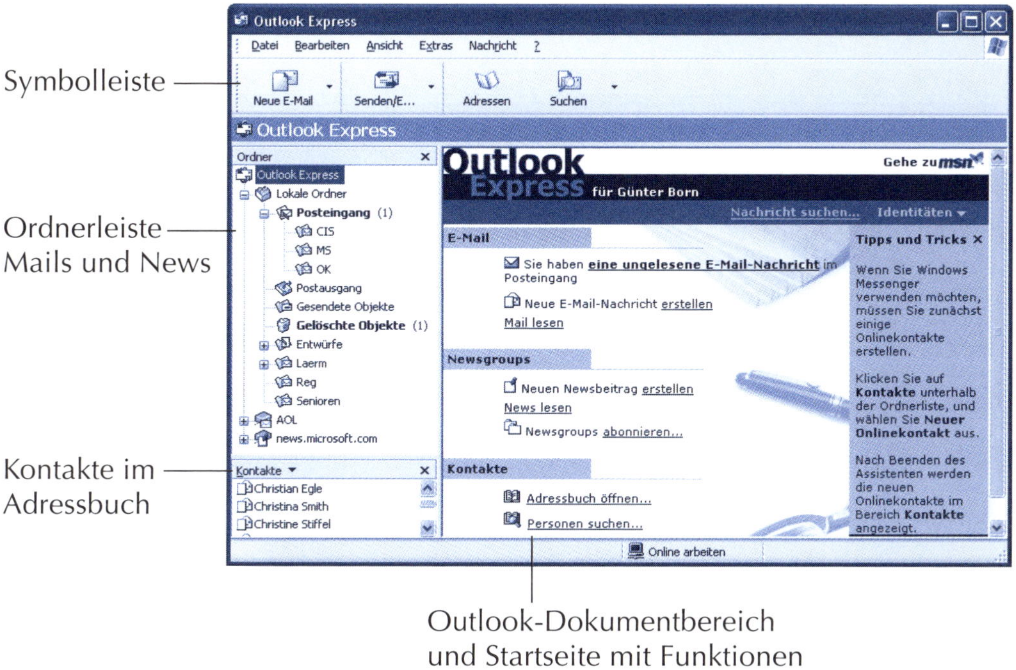

HINWEIS

Es gibt mehrere Versionen von Outlook Express, die in der Gestaltung des Fensters geringfügig voneinander abweichen. Hier wird mit Version 6.x gearbeitet. Sie sollten aber keine Probleme haben, die Funktionen in der älteren Version 5.x zu nutzen.

- Das Programm besitzt im Anwendungsfenster die von anderen Windows-Anwendungen bekannten Symbol- und Menüleisten.
- Im Dokumentbereich wird beim Aufruf die Startseite als HTML-Dokument angezeigt. Über die Hyperlinks können Sie die betreffenden Funktionen (z.B. E-Mail lesen) abrufen.
- In der linken Spalte blendet Outlook Express die Ordnerleiste für den Posteingang und optional die Newsgroup-Konten ein. Unter *Lokale Ordner* finden Sie die Ordner *Posteingang, Postausgang, Gesendete Objekte, Gelöschte Objekte* sowie *Entwürfe,* in denen Outlook Express die Nachrichten und Entwürfe hinterlegt.
- Unterhalb der Ordnerliste zeigt Outlook Express ggf. noch die Liste der Kontakte (mit Adressen) an.

Die Statusleiste zeigt Ihnen allgemeine Informationen zum angewählten Ordner. Wir werden diese Elemente später beim Arbeiten mit dem Programm noch öfter benutzen. Beachten Sie aber, dass die Anordnung der Fenster vom Benutzer einstellbar ist. Bei Ihnen kann der Bildschirm also etwas anders aussehen.

Wichtige Anpassungen für Outlook Express

Microsoft liefert Outlook Express mit bestimmten Werkseinstellungen aus, die nur bedingt optimal für den täglichen Einsatz sind. Für Brillenträger sind z. B. die kleinen Symbole in der Ordnerleiste *Posteingang* und *Postausgang* nicht immer gut erkennbar. Weiterhin kann für Einsteiger die Ordnerstruktur etwas verwirrend sein. Dummerweise sind die Werkseinstellungen auch so gesetzt, dass Outlook Express eine Vorschau der aktuell gewählten Nachricht im Programmfenster einblendet. Dies kann bei älteren Versionen bereits reichen, um in einer Nachricht versteckte Schädlinge im System einzuschleppen. Sie sollten daher die Werkseinstellungen korrigieren und z. B. die Outlook-Leiste im Fenster einblenden.

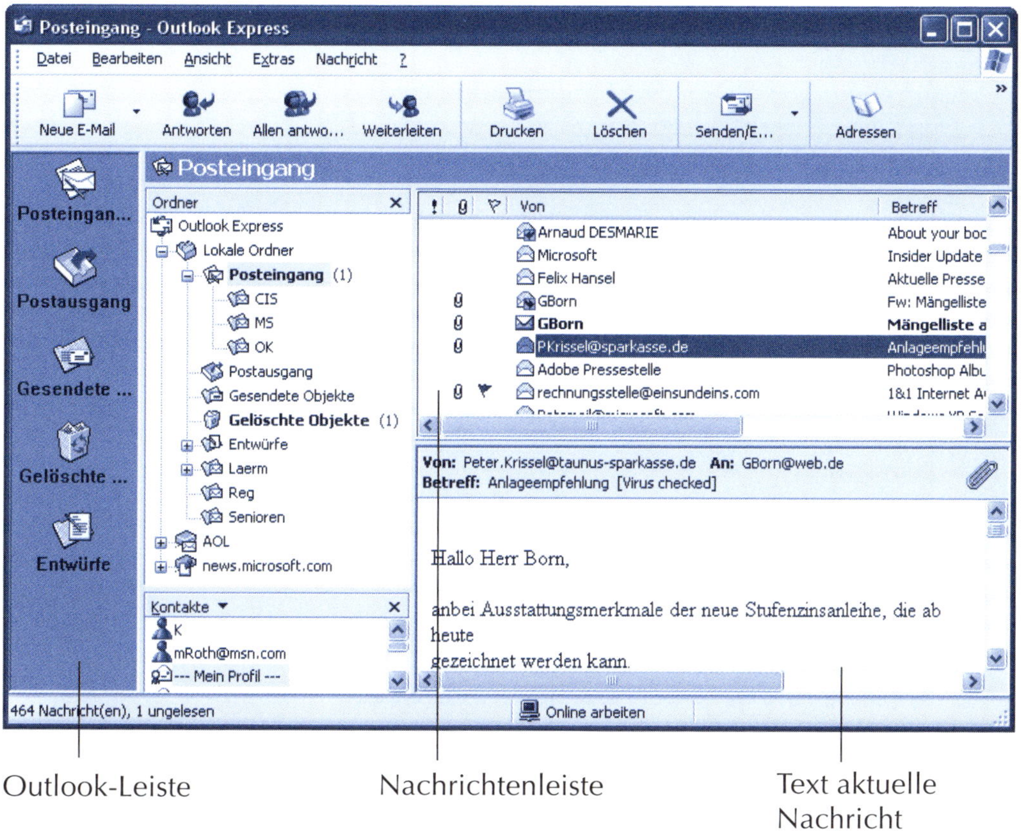

1 Hierzu wählen Sie im Menü *Ansicht* des Fensters den Befehl *Layout.*

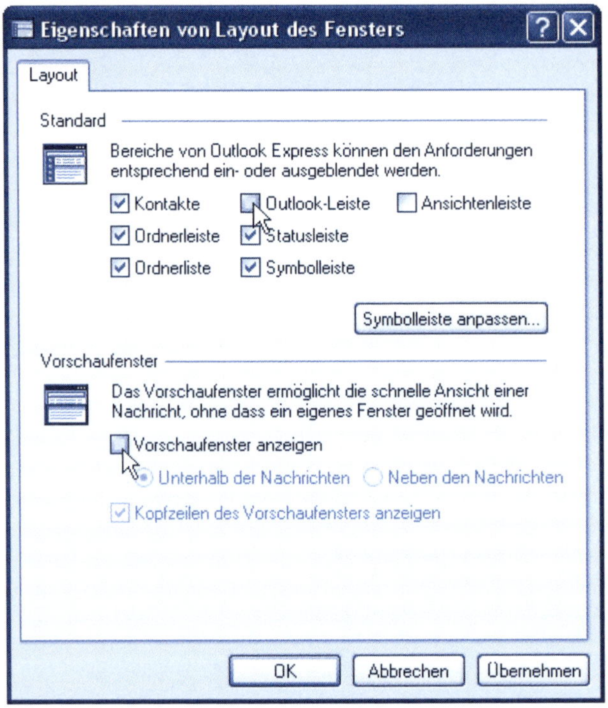

2 Auf der dann gezeigten Registerkarte *Layout* markieren Sie in der Gruppe *Standard* das Kontrollkästchen *Outlook-Leiste*.

3 Sofern markiert und anwählbar, löschen Sie noch die Markierung des Kontrollkästchens *Vorschaufenster anzeigen*.

Durch Löschen der Markierung der Kontrollkästchen (das Häkchen muss verschwinden) können Sie jedes einzelne Element im Fenster ausblenden. Ein gesetztes Häkchen aktiviert dagegen die betreffende Option.

4 Schließen Sie das Dialogfeld über die *OK*-Schaltfläche.

Jetzt sollte die Outlook-Leiste im Fenster zu sehen sein, während das Vorschaufenster verschwunden ist. Die großen Symbole der Outlook-Leiste vereinfachen den Umgang mit dem Programm, da sich die Symbole von selbst erklären und gut erkennbar sind.

Sofern Sie den Internet Explorer 6 unter Windows XP nutzen und den Service Pack 2 installiert haben, sollten Sie zusätzlich folgende Schritte ausführen.

1 Wählen Sie im Menü *Extras* den Befehl *Optionen* und holen Sie im gleichnamigen Eigenschaftenfenster die Registerkarte *Sicherheit* in den Vordergrund.

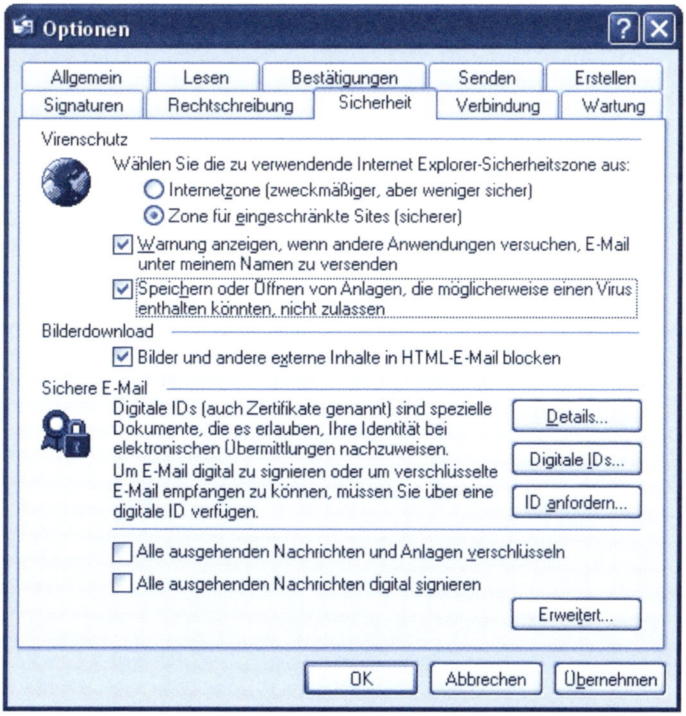

2 Passen Sie die Einstellungen der Gruppen *Virenschutz* und *Bilderdownload* ggf. wie hier gezeigt an.

3 Anschließend klicken Sie auf die *OK*-Schaltfläche.

Die Einstellungen stellen sicher, dass in E-Mails enthaltene Viren, Spionagefunktionen und andere Schädlinge nicht (oder nicht so leicht) wirksam werden können. Allerdings lassen sich mit den obigen Einstellungen keine Anhänge, die per E-Mail verschickt wurden, bearbeiten. Benötigen Sie Zugriff auf einen solchen per E-Mail verschickten Anhang? Dann ist die Markierung des Kontrollkästchens *Speichern oder Öffnen von Anlagen, die möglicherweise einen Virus enthalten könnten, nicht zulassen* zu löschen.

Ein E-Mail-Konto in Outlook Express einrichten

Um mit Outlook Express arbeiten zu können, muss das Programm wissen, wo es Ihre E-Mails abholen kann und wo neue E-Mails in Ihrem »Internet-Briefkasten einzuwerfen« sind. Daher müssen Sie dem Programm noch die Daten des Kontos (bzw. der Konten, falls Sie mehrere besitzen) mitteilen.

HINWEIS

Die erforderlichen Daten erhalten Sie in der Regel vom Anbieter des Postfachs (also T-Online, WEB.DE, CompuServe etc.). Wichtig ist, dass der E-Mail-Server des Providers die beiden Übertragungsstandards POP3 (zum Lesen) und SMTP (zum Versenden) unterstützt. Das Kürzel **POP3** steht für **P**ost **O**ffice **P**rotocol Version **3** und bezeichnet ein Verfahren, mit dem ein Programm E-Mails aus einem Postfach des Internetrechners auf den heimischen PC herunterladen kann. **SMTP** steht für **S**imple **M**ail **T**ransfer **P**rotocol und beschreibt ein Verfahren, mit dem ein Programm ausgehende E-Mails an den E-Mail-Server des Anbieters zum weiteren Transport überträgt.

Nehmen wir an, Sie kennen Ihre E-Mail-Adresse (z.B. BHuber@web.de), das Kennwort sowie die Namen der POP3- und SMTP-Server (die erfahren Sie auf den Webseiten des Anbieters).

Dann lässt sich das E-Mail-Konto in Outlook Express folgenderma-ßen eintragen:

HINWEIS

Je nach Outlook Express-Version sehen die Dialoge des Assistenten leicht unterschiedlich aus. Dies muss Sie aber nicht stören, da die grundlegenden Eingaben gleich geblieben sind.

1 Wählen Sie in Outlook Express den Befehl *Extras/Konten.*

2 Im Eigenschaftenfenster *Internetkonten* wählen Sie die Schaltfläche *Hinzufügen*.

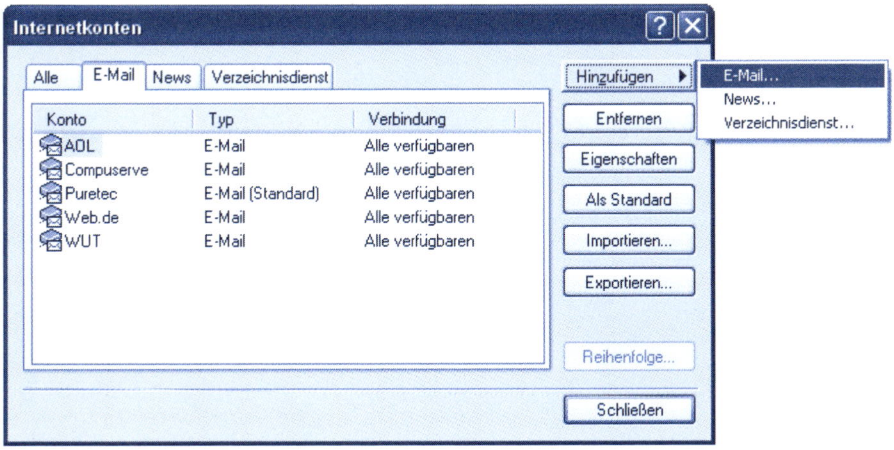

3 Klicken Sie in dem dann angezeigten Menü auf *E-Mail.*

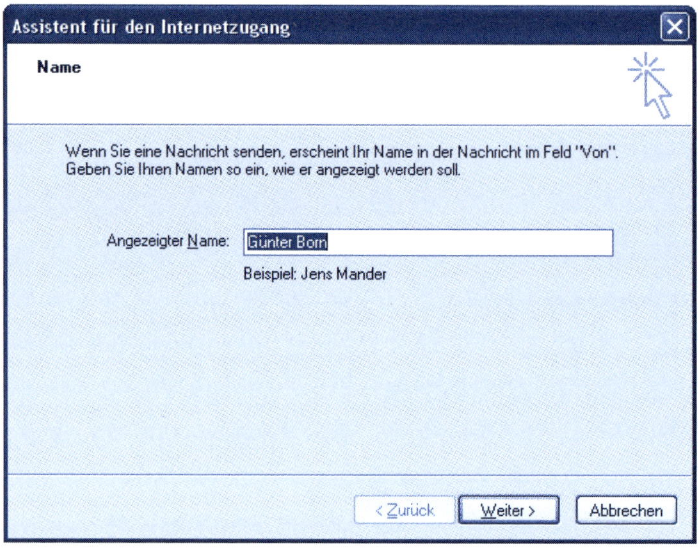

4 Tippen Sie im ersten Dialogschritt des Assistenten Ihren Namen ein und klicken Sie auf die Schaltfläche *Weiter*.

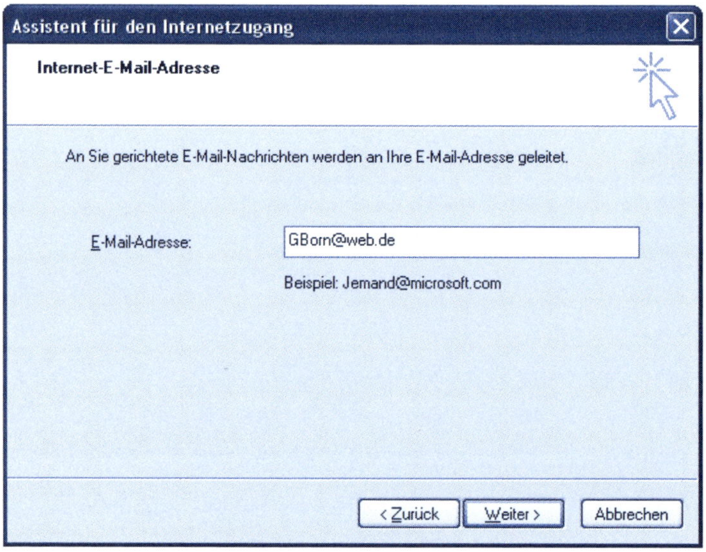

5 Tippen Sie im nächsten Dialogschritt Ihre E-Mail-Adresse im betreffenden Feld ein und klicken Sie auf *Weiter*.

ACHTUNG

Outlook benutzt den eingegebenen Namen sowie die E-Mail-Adresse als Absender bei ausgehenden Nachrichten. Achten Sie beim Eintippen der E-Mail-Adresse, bei den Kontennamen, den Kennwörtern und den Adressen für die Postfachserver auf die Groß- und Kleinschreibung.

Im nächsten Schritt müssen Sie den Servertyp sowie die Adressen der POP3- und SMTP-Server, auf denen Ihr E-Mail-Konto geführt wird, eintippen. WEB.DE verwendet POP3-Server und benutzt die Adressen *pop3.web.de* (Posteingang) und *smtp.web.de* (Postausgang). Bei AOL muss als Servertyp *IMAP* (Posteingang) und *smtp.de.aol.com* (Postausgang) eingetragen werden. T-Online verlangt die Angaben *pop.dtag.btx.de* (für den POP3-Posteingang) und *mailto.btag.btx.de* (für den SMTP-Postausgang). Bei anderen Anbietern werden ähnliche Adressen benutzt, die Ihnen der Provider mitteilt oder die er in den Hilfeseiten zum E-Mail-Konto angibt.

Hier sehen Sie die Daten für mein E-Mail-Konto bei WEB.DE. Haben Sie ein Konto bei einem anderen Anbieter, müssen Sie natürlich dessen Adresse und Vorgaben verwenden.

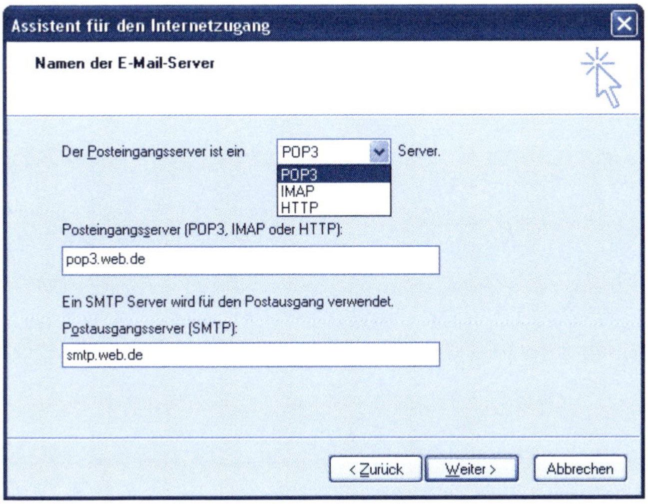

6 Tippen Sie in den Feldern die Adressen des POP3-Posteingangsservers sowie des SMTP-Postausgangsservers ein.

HINWEIS

Bei Bedarf können Sie über das Listenfeld *Mein Posteingangsserver ist ein .... Server* noch die Art des Servers einstellen. Bei WEB.DE ist dies ein POP3-Server. Je nach Anbieter können Sie auf dessen Anweisung auch IMAP- (IMAP steht für **I**nternet **M**essage **A**ccess **P**rotocol) oder HTTP-Server (HTTP steht für **H**yper**t**ext **T**ransfer **P**rotocol) für den Posteingang einstellen.

7 Klicken Sie auf die Schaltfläche *Weiter*, um zum nächsten Dialogschritt zu gelangen.

Jetzt müssen Sie Outlook Express noch mitteilen, wie sich das Programm am Postserver identifizieren kann. Ihre E-Mails sollen ja nur von Ihnen und nicht von jedem x-Beliebigen abgeholt werden können. Erinnern Sie sich noch? Sie haben beim Einrichten des E-Mail-Kontos (hier bei WEB.DE) einen Benutzernamen und ein Kennwort gewählt. Diese beiden Angaben benötigen Sie jetzt.

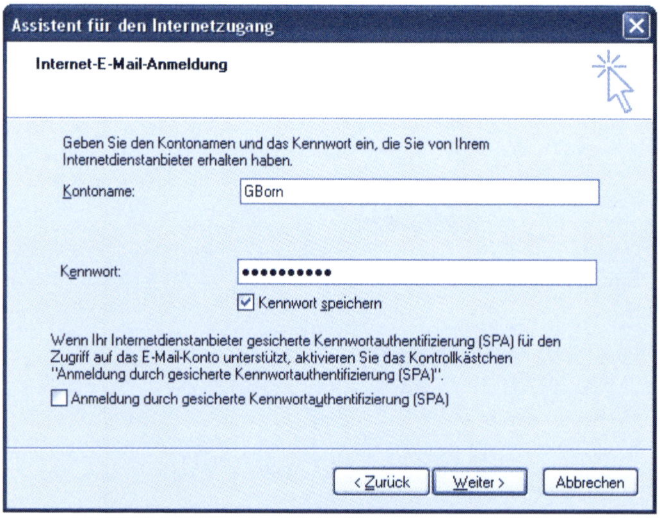

8 Geben Sie in diesem Dialogschritt den Kontonamen (Ihren Benutzernamen) sowie das Kennwort für das E-Mail-Konto ein. Achten Sie auch hier auf die Groß- und Kleinschreibung!

HINWEIS

Sie können die Markierung des Kontrollkästchens *Kennwort speichern* löschen. Outlook Express fragt dann später bei jedem Zugriff auf den E-Mail-Server das Kennwort ab. Diese Maßnahme erhöht die Sicherheit gegen Missbrauch, erfordert aber, dass Sie sich das Kennwort merken. Daher lasse ich (wegen der Vielzahl der von mir benutzten E-Mail-Konten) Outlook Express die Kennwörter auf meinen Systemen speichern.

9 Klicken Sie auf die Schaltfläche *Weiter* und bestätigen Sie im letzten Dialogschritt die Schaltfläche *Fertig stellen*.

Outlook Express schließt den Assistenten und blendet das neue Konto auf der Registerkarte *E-Mails* ein.

Bei einem WEB.DE-E-Mail-Konto können Sie jetzt noch Einträge vornehmen, die der Assistent leider nicht abfragt:

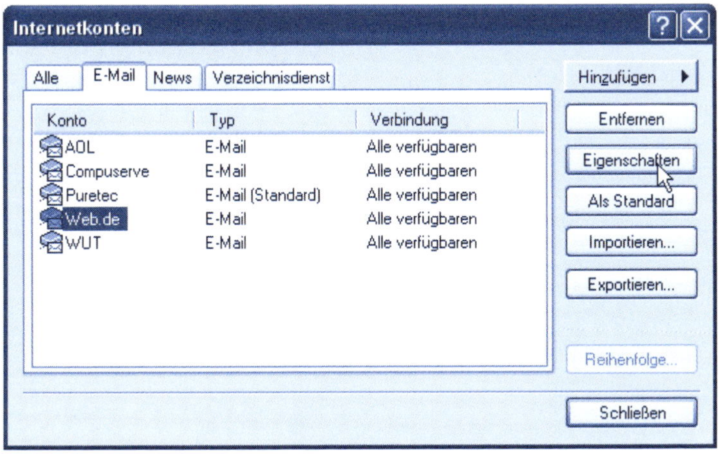

1 Markieren Sie das bereits eingerichtete WEB.DE-POP3-Konto auf der Registerkarte *E-Mail* und klicken Sie dann auf die Schaltfläche *Eigenschaften*.

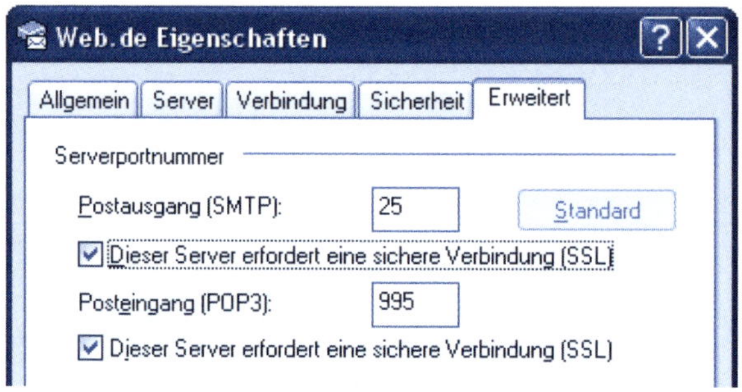

2 Klicken Sie auf den Tabulator der Registerkarte *Erweitert* und markieren Sie die Kontrollkästchen *Dieser Server erfordert eine sichere Verbindung (SSL)* für den Postausgangsserver und den Postausgang.

Mit diesem Schritt stellen Sie sicher, dass die E-Mails über eine sichere Verbindung zwischen Outlook Express und dem E-Mail-Server ausgetauscht werden.

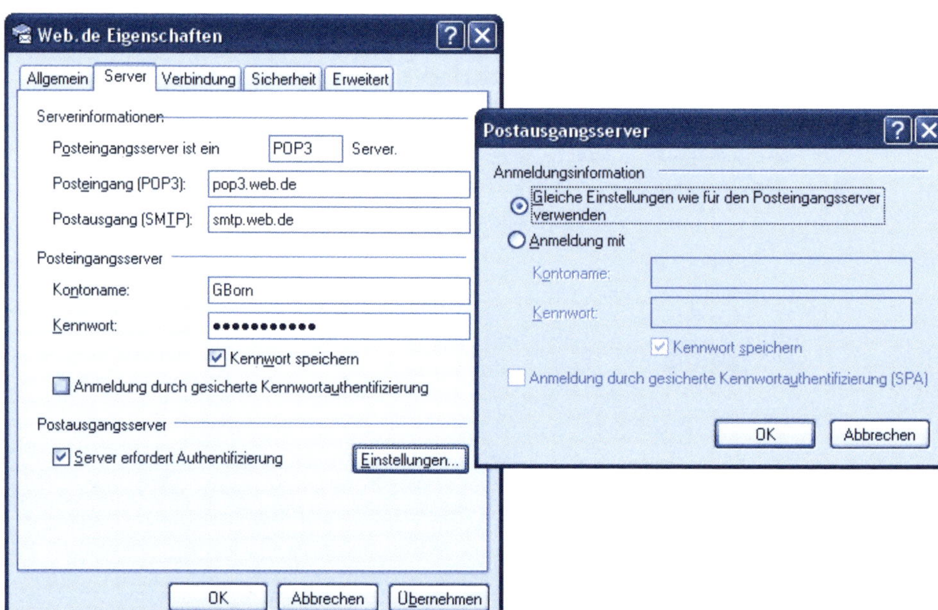

3 Wechseln Sie zur der Registerkarte *Server*, markieren Sie das Kontrollkästchen *Server erfordert Authentifizierung* in der Gruppe *Postausgangsserver.*

Diese Option ermöglicht Outlook Express die Anmeldung am Postausgangsserver mit einem Kennwort. Fehlt diese Markierung, lehnt der Server den Postversand ab oder erlaubt das Versenden nur, nachdem Post abgeholt wurde. Bei Bedarf können Sie auf der Registerkarte die Schaltfläche *Einstellungen* wählen und im Dialogfeld *Postausgangsserver* prüfen, ob das Optionsfeld *Gleiche Einstellung wie für den Posteingangsserver verwenden* markiert ist.

4 Schließen Sie die Registerkarte über die *OK*-Schaltfläche und dann das Dialogfeld mit den Konten über die Schaltfläche *Schließen*.

Jetzt sollte Outlook Express Ihr E-Mail-Konto bei WEB.DE kennen. Auf diese Weise können Sie mehrere E-Mail-Konten von verschiedenen Anbietern eintragen, die Sie mit Outlook Express verwalten. Sobald die obigen Schritte erfolgreich ausgeführt und der Internetzugang per DFÜ-Netzwerk konfiguriert wurde (siehe Kapitel 1), können Sie Nachrichten empfangen und versenden (siehe folgende Seiten).

HINWEIS

Bei einigen Providern gibt es Einschränkungen beim Versenden von E-Mails. Manchmal fordert der Provider, dass Sie seinen Internetzugang zum Zugriff auf das Postfach verwenden. Falls Sie auf Probleme beim Einrichten des Kontos in Outlook Express stoßen, lassen Sie sich von einem Experten helfen. Wenn es einmal eingerichtet ist, brauchen Sie sich um solche Dinge keine weiteren Gedanken zu machen.

Einstellungen zum Sammeln von E-Mails

Bevor wir E-Mails erstellen und verschicken, möchte ich noch auf zwei Details eingehen. Outlook Express wird leider so eingerichtet, dass jede geschriebene E-Mail beim Klick auf die Schaltfläche *Senden* sofort an den E-Mail-Server im Internet übertragen wird. Außerdem prüft Outlook Express alle 30 Minuten, ob neue E-Mails im Internetpostfach vorliegen. In beiden Fällen versucht der Rechner online zu gehen, was nicht wünschenswert ist. Ich habe Outlook Express deshalb so eingestellt, dass alle neuen und bearbeiten E-Mails im Postausgangskorb gesammelt werden. Zweimal täglich stelle ich eine Onlineverbindung her und lasse neue Mails abholen bzw. geschriebene Nachrichten verschicken. Das ist bequemer, preiswerter und vor allem sicherer als die Werkseinstellung! Sie müssen nur ein paar Mausklicks ausführen.

1 Wählen Sie im Outlook Express-Fenster im Menü *Extras* den Befehl *Optionen*.

2 Im Eigenschaftenfenster *Optionen* klicken Sie auf den Registerreiter *Senden*.

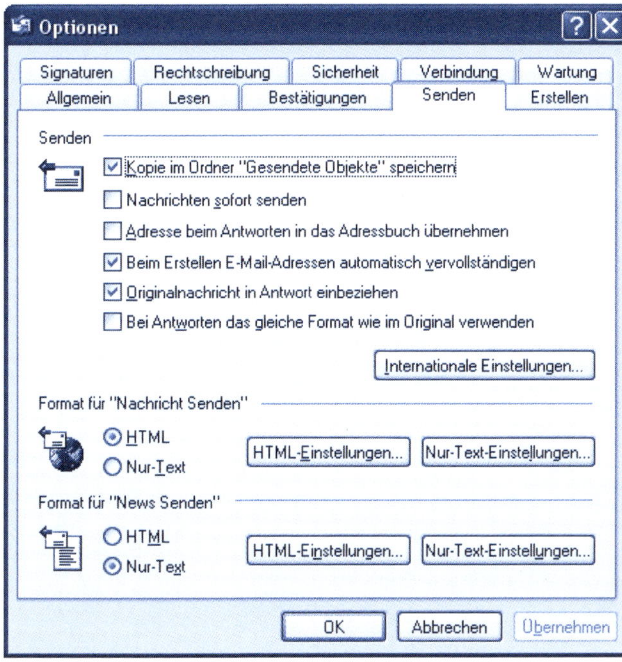

3 Stellen Sie sicher, dass auf der Registerkarte *Senden* das Kontrollkästchen *Nachricht sofort senden* nicht mit einem Häkchen markiert ist.

TIPP

Passen Sie auch die anderen Einstellungen wie hier gezeigt an.

Jetzt müssen wir noch verhindern, dass Outlook Express das E-Mail-Konto regelmäßig auf eintreffende Nachrichten abfragt.

4 Klicken Sie im Eigenschaftenfenster *Optionen* auf den Registerreiter *Allgemein*.

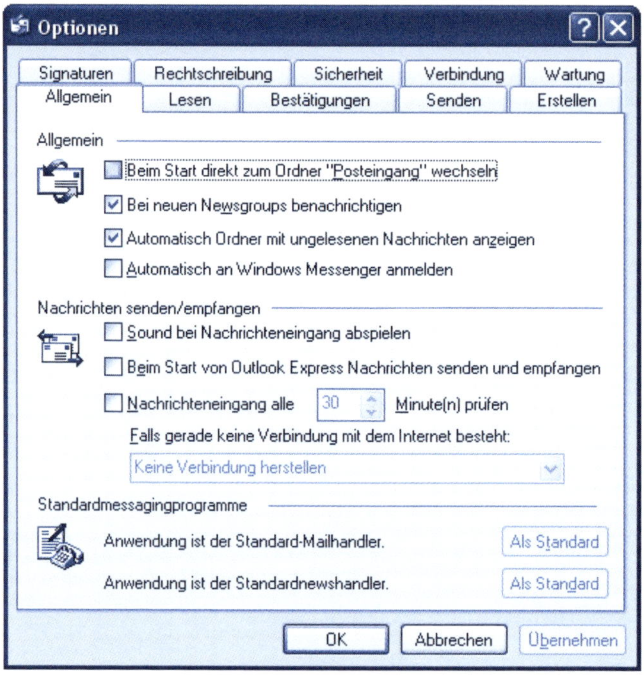

5 Stellen Sie sicher, dass auf der Registerkarte *Allgemein* die Kontrollkästchen *Beim Start von Outlook Express Nachrichten senden und empfangen* sowie *Nachrichteneingang alle 30 Minute(n) prüfen* nicht mit einem Häkchen markiert sind.

6 Schließen Sie die Registerkarte mit der *OK*-Schaltfläche.

Wenn Sie Outlook Express zukünftig nutzen, sammelt das Programm alle neuen Nachrichten lokal im Postausgangsordner. Sie können diese dann gezielt versenden und auch neue Post abholen. Wie das funktioniert, lernen Sie auf den nächsten Seiten.

HINWEIS

Je nach Outlook-Express-Version können die Registerkarten etwas anders aussehen. Der Befehl *Optionen* findet sich ggf. im Menü *Ansicht.* Die Optionen der Registerkarten sind aber zumindest ähnlich benannt.

Meine ersten E-Mails

Falls Sie mit den obigen Ausführungen noch Probleme haben, lassen Sie sich von einem Experten helfen. Besitzen Sie ein E-Mail-Konto und ist Outlook Express mit den Daten des Kontos eingerichtet? Wir wollen jetzt gemeinsam die erste E-Mail verfassen, dann abschicken und die empfangene Post später lesen. Aber alles in Ruhe und der Reihe nach.

Das Verfassen einer neuen Nachricht

Um eine neue Nachricht zu schreiben, müssen Sie Outlook Express starten (wie das geht, habe ich am Kapitelanfang skizziert). Dort haben Sie auch eine grobe Übersicht über die Elemente des Outlook Express-Fensters erhalten. Aber wie geht es weiter?

1 Klicken Sie in der Symbolleiste des Outlook Express-Fensters einfach auf die Schaltfläche *Neue E-Mail*.

Auf dem Bildschirm sollte jetzt folgendes Fenster erscheinen. Outlook Express hat ein Formular für eine neue E-Mail vorbereitet, das Sie jetzt nur noch ausfüllen müssen.

HINWEIS

Lassen Sie sich nicht verwirren, wenn das Fenster bei Ihnen geringfügig anders aussieht. Es gibt verschiedene Versionen von Outlook Express, aber die wichtigsten Funktionen stimmen überein.

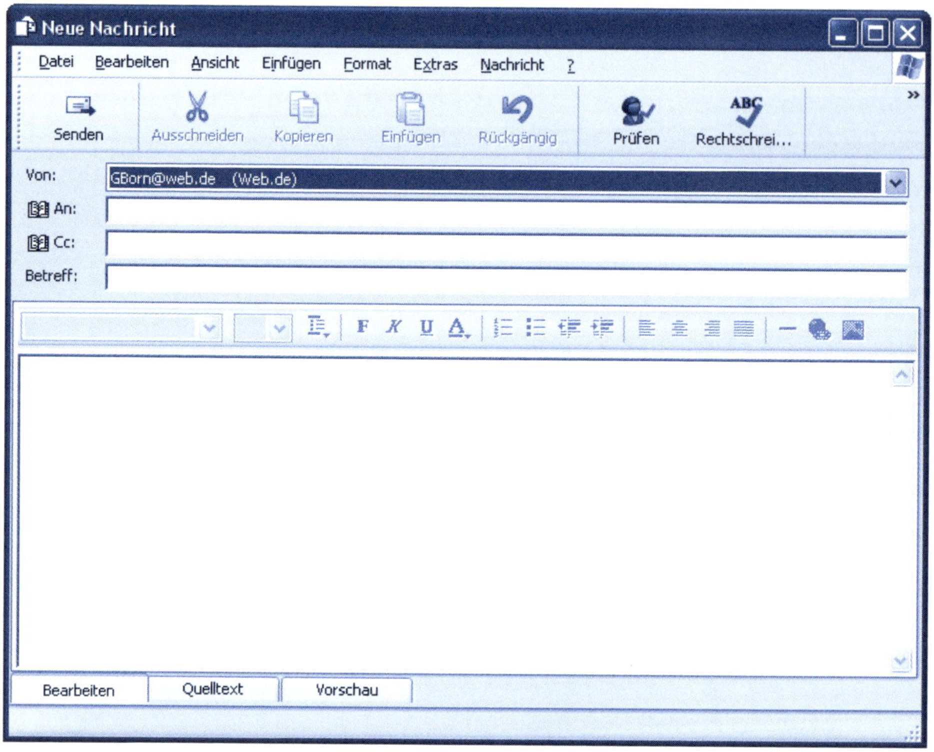

2 Klicken Sie auf den Anfang des Textfelds *An* und tippen Sie in diesem Feld die Empfängeradresse ein.

TIPP

Um das in allen E-Mail-Adressen vorkommende Zeichen @ einzutippen, drücken Sie gleichzeitig die Tasten AltGr und Q. Die Taste AltGr finden Sie auf der Tastatur in der unteren Tastenreihe rechts neben der langen Leertaste. Später zeige ich Ihnen noch, wie Sie E-Mail-Adressen in einem Adressbuch verwalten und in eine E-Mail übernehmen können.

Wem wollen Sie eine E-Mail schreiben? Kennen Sie bereits jemanden mit einer E-Mail-Adresse? Haben Sie noch Angst, sich zu blamieren, und möchten erst einmal herumprobieren?

Meine oben gezeigte E-Mail-Adresse fällt als Testadresse leider aus – wenn ich täglich Hunderte von Test E-Mails erhalte, bricht mein Postfach zusammen und wichtige Nachrichten erreichen mich nicht mehr. Aber Sie könnten sich selbst eine E-Mail schicken! Eine E-Mail-Adresse haben Sie ja und dann sehen Sie gleich, wie das Ergebnis nach dem Empfang aussieht. Ist doch ideal, oder? Tippen Sie also Ihre eigene E-Mail-Adresse im Feld *An* ein.

HINWEIS

E-Mail-Adressen verstehen

Ihre Postanschrift besteht aus einem Namen und einer Ortsangabe. Ähnliches gilt auch bei E-Mails, die die Form *Name@anbieter.xxx* aufweisen. *Name* steht für den E-Mail-Namen des Empfängers. Dann kommt das als at oder Klammeraffe bezeichnete Zeichen @. Dahinter folgt eine Art Ortsangabe, an welcher Stelle im Internet nämlich der E-Mail-Server mit dem Postfach des Empfängers zu finden ist (z.B. zeigt mir *web.de*, dass der Betreiber die Firma WEB.DE ist).

Als unzustellbar zurück

Eine **E-Mail-Adresse** für den Empfänger **muss gültig** bzw. **richtig geschrieben** sein. Manchmal erhalten Sie eine E-Mail als unzustellbar zurück. Prüfen Sie dann, ob die Adresse wirklich richtig geschrieben ist. In E-Mail-Adressen sind keine Leerzeichen oder Sonderzeichen erlaubt. Manchmal ist die Adresse richtig geschrieben, aber der Empfänger hat sein Postfach aufgegeben oder ist innerhalb des Internets umgezogen. Gelegentlich ist auch schon mal ein kurzzeitig ausgefallener Internetrechner die Ursache. Probieren Sie es in einem solchen Fall zu einem späteren Zeitpunkt einfach noch mal.

Das Feld *Cc* steht für »Carbon Copy« (für Kohlepapierdurchschlag) und lässt sich zum Versenden eines »Durchschlags« der E-Mail nutzen. Wir tragen im ersten Beispiel aber nichts in *Cc* ein, da keine Kopie benötigt wird. Das hier gezeigte Listenfeld *An:* erscheint nur, falls mehrere E-Mail-Konten in Outlook Express angerichtet sind. Dann können Sie wählen, über welches Konto die E-Mail verschickt wird.

Haben Sie die Empfängeradresse eingetragen?

3 Klicken Sie im Fenster der neuen Nachricht auf das Feld *Betreff* und geben Sie dort einen kurzen Bezug zur Nachricht ein (ähnlich wie bei der Betreffzeile bei herkömmlichen offiziellen Briefen).

Diesen Text sieht der Empfänger dann, bevor er die Nachricht öffnet.

4 Klicken Sie in den unteren Textbereich und tippen Sie den Text der Nachricht ein.

Das Ergebnis könnte dann wie hier gezeigt aussehen.

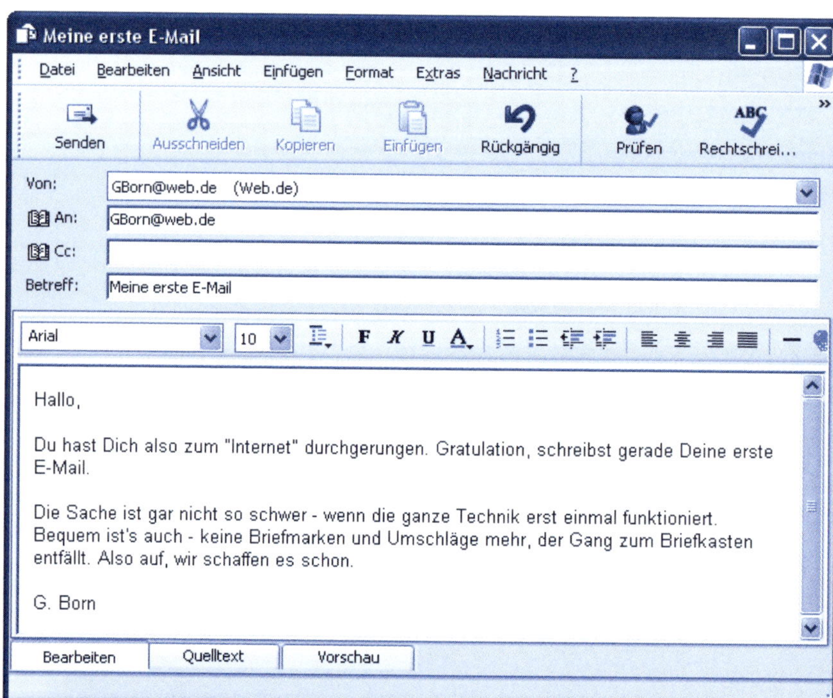

5 Klicken Sie zum Abschluss im Fenster der Nachricht auf die Schaltfläche *Senden*.

Outlook Express speichert die Nachricht im Postausgangsordner und schließt das Fenster. Je nach Einstellung erscheint beim Versenden noch ein Dialogfeld, welches Sie informiert, dass die Nachricht lediglich im Postausgangsordner hinterlegt wurde. Schließen Sie dieses Dialogfeld über die *OK*-Schaltfläche.

TIPP

In der Ordnerliste des Postausgangsordners wird diese neue Nachricht durch die Zahl 1 in der Form angezeigt. Sie erkennen also an den in Klammern angezeigten Zahlen im Postausgang und auch im Posteingang, wie viele neue Nachrichten jeweils im Fach liegen.

Hat alles wie beschrieben geklappt? Gratuliere, Sie haben gerade Ihre erste E-Mail verfasst! Wenn Sie noch etwas Schwierigkeiten, z.B. mit dem Finden der richtigen Tasten haben, ist das nicht schlimm. Vieles wiederholt sich ständig und Sie lernen quasi nebenbei. Hier noch einige Tipps zum Eingeben des Texts.

- Die Groß- und Kleinschreibung lässt sich über die [⇧]-Taste steuern. Halten Sie die [⇧]-Taste gedrückt und drücken Sie eine Buchstabentaste. Dann wird ein Großbuchstabe angezeigt. Bei den Zifferntasten erzeugt die [⇧]-Taste Sonderzeichen wie §, $, %, & etc. Für das Eurozeichen drücken Sie dagegen die Tastenkombination [AltGr]+[E].
- Haben Sie sich vertippt, können Sie mit der Maus auf das falsch geschriebene Wort klicken. Mit der Taste [←] löschen Sie die Zeichen links vom Textcursor (dies ist der senkrechte Strich, der im

Text sichtbar wird). Zeichen rechts vom Textcursor entfernen Sie durch Drücken der Taste [Entf]. Anschließend können Sie die richtigen Zeichen eintippen.

Denken Sie beim Schreiben daran, dass E-Mail meist am Bildschirm gelesen wird. Unterteilen Sie den Text daher in kürzere Absätze, die Sie zusätzlich durch Leerzeichen trennen. Dies erreichen Sie durch Drücken der [↵]-Taste.

HINWEIS

Verzichten Sie beim Schreiben des Texts möglichst auf das Drücken der [↵]-Taste, sobald der rechte Zeilenrand erreicht ist. Outlook Express leitet automatisch eine Folgezeile ein. Drücken Sie dagegen für jede neue Zeile die [↵]-Taste, kann es Probleme beim Empfänger geben. Outlook Express bricht beim Senden und Empfangen alle Zeilen länger als 76 Zeichen auf die Folgezeile um. Dann sieht der Empfänger u.U. eine ziemlich »verstümmelte« Nachricht, bei der in jeder zweiten Zeile nur ein oder zwei Wörter stehen.

sicherlich haben Sie es beim Zugriff auf Ihre eigene E-Mail bereits
gemerkt:
FreeMail ist schneller geworden, die Seiten werden zügig aufgebaut
und alle
Funktionen stehen sofort zur Verfügung. Eine Selbstverständlichkeit
werden

Bevorzugen Sie Briefpapier mit Stil?

Vielleicht möchten Sie, dass Ihre Briefe eine persönliche Note aufweisen, und Sie schreiben normalerweise auf richtigem Briefpapier. Auch bei E-Mail müssen Sie darauf nicht verzichten! Outlook Express ermöglicht Ihnen die Verwendung von Briefpapier, Fettschrift, Farben und mehr. Versuchen wir doch gleich eine zweite E-Mail, die wir mit diesen Funktionen etwas ansprechender gestalten.

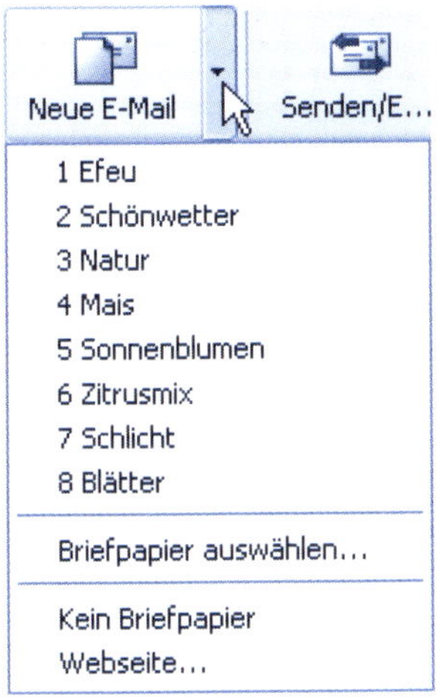

1 Klicken Sie im Outlook Express-Fenster auf den Pfeil neben der Schaltfläche *Neue E-Mail*, so dass sich das hier gezeigte Menü öffnet.

2 Wählen Sie jetzt eines der angebotenen Muster für das Briefpapier.

Ich habe mich hier für Efeu als Motiv entschieden. Fehlt das Motiv *Efeu*, klicken Sie im Menü auf *Briefpapier wählen*. Sie können später ja noch experimentieren und andere Motive wählen.

HINWEIS

Beachten Sie aber, dass bei manchen Motiven der Text schlechter lesbar ist. Das Muster Efeu stellt hier einen guten Kompromiss dar. Die verfügbaren Motive können aber von Ihrem System abhängen.

Outlook Express öffnet ein leeres Nachrichtenfenster, in dem jetzt aber im Textbereich das Motiv des Briefpapiers sichtbar ist.

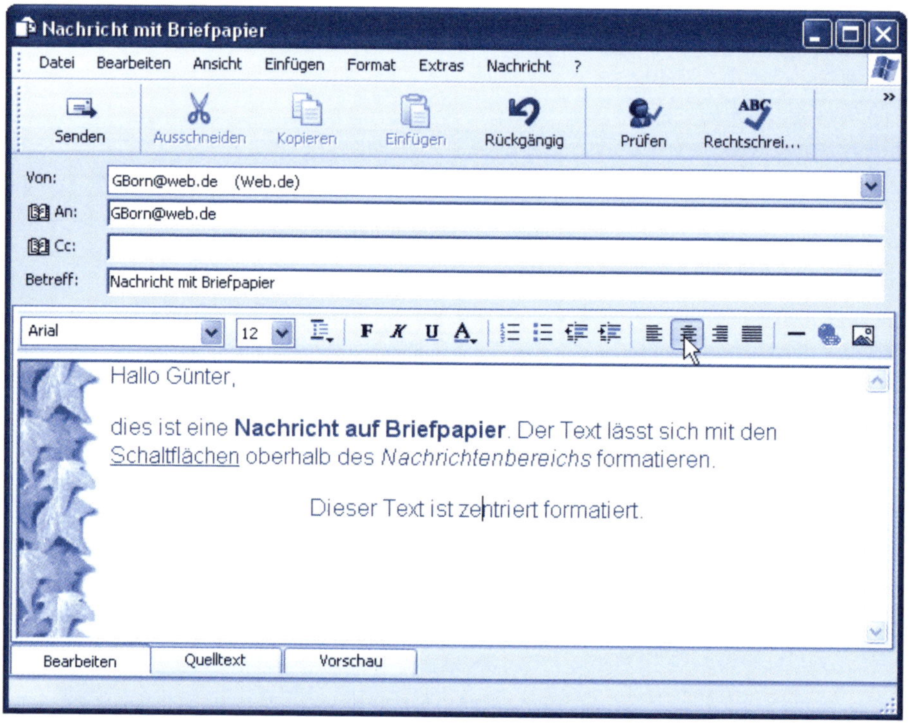

Sie können anschließend wie im vorherigen Beispiel die Empfängeradresse, den Betreff sowie den Text eintippen. Je nach gewähltem **Briefpapier** verwendet Outlook Express eine andere **Schriftgröße** (auch als Schriftgrad bezeichnet), eine andere **Schriftfarbe** etc. Sie können aber auch auf ein Wort klicken oder einen **Textabschnitt markieren** (per Maus auf den Anfang des Texts klicken und dann bei gedrückter linker Maustaste den Mauszeiger zum Ende des Markierungsbereichs ziehen – der markierte Bereich wird dann farbig hervorgehoben). Anschließend lässt sich das aktuelle Wort oder der markierte Bereich über die Schaltflächen oberhalb des Dokumentbereichs anpassen.

Man bezeichnet dieses **Auszeichnen des Texts** mit verschiedenen Schriftarten, Schriftgraden, Fettdruck, Kursivschrift, Unterstreichungen, Farben etc. auch als **Formatieren**.

TIPP

Zeigen Sie per Maus auf eine solche Schaltfläche, blendet das Programm ein Fenster mit dem Namen der zugehörigen Funktion ein.

Wenn Sie Lust haben, können Sie ja noch etwas experimentieren. Ich habe hier einige Wörter fett hervorgehoben sowie den untersten Absatz zentriert. Ob Sie solche Formatierungen verwenden, bleibt Ihnen überlassen. Aber es ist schon eine erfreuliche Angelegenheit, wenn man eine hübsch gestaltete E-Mail zugeschickt bekommt.

3 Wenn Sie die neue Nachricht gestaltet haben, schicken Sie diese wieder über die Schaltfläche *Senden* ab.

So, jetzt wissen Sie eigentlich schon eine ganze Menge über das Erstellen von E-Mails. Sie können eine neue Nachricht anlegen, die E-Mail-Adresse des Empfängers eingeben, den Text gestalten und Briefpapier verwenden.

TIPP

Um das Briefpapier nachträglich zu ändern, öffnen Sie im Fenster das Menü *Format* und klicken dann auf den Befehl *Briefpapier*. Über das Untermenü können Sie das Briefpapier wählen.

HINWEIS

Der kleine E-Mail-Knigge

Grundsätzlich können Sie natürlich den Inhalt einer E-Mail nach Gutdünken gestalten und das werden Sie bei einer privaten Korrespondenz wohl auch tun. Bei Kontakten mit anderen Adressaten (Firmen, Behörden etc.) sollten Sie einige Regeln (als **Netiquette** bezeichnet), die sich für die E-Mail-Kommunikation herausgebildet haben, zumindest kennen. Durch die Schnelligkeit des Mediums

E-Mail gelten etwas andere Gepflogenheiten als bei der üblichen Geschäfts- oder Privatkorrespondenz. Zweck der E-Mail ist die schnelle Informationsübermittlung zu einem Sachverhalt. Machen Sie es Ihrem Gegenüber leicht, auf die E-Mail zu reagieren – E-Mails im geschäftlichen Bereich sollten deshalb kurz gefasst werden. In Antworten auf eine Mail werden häufig die relevanten Passagen des Absenders, auf die sich Ihre Antwort bezieht, wiederholt (siehe auch folgendes Kapitel im Abschnitt zum Beantworten von Nachrichten). Denken Sie aber immer daran, dass Sie mit Menschen korrespondieren – ein böses Wort ist schnell geschrieben und lässt sich nach dem Absenden nicht mehr zurückholen. Und seien Sie etwas großzügiger bezüglich Tippfehlern in empfangenen Nachrichten (Sie selbst können ja auf die korrekte Schreibweise achten).

Kleiner Dolmetscher für E-Mail-Kürzel

Manche E-Mails enthalten aus der englischen Sprache abgeleitete Abkürzungen wie BTW (by the way), FYI (for your information), CU (see you) etc. Der Absender spart dadurch etwas Tipparbeit. Da die Bedeutung dieser Kürzel aber nicht jedem Empfänger klar ist, sollten Sie auf diese Kürzel verzichten.

E-Mails enthalten darüber hinaus auch häufiger Zeichen der Art :-), die allgemein als **Smileys** bezeichnet werden. Es handelt sich um aus Buchstaben geformte stilisierte »Gesichter«, die um 90 Grad nach links gekippt sind. Mit diesen Smileys lassen sich Emotionen innerhalb der Nachricht ausdrücken (eine E-Mail ist selten so förmlich gehalten wie ein geschriebener Brief). Smileys erlauben Ihnen, dem Empfänger einen Hinweis zu geben, wie der Text gemeint war. Hier eine Kostprobe solcher Smileys:

:-)	Freude/Lächeln	:-(	Traurigkeit
;-)	Augenzwinkern	:-o	Überraschung/Schreck

Achten Sie beim Schreiben darauf, dass Wörter oder Textstellen nicht in Großbuchstaben geschrieben sind. Dies gilt allgemein als Ausdruck für

Schreien und der Empfänger könnte dies übel nehmen. Das Zeichen <g> (grin) steht für ein Grinsen. Das früher gebräuchliche Auszeichnen von Wörtern mit Zeichen wie *wichtig* oder _heute_ verliert an Bedeutung, da Sie Wörter in Outlook Express auch direkt fett oder kursiv hervorheben können.

So senden und empfangen Sie Nachrichten

Sie haben die oben beschriebenen Nachrichten als Beispiel erstellt und an die eigene E-Mail-Adresse adressiert? Na dann lassen wir Outlook Express die fertigen Nachrichten im »Internet-Briefkasten« zur weiteren Beförderung »einwerfen«. Und dann holen wir noch die Post im Postfach ab.

1 Rufen Sie (sofern noch nicht geschehen) das Programm Outlook Express auf.

2 Stellen Sie eine Internetverbindung her (dies haben Sie bereits in Kapitel 2 sowie in den Kapiteln zum Websurfen gelernt).

3 Klicken Sie im Outlook Express-Fenster in der Symbolleiste auf die Schaltfläche *Senden/Empfangen*.

Outlook Express nimmt jetzt über das Internet Verbindung mit dem Rechner auf, der Ihr E-Mail-Konto enthält. Dann werden eingetroffene Nachrichten im Postfach gelesen sowie die fertigen Nachrichten versandt.

HINWEIS

Haben Sie beim Einrichten des E-Mail-Kontos die Markierung des Kontrollkästchens *Kennwort speichern* im Dialogfeld *Anmeldung* gelöscht (siehe vorherige Seiten)? Dann fragt Outlook Express bei jeder Verbindungsaufnahme mit dem E-Mail-Server das Kennwort neu ab. Sie müssen in diesem Fall Ihren Benutzernamen sowie das Kennwort im betreffenden Dialogfeld ergänzen und die *OK*-Schaltfläche betätigen.

Während der Übertragung zeigt Outlook Express die einzelnen Schritte in diesem Fenster. Über die Schaltfläche *Details* lässt sich der untere Fensterteil ein- oder ausblenden.

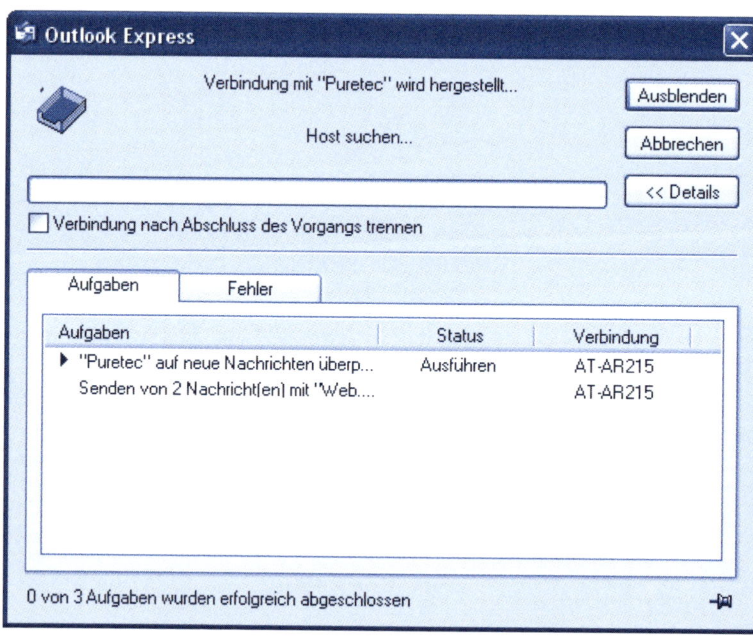

Treten Fehler auf, werden diese im unteren Teil des Fensters durch eine rotes X vor der betreffenden Zeile signalisiert. Details finden Sie unter *Fehler.*

Markieren Sie das Kontrollkästchen *Verbindung beim Beenden trennen*, baut Outlook Express die Verbindung zum Internet automatisch nach dem Austausch der Nachrichten ab. Ich verzichte aber meist auf diese Möglichkeit, um gegebenenfalls auf Fehler reagieren zu können oder noch im Internet zu surfen. Dann baue ich die Internetverbindung später selbst ab (siehe auch Kapitel 2).

ACHTUNG

Falls Sie mehrere E-Mail-Konten eingerichtet haben, können Sie diese auch gezielt abfragen oder Mails darüber versenden.

Klicken Sie auf den Pfeil neben *Senden/Empfangen* und wählen Sie den gewünschten Befehl. Mit *Alle empfangen* werden alle Konten abgefragt, während *Alle senden* neue E-Mails über die jeweiligen Konten verschickt. Die Befehle im unteren Menübereich stehen für die Konten und rufen die Funktion zum Senden/Empfangen für das jeweilige Konto auf.

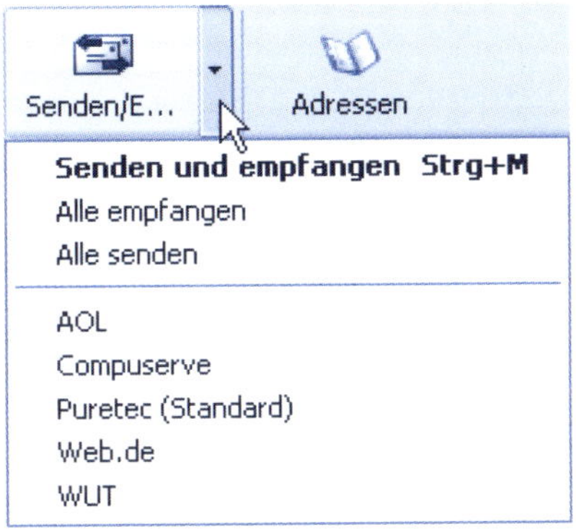

Empfangene Nachrichten lesen

Haben Sie die obigen Schritte ausgeführt? Dann sollten in Ihrem Posteingangsordner neue Nachrichten eingetroffen sein. Möchten Sie die empfangene Post lesen?

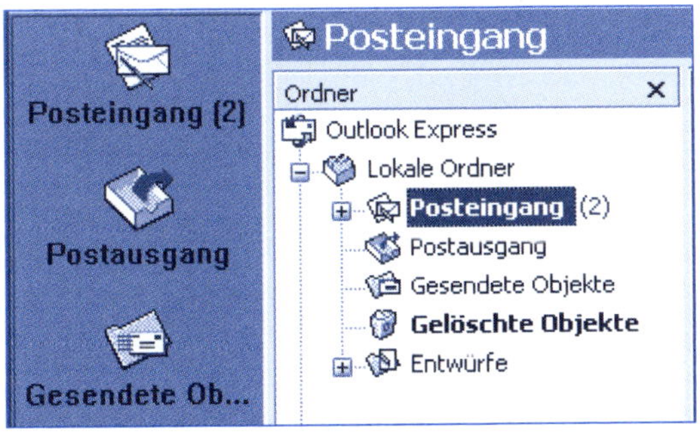

1 Klicken Sie in der Outlook-Leiste oder im Fenster *Ordner* auf das Symbol *Posteingang*.

TIPP

Die im Namen des Symbols in Klammern aufgeführte Zahl gibt Ihnen die im Posteingang enthaltenen ungelesenen Nachrichten an.

Outlook Express zeigt jetzt alle im lokalen Postfach eingegangenen Nachrichten (den Inhalt des Ordnerfensters *Posteingang*) an. Im oberen Teil des Fensters finden Sie die **Nachrichtenleiste**, die alle eingetroffenen Nachrichten aufgelistet.

Nachrichtenleiste

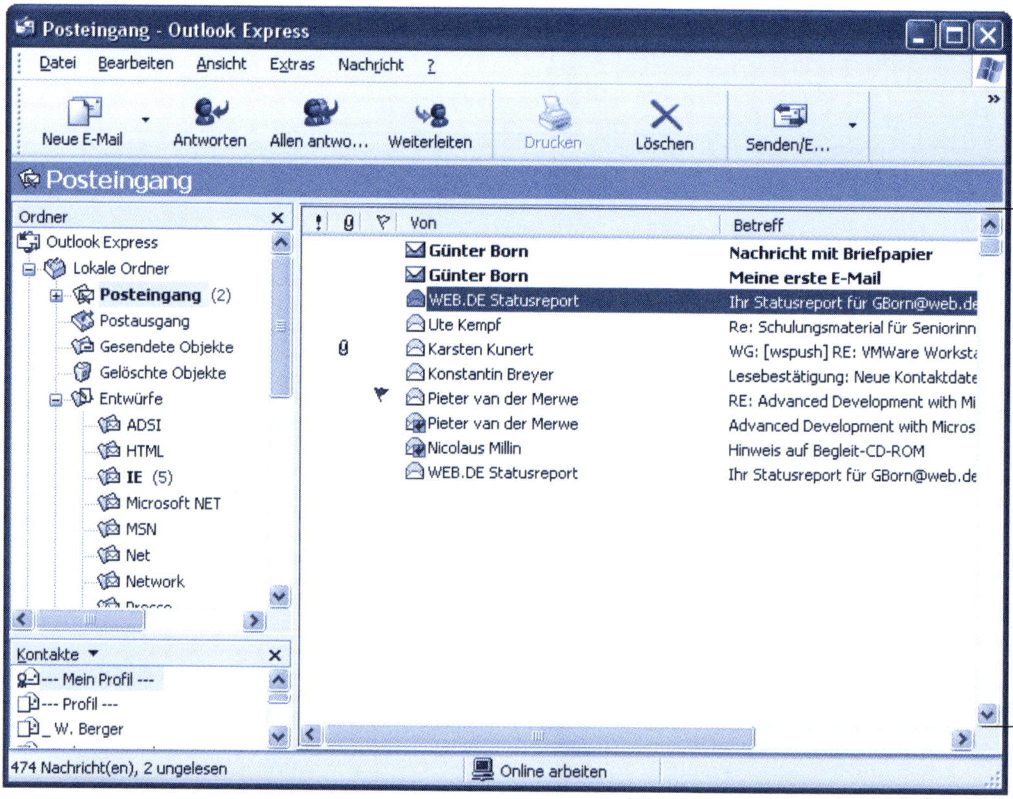

Für jede Nachricht ist eine Zeile reserviert, in der der Status der Nachricht, der Absender, der Betreff und das Empfangsdatum aufgeführt sind.

1 Klicken Sie jetzt auf eine dieser Zeilen mit den eingegangenen Nachrichten.

Outlook zeigt den Inhalt der aktuell markierten Nachricht in einem eigenen Nachrichtenfenster (unterhalb der Nachrichtenleiste).

2 Doppelklicken Sie in der Nachrichtenleiste auf die Nachricht.

Outlook Express öffnet jetzt ein eigenes Fenster zum Lesen und zur Bearbeitung der Nachricht. Der Kopfbereich enthält die Angaben über den Absender, den Betreff etc.

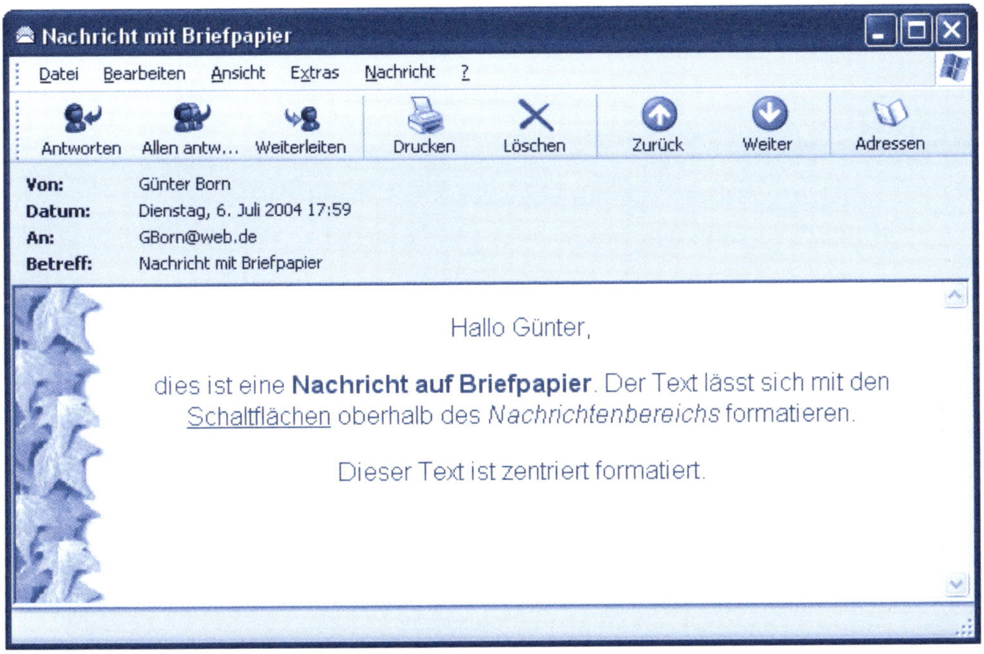

Über die Schaltfläche *Schließen* in der rechten oberen Ecke des Fensters können Sie das Fenster schließen. 

Symbole der Nachrichtenleiste

Die Nachrichtenleiste des Posteingangs enthält neben der Absenderangabe und dem Betreff weitere hilfreiche Informationen.

Am Zeilenanfang der Nachrichtenleiste finden Sie drei Spalten mit Symbolen.

- Die erste Spalte mit dem stilisierten Ausrufezeichen zeigt die Priorität der Nachricht an. Der Absender kann mit Outlook Express für seine Nachricht eine normale, erhöhte oder niedrige Priorität vergeben. Meist bleibt diese Spalte aber leer, da die Nachrichten mit normaler Priorität versehen sind.
- Die zweite Spalte zeigt anhand einer stilisierten Briefklammer, ob es einen Anhang zur Nachricht gibt. Jede Nachricht kann Dateien als Anhang enthalten. Auf diesen Punkt komme ich später zurück.
- In der dritten Spalte signalisiert eine stilisierte Fahne, dass die betreffende Nachricht noch eine Klärung erfordert. Dieses Symbol können Sie durch Anklicken der betreffenden Spalte setzen oder wieder entfernen.
- In der vierten Spalte unter *Von* signalisiert ein geschlossener oder ein geöffneter Briefumschlag, ob die Nachricht ungelesen oder gelesen ist.

TIPP

Eine detaillierte Auflistung aller Symbole samt den zugehörigen Beschreibungen finden Sie in der Outlook Express-Hilfe unter dem Stichpunkt »Symbole der Nachrichtenliste«.

In diesen Spalten können Sie auf einen Blick den Status der Nachricht erkennen. Sobald Sie eine Nachricht in der Nachrichtenleiste des Posteingangs anklicken, wird deren Symbol in der Statusspalte nach kurzer Zeit auf gelesen umgesetzt (es wird ein geöffnetes Kuvert gezeigt).

HINWEIS

Haben Sie eine Nachricht irrtümlich angeklickt, Ihnen fehlt aber die Zeit zum Lesen? Klicken Sie die Zeile mit der Nachricht in der Nachrichtenleiste mit der rechten Maustaste an und wählen Sie im Kontextmenü den Befehl *Als ungelesen markieren*. Der Status wird wieder zurückgesetzt.

Zusammenfassung

An dieser Stelle möchte ich die Einführung in Outlook Express beenden. Sie haben jetzt das Grundwissen zum Umgang mit E-Mails erworben. Sie haben gelernt, wie Sie ein FreeMail-Konto beantragen und dessen Daten in Outlook Express eintragen. Weiterhin wissen Sie, wie eine E-Mail erstellt und verschickt wird. Zusätzlich können Sie eintreffende Nachrichten aus dem Postfach im Internet oder mit Outlook Express abholen und anschließend lesen. Für den Einstieg reicht dieses Wissen vollständig aus. Wenn Sie mehr wissen möchten, geht es im nächsten Kapitel weiter. Dort lernen Sie E-Mails zu beantworten sowie Anhänge (z.B. Bilder) zu verschicken oder aus E-Mails auszupacken. Weiterhin zeige ich Ihnen, wie Sie Nachrichten löschen oder mit dem Adressbuch umgehen. Dort gehe ich auch auf Sicherheitsfragen ein. Zur Überprüfung Ihres Wissens können Sie die folgenden Aufgaben lösen.

Lernkontrolle

- **Wie erstelle ich eine E-Mail?**
  (Auf die Schaltfläche *Neue E-Mail* klicken, die Empfängeradresse sowie den Betreff hinzufügen und den Text verfassen.)
- **Wie lese ich eine E-Mail?**
  (Klicken Sie im Fenster *Ordner* auf das Symbol *Posteingang*. Zum Lesen der Nachricht doppelklicken Sie auf den betreffenden Eintrag in der Nachrichtenliste.)

- **Wie hole ich E-Mails im Internet ab?**
  (Ist Outlook Express entsprechend vorbereitet, stellen Sie eine Onlineverbindung her. Dann klicken Sie im Outlook Express-Fenster auf die Schaltfläche *Senden/Empfangen*. Sobald alle Nachrichten ausgetauscht sind, bauen Sie die Verbindung zum Internet wieder auf.)
- **Wie hole ich E-Mails ohne Outlook Express im Internet ab?**
  (Sie müssen die Webseite Ihres Postfachs, z.B. bei WEB.DE, im Internet Explorer abrufen sowie Benutzername und Kennwort eingeben. Dann lassen sich die Nachrichten direkt in Webseiten bearbeiten.)

E-Mail smart genutzt

Haben Sie Ihre ersten E-Mails verfasst und eintreffende Nachrichten gelesen? Prima, damit beherrschen Sie die wichtigsten Funktionen und der elektronischen Kommunikation mit der »Welt« steht nichts mehr im Wege. Mit der Zeit werden Sie aber sicherlich etwas mehr Komfort wünschen oder wissen wollen, was sonst noch alles beim E-Mail-Verkehr möglich ist. Genau das möchte ich in diesem Kapitel behandeln. Sie lernen, E-Mail mit Outlook Express besser zu nutzen und Ihre Adressen bequemer zu verwalten. Zusätzlich gebe ich Hinweise hinsichtlich der Sicherheit und den Risiken beim E-Mail-Verkehr.

Das lernen Sie in diesem Kapitel

- Mit dem Adressbuch arbeiten
- Die Kniffe der E-Mail-Profis
- Sicherheitsfragen

6

Mit dem Adressbuch arbeiten

Outlook Express besitzt eine eigene Funktion zur **Verwaltung von Adressen**, die auch **als Kontakte bezeichnet** werden. Sie können nicht nur Adressen mit Anschrift und Telefonnummer hinterlegen sondern auch Ihre **E-Mail-Adressen** verwalten. Übernehmen Sie doch einfach beim Schreiben einer E-Mail die Empfängeradresse aus dem Adressbuch, hinterlegen Sie die Absenderadresse einer empfangenen E-Mail in das Adressbuch und vieles mehr.

Das Adressbuch öffnen

Aus dem vorherigen Kapitel wissen Sie vielleicht noch, dass Outlook Express (ab Version 5) in der linken unteren Ecke die Liste der Kontakte anzeigt. Ich persönlich nutze das Adressbuch allerdings lieber in einem eigenen Fenster. Das Öffnen des Fensters mit dem Adressbuch ist kinderleicht.

1 Klicken Sie im Outlook Express-Fenster auf diese Schaltfläche.

HINWEIS

Das Adressbuch lässt sich auch direkt im Startmenü im Zweig *(Alle) Programme/ Zubehör* aufrufen.

Dann öffnet sich das Adressbuch, und zeigt eine Liste der von Ihnen eingetragenen Kontakte (Adressen) an.

Hier sehen Sie eines meiner Adressbücher, in dem einige Adressen sowie ein Eintrag für die Familie enthalten ist.

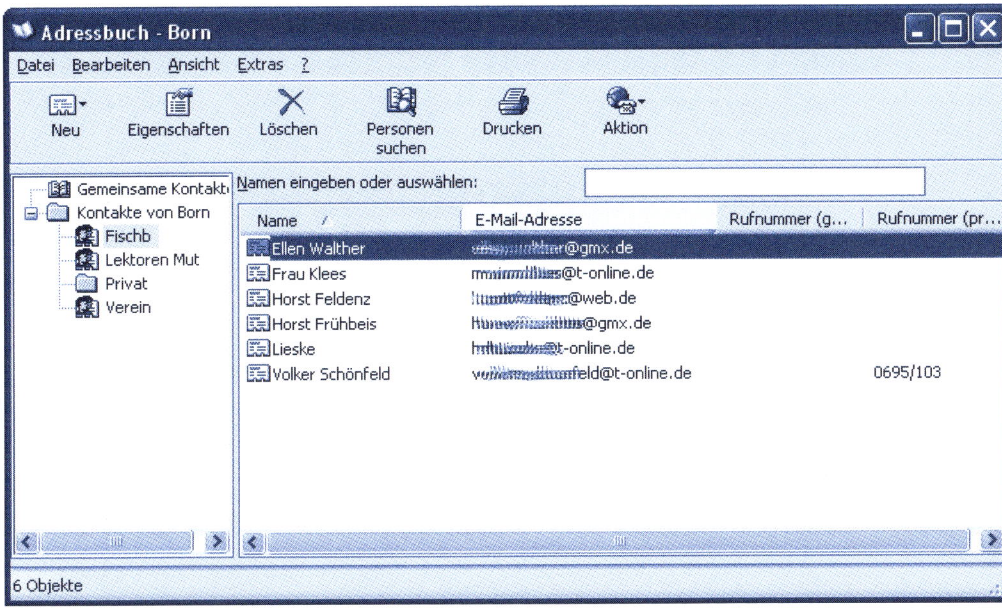

Eine neue Adresse eintragen

Zum Eintragen einer neuen Adresse im Adressbuch sind nur wenige Schritte notwendig. Ist das Adressbuch geöffnet, gehen Sie folgendermaßen vor.

1 Klicken Sie im Fenster des Adressbuchs auf die Schaltfläche *Neu.*

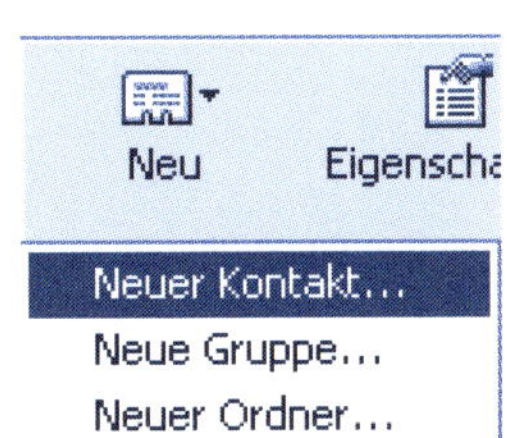

2 Wählen Sie im dann angezeigten Menü den Befehl *Neuer Kontakt.*

Das Programm öffnet jetzt ein Fenster mit verschiedenen Registerkarten, in denen Sie die Adressdaten eintragen können. Die Anordnung und der Aufbau der Registerkarten hängt dabei etwas von der Programmversion ab.

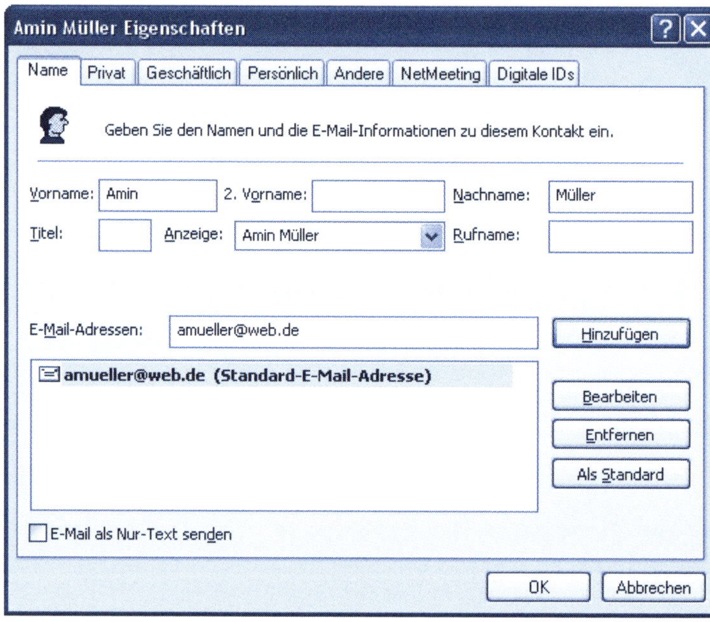

3 Geben Sie auf der Registerkarte *Name* den Vornamen, den Nachnamen und ggf. den Titel ein.

4 Klicken Sie auf das Feld *E-Mail-Adressen*, tippen Sie die E-Mail-Adresse ein und klicken Sie dann auf die Schaltfläche *Hinzufügen.*

Die E-Mail-Adresse wird in die Liste aufgenommen. Hat die betreffende Person mehrere E-Mail-Adressen, wiederholen Sie Schritt 4 und geben die nächste Adresse ein. Jedes Mal wenn Sie auf *Hinzufügen* klicken, wird die Adresse in die Liste übernommen.

TIPP

Ein Eintrag der Liste erhält den Zusatz »(Standard-E-Mail-Adresse)«. Diese Adresse wird standardmäßig beim Versenden von Nachrichten benutzt. Sie können aber eine andere Adresse der Liste als Standard wählen. Hierzu müssen Sie diese nur anklicken und dann die Schaltfläche *Standard* bzw. *Als Standard* wählen.

Das Adressbuch kann neben der E-Mail-Adresse weitere Informationen aufnehmen. Um diese Informationen anzusehen, abzurufen oder einzutragen, verwenden Sie einfach die übrigen Registerkarten des Fensters.

5 Klicken Sie auf den Registerreiter der gewünschten Karte.

6 Tragen Sie die gewünschten Daten auf der angezeigten Registerkarte ein.

Hier sehen Sie die Registerkarte *Privat*, in der die Postadresse und die Telefonnummer hinterlegt sind.

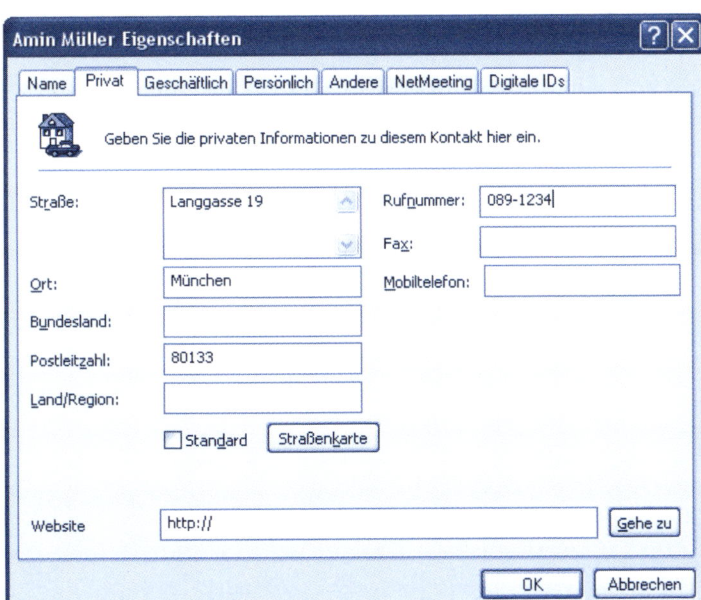

TIPP

Sehen Sie sich doch einmal die Registerkarte *Persönlich* an. Dort können Sie nicht nur den/die Partner/in, sondern auch Kinder eintragen. Für Kinder klicken Sie auf die Schaltfläche *Hinzufügen* und tippen dann den Namen ein. Mit *Bearbeiten* lassen sich Einträge korrigieren und *Entfernen* löscht einen Namen.

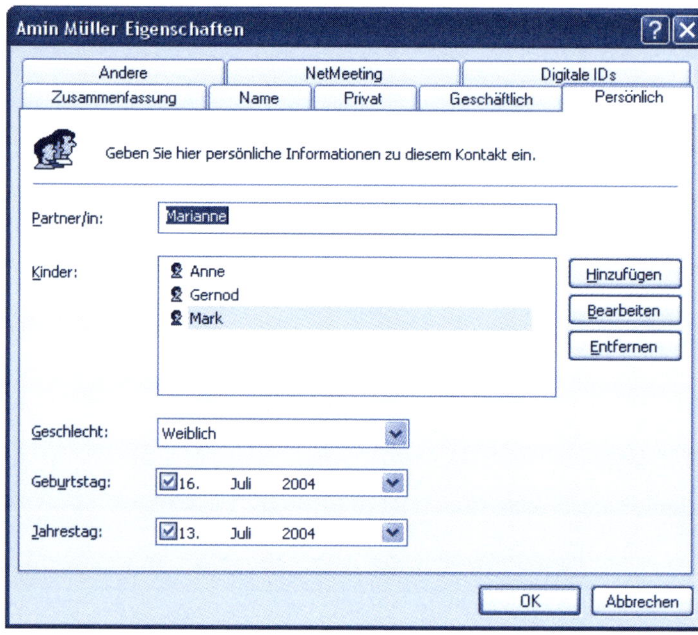

Anschließend können Sie das Geschlecht sowie den Geburtstag und einen Jahrestag wie den Hochzeitstag des Kontakts eintragen (einfach auf den Pfeil neben dem Listenfeld klicken und dann im angezeigten Kalenderblatt das Datum wählen).

7 Zum Speichern des Kontakts klicken Sie auf die *OK*-Schaltfläche.

Das Fenster wird geschlossen und Sie sehen den Eintrag in der Liste des Adressbuchs. Falls Sie noch keine Adressen von Freunden und Kollegen haben, wie wäre es, schon mal die eigene E-Mail-Adresse einzutragen?

Ob Sie Telefonnummern, Geburtstage etc. mit dem Adressbuch verwalten, bleibt Ihnen überlassen. Telefonnummern führe ich nach wie vor im – mittlerweile arg zerfledderten – Telefonregister meines Taschenkalenders. Zur Verwaltung der E-Mails finde ich das Adressbuch aber ganz prima.

HINWEIS

Die Schaltfläche *Neu* des Adressbuchs zeigt Ihnen zwei weitere Befehle zum Anlegen von Ordnern und Gruppen an. Mit Hilfe von Ordnern können Sie Adressen strukturieren (z.B. indem Sie einen für sich selbst und einen für Ihren Partner anlegen). Kontakte lassen sich auch Gruppen zuordnen (z.B. die Mitglieder eines Vereins). Weisen Sie einer neuen Nachricht den Gruppennamen als Empfänger zu, schickt Outlook Express allen Personen dieser Gruppe eine Kopie der E-Mail. Outlook Express kann auch von mehreren Personen genutzt werden. Diese tragen Sie über den Befehl *Identitäten* im Outlook Express-Menü *Datei* ein. Dann lässt sich über den Befehl *Identität wechseln* des gleichen Menüs ein Name auswählen. Outlook Express wird beendet und sofort wieder gestartet. Anschließend sieht die betreffende Person nur noch ihre eigenen E-Mail-Konten und die an sie gerichteten Nachrichten. Diese und weitere »Profifunktionen« führen aber über den Umfang dieses Buches hinaus und bleiben hier ausgespart.

Adressen nachschlagen

Führen Sie ein umfangreiches Adressbuch und möchten Sie schnell eine Adresse nachschlagen? Sie können natürlich im Outlook-Fenster in der Liste der Kontakte blättern. Die Einträge sind dummerweise alphabetisch nach den Vornamen sortiert. Schneller geht folgender Weg:

1 Wählen Sie im Outlook Express-Menü *Bearbeiten* den Befehl *Suchen* und dann im Untermenü *Personen*. Oder drücken Sie die Tastenkombination Strg+E.

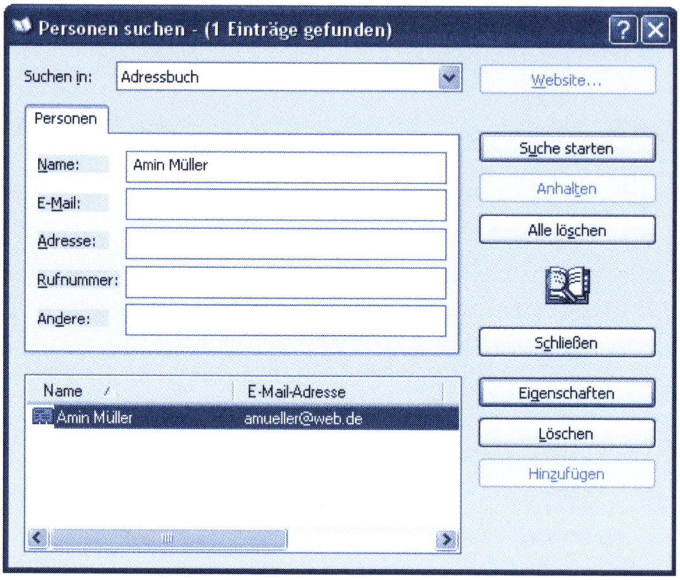

2 Geben Sie im Fenster *Personen suchen* den Namen ein. Prüfen Sie, ob *Suchen in* auf »Adressbuch« steht.

3 Klicken Sie auf die Schaltfläche *Suchen.*

Wird ein Name im Adressbuch gefunden, erscheint dieser im unteren Teil des Fensters.

Über die Schaltfläche *Eigenschaften* können Sie direkt die Registerkarten mit den Daten der Person aus dem Adressbuch anzeigen lassen.

Die Kniffe der E-Mail-Profis

Beim Einstieg in den E-Mail-Verkehr und in Outlook Express ist sicherlich einiges neu und ungewohnt für Sie. Aber schon nach kurzer Zeit wird vieles selbstverständlich. Dann ist es an der Zeit sich einige Erleichterungen zu gönnen. Mit ein paar Kniffen lässt sich manches eleganter lösen. Und es gibt einige interessante Zusatzfunktionen.

Adresse automatisch übernehmen

Beim Eintippen von E-Mail-Adressen passieren mir häufig Tippfehler – und dann kommen die E-Mails als unzustellbar zurück. Leute, mit denen ich häufig E-Mails austausche, sind daher in meinem Adressbuch eingetragen. Beim Schreiben einer neuen E-Mail übernehme ich daher die E-Mail-Adresse des Empfängers aus dem Adressbuch direkt in das Feld *An*.

1 Gehen Sie wie im vorhergehenden Kapitel beschrieben vor, um das Fenster zum Erstellen der neuen E-Mail mit oder ohne Briefpapier zu öffnen.

2 Klicken Sie auf die Schaltfläche des Felds *An*.

Outlook Express öffnet das Dialogfeld *Empfänger auswählen* des Adressbuchs mit Einträgen der Kontaktliste.

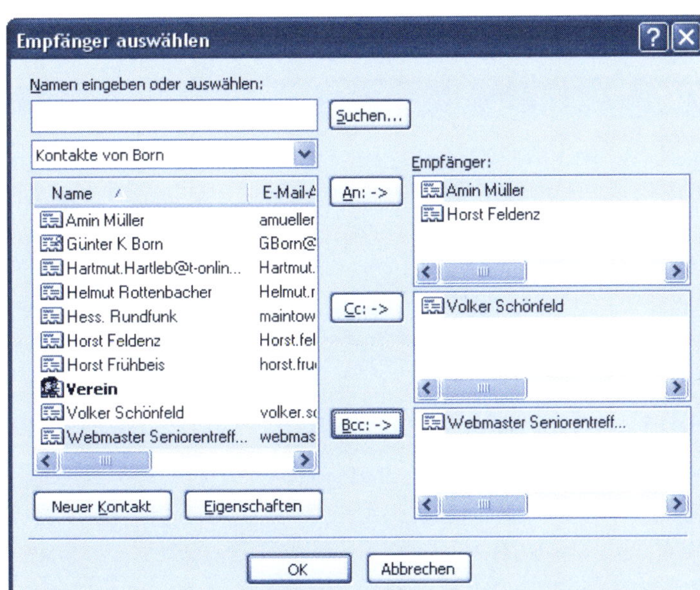

3 Wählen Sie einen Namen mit gültiger E-Mail-Adresse in der Liste *Name* aus.

4 Klicken Sie auf die Schaltfläche *An: ->*.

Die ausgewählte Adresse wird in die Liste *Empfänger* übernommen. Sie können die obigen Schritte durchaus mehrfach ausführen und mehrere Empfänger eintragen. Sobald Sie das Dialogfeld über die *OK*-Schaltfläche schließen, übernimmt Outlook Express die Adressangaben im Nachrichtenfenster.

HINWEIS

Über die Schaltfläche *Cc* tragen Sie einen Empfänger für Kopien im gleichnamigen Feld *Cc* ein. Der oder die Empfänger der Nachrichten können aber erkennen, wer alles über *Cc* eine Kopie bekommen hat. Dies können Sie verhindern, indem Sie die Schaltfläche *Bc* (steht für »Blind Copy«) verwenden. E-Mail-Adressen im Feld *Bc* erscheinen nicht in den Nachrichten, die an die anderen Empfänger verschickt werden.

TIPP

Sofern Sie kein Briefpapier benötigen und die E-Mail lediglich an einen Empfänger versenden möchten, geht es auch einfacher. Wenn Sie in der Kontaktliste (links unten im Outlook Express-Fenster) auf einen Eintrag doppelklicken, wird direkt eine neue E-Mail mit der betreffenden Empfängeradresse im Feld *An:* angelegt.

Absender in Adressbuch übernehmen

Haben Sie eine E-Mail erhalten und möchten die Adresse des Absenders für die zukünftige Korrespondenz im Adressbuch hinterlegen? Natürlich können Sie dazu das Adressbuch öffnen und die neue Adresse eintippen. Eleganter geht es aber folgendermaßen:

1 Klicken Sie in der Nachrichtenleiste die betreffende E-Mail mit der rechten Maustaste an.

2 Wählen Sie im Kontextmenü den Befehl *Absender zum Adressbuch hinzufügen.*

Jetzt wird der Absender automatisch im Adressbuch hinzugefügt. Sie können bei Bedarf das Adressbuch öffnen und die Daten des Absenders ergänzen.

Eine Nachricht beantworten oder weiterleiten

Haben Sie eine Nachricht empfangen, die Sie an Dritte weiterleiten möchten? Möchten Sie auf eine E-Mail direkt antworten? Das alles ist mit Outlook Express kein Problem.

1 Klicken Sie in der *Outlook*-Leiste oder in der Ordnerliste auf den Posteingang.

Outlook Express zeigt in der Nachrichtenleiste die im Posteingang gespeicherten Nachrichten an.

2 Doppelklicken Sie in der Nachrichtenleiste auf die betreffende Nachricht.

Outlook öffnet jetzt das Fenster zum Bearbeiten der Nachricht. Der Kopfbereich der Nachricht enthält die Angaben über den Absender, den Betreff etc. Am oberen Fensterrand sehen Sie eine Symbolleiste mit Schaltflächen.

Über die drei linken Schaltflächen *Antworten, Allen antworten* und *Weiterleiten* der Symbolleiste können Sie jetzt die Nachricht zur Beantwortung oder Weiterleitung vorbereiten.

Die Nachricht soll nun zuerst beantwortet werden.

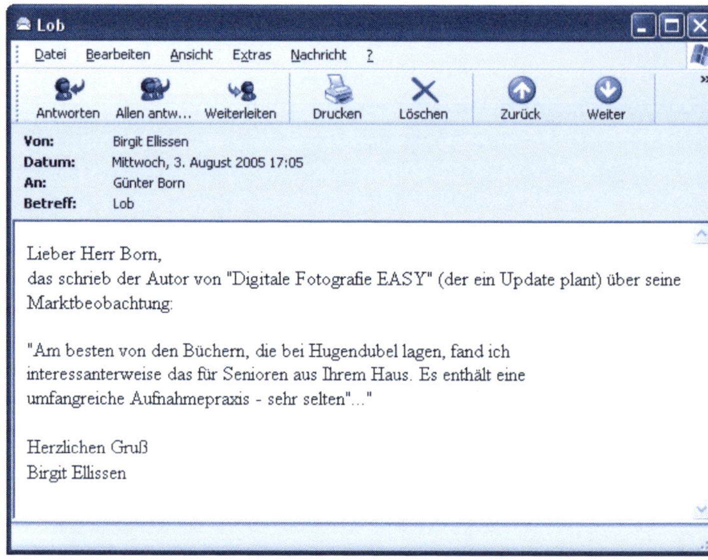

3 Klicken Sie auf die Schaltfläche *Antworten*.

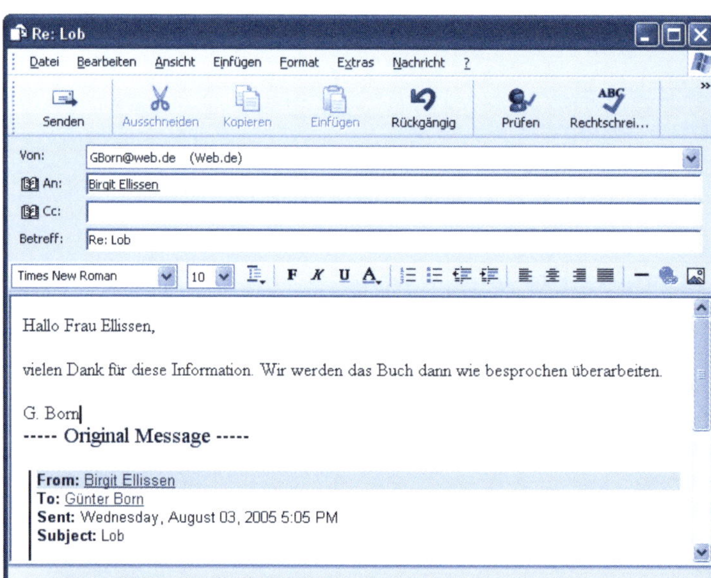

Outlook Express öffnet ein neues Fenster, in dem bereits die Empfängeradresse und der Betreff eingetragen sind. Der Vorspann »Re:« im Betreff kennzeichnet die Nachricht als Antwort.

Weiterhin wird der Text der empfangenen Nachricht bereits als Zitat in der Antwort übernommen. Im obigen Beispiel finden Sie den zitierten (bzw. an die Antwort angehängten) Text der empfangenen Nachricht am Ende der neuen E-Mail.

4 Fügen Sie jetzt den Antworttext zur Nachricht hinzu.

5 Klicken Sie in der Symbolleiste auf die Schaltfläche *Senden*.

Outlook Express schließt das Fenster mit der Nachricht und legt diese im Postausgang ab.

HINWEIS

Manchmal werden auch nur Textausschnitte als Zitate in die Antwort übernommen und durch Zeichen wie > am Zeilenanfang hervorgehoben. Oder die Zitatstelle wird mit einer anderen Schriftfarbe versehen. Solche Passagen erleichtern jemandem, der täglich eine Menge E-Mails erhält, die Arbeit ungemein, da der Bezug auf seine Nachricht gleich mitgeliefert wird.

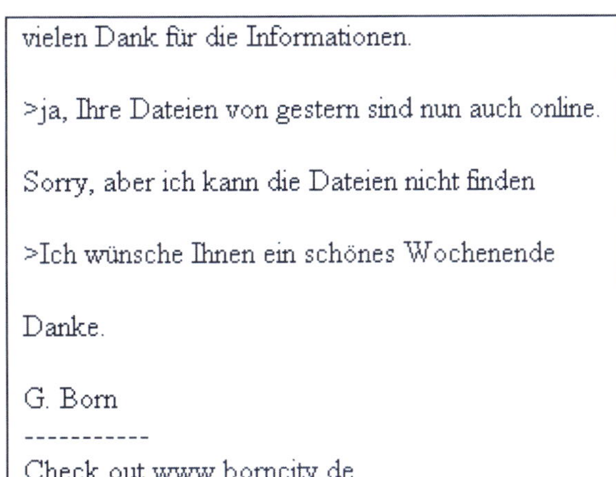
vielen Dank für die Informationen.

>ja, Ihre Dateien von gestern sind nun auch online.

Sorry, aber ich kann die Dateien nicht finden

>Ich wünsche Ihnen ein schönes Wochenende

Danke.

G. Born

Check out www.borncity.de

TIPP

Wenn eine Nachricht mehrfach zwischen zwei Personen pendelt, wird der zitierte Teil der vorhergehenden Nachrichten immer länger. Im Hinblick auf die **Netiquette**: Kürzen Sie daher nicht mehr relevante Teile im Anhang vor dem Versenden heraus.

Bei privaten Briefwechseln ist das Zitieren unüblich bzw. nicht erforderlich; Sie sollten daher die automatisch kopierten Textstellen vor dem Versenden herauskürzen (einfach mit der Maus markieren und die Taste [Entf] drücken).

Neben der Schaltfläche *Antworten* weist die Symbolleiste noch zwei weitere Schaltflächen zur Bearbeitung der Nachricht auf. Eine elektronische Nachricht kann an mehrere Empfänger verschickt werden (Sie müssen nur mehrere Empfänger getrennt durch Semikolons (;) in der Zeile *An* eintragen). Erhalten Sie eine solche Nachricht, können Sie ggf. allen auf dem Verteiler stehenden Empfängern eine Antwort zukommen lassen.

Hierzu dient die Schaltfläche *Allen antworten.*

Wählen Sie diese Schaltfläche, zeigt Outlook Express wieder das Fenster zum Bearbeiten der Nachricht an. Das Feld *An* enthält dann aber mehrere Empfänger, die alle eine Kopie erhalten.

Die Schaltfläche *Weiterleiten* erlaubt Ihnen dagegen, die Nachricht an einen weiteren Empfänger zu schicken.

Klicken Sie auf diese Schaltfläche, wird die empfangene Nachricht in dem neuen Fenster automatisch übernommen. Sie müssen dann aber die Empfängeradresse im Feld *An* explizit wählen. Wie das funktioniert, wissen Sie ja bereits vom Schreiben einer E-Mail.

Nachrichten mit Anlagen versehen

Jetzt kommen wir noch zu einer ganz besonderen Funktion. Mit Digitalkameras aufgenommene Fotos lassen sich direkt in Grafikdateien übertragen. Fotoabzüge können Sie mit einem Scanner in den Computer einlesen. Oder Sie lassen die Abzüge von einem Fotolabor direkt auf eine Foto-CD speichern. Haben Sie ein solches Foto als Grafikdatei auf dem Computer vorliegen und möchten Sie diese Datei oder eine andere Datei (ein Programm, ein Musikstück etc.) per E-Mail an Ihre Enkel, Kinder oder Freunde verschicken? Mit E-Mail ist das ganz leicht möglich, Sie schicken die Datei einfach als Anhang mit dem eigentlichen Brief mit. Nehmen wir an, die Datei liegt schon auf Ihrem Computer vor und soll mit einer E-Mail verschickt werden. Hier die einfachste Variante.

1 Schreiben Sie wie gewohnt die E-Mail, klicken Sie aber noch nicht auf die Schaltfläche *Senden*.

2 Öffnen Sie in Windows das Ordnerfenster, das die als Anlage zu versendende Datei enthält (z.B. per Doppelklick auf das Desktop-Symbol *Arbeitsplatz*; siehe Anhang).

3 Positionieren Sie das Ordnerfenster mit der Datei und das Fenster mit der neuen Nachricht nebeneinander.

4 Ziehen Sie die als Anlage vorgesehene Datei bei gedrückter linker Maustaste aus dem Ordnerfenster in das Nachrichtenfenster.

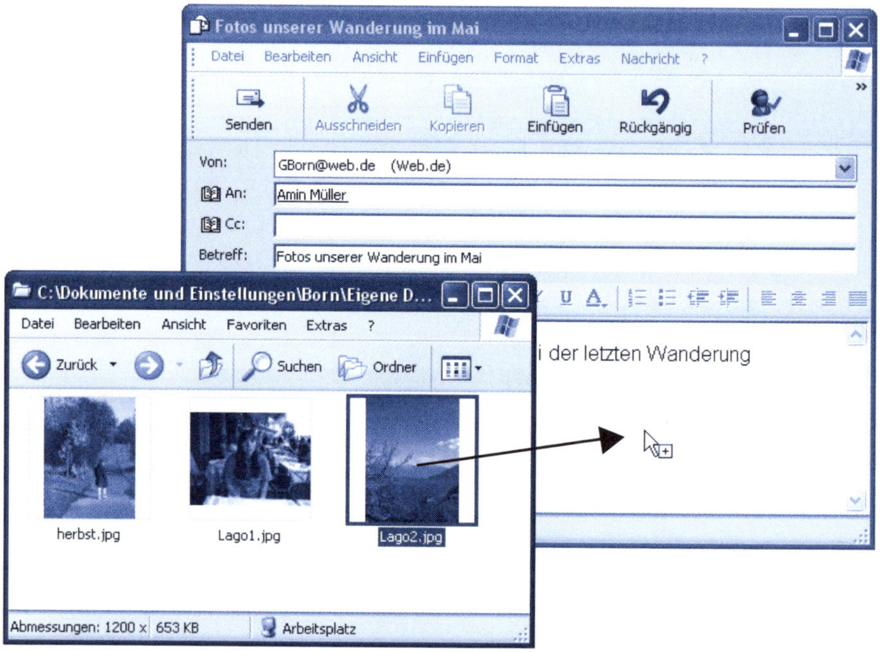

Sobald Sie die linke Maustaste loslassen, wird die Anlage eingefügt und im Feld *Einfügen* angezeigt.

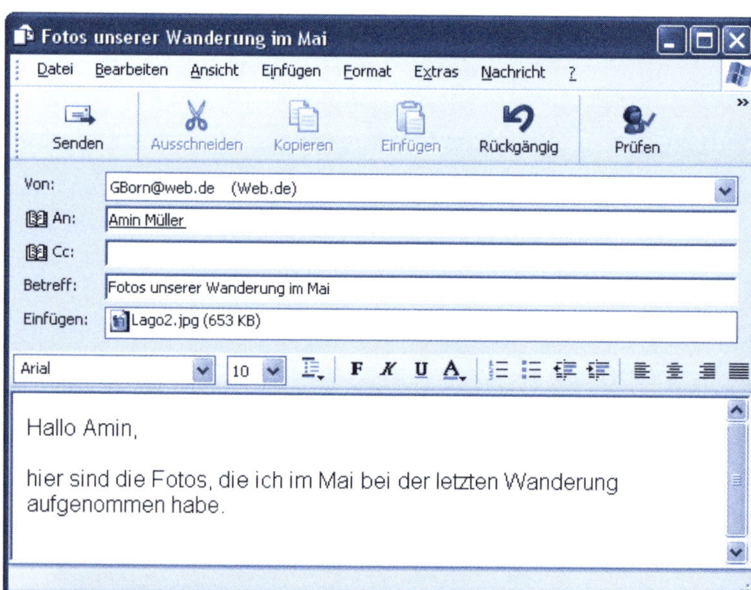

Sie können jetzt wie gewohnt die Schaltfläche *Senden* anklicken, um die Nachricht samt Anlage in den Postausgang zu speichern.

HINWEIS

Alternativ lassen sich Anlagen auch über die Schaltfläche *Einfügen* bzw. über den Befehl *Anlage* im Menü *Einfügen* des Nachrichtenfensters hinzufügen.

TIPP

Wenn Sie eine Datei als Anlage versenden wollen, können Sie diese vorher mit einem Komprimierprogramm verkleinern. Windows stellt mit »Komprimierte Ordner« eine solche Funktion bereit. Je nach Inhalt ist die Datei in der gepackten Form um den Faktor 10 bis 100 kleiner. Dadurch verkürzt sich die Übertragungszeit beim Versenden der Nachrichten. Schicken Sie aber niemandem eine Anlage zu, wenn Sie sich nicht sicher sind, dass dies erwünscht ist!

Eine Anlage zur Nachricht auspacken

Einer Nachricht lassen sich eine oder mehrere Dateien als Anlage anheften. Erhalten Sie selbst solche Nachrichten mit Anlage, werden diese im Nachrichtenfenster bzw. in der Nachrichtenleiste mit einer stilisierten Büroklammer markiert. Wie können Sie nun diese Anlage auspacken und als Datei speichern?

1 Öffnen Sie die Nachricht durch Doppelklicken auf die betreffende Zeile in der Nachrichtenleiste.

2 Wählen Sie im Nachrichtenfenster den Befehl *Anlagen speichern* im Menü *Datei*.

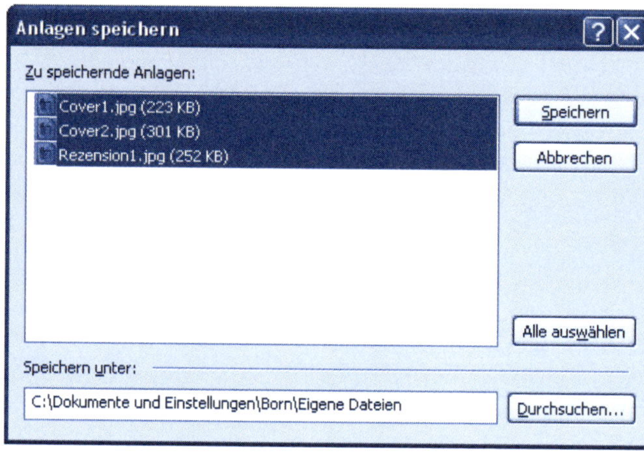

3 Wählen Sie im Dialogfeld *Anlagen speichern* den Zielordner und klicken Sie dann auf die Schaltfläche *Speichern.*

Den Zielordner können Sie über die Schaltfläche *Durchsuchen* wählen. Nach dem Speichern wird das Fenster geschlossen. An einer Nachricht können mehrere Anlagen hängen. Sie müssen daher ggf. die zu speichernden Anhänge per Mausklick markieren.

ACHTUNG

Anhänge zu E-Mails bergen das Risiko, dass sie mit einem Virus behaftet sind. Löschen Sie daher E-Mails von unbekannten Absendern, die mit Anhängen versehen sind und deren Nachrichtentext Ihnen seltsam vorkommt. Öffnen Sie nie einen E-Mail-Anhang, indem Sie das betreffende Symbol im Nachrichtenfenster per Doppelklick anwählen. Speichern Sie den Anhang stattdessen. Abgespeicherte Dateien sollen Sie vor dem Öffnen mit einem Virenprüfprogramm (siehe Kapitel 4) auf Viren testen. Wenn Sie die nötige Vorsicht walten lassen, können Sie damit die Gefahr, sich einen Virus zu holen, auf ein Minimum reduzieren. Bei Outlook Express 6 wird das Speichern solcher Anhänge automatisch deaktiviert. Um die Funktion wieder zuzulassen, müssen Sie im Menü *Extras* den Befehl *Optionen* wählen. Löschen Sie dann auf der Registerkarte *Sicherheit* die Markierung des Kontrollkästchens *Speichern oder Öffnen von Anlagen, die möglicherweise einen Virus enthalten könnten, nicht zulassen.*

HINWEIS

Sie erkennen übrigens am Symbol des Anhangs den Dateityp. Fehlt das Programm zum Bearbeiten auf Ihrem PC, wird das Symbol einer unbekannten Datei angezeigt. Manche Nachrichtenanhänge sind auch als ZIP-Archiv gespeichert. Dann müssen Sie den Inhalt mit einem so genannten Packprogramm (siehe auch Kapitel 3, Abschnitt »Das Herunterladen von Webseiten«) oder der Funktion »Komprimierte Ordner« entpacken.

Nachrichten drucken, löschen, kopieren etc.

Eingegangene Nachrichten werden in der Nachrichtenliste aufgeführt. Ausgehende Nachrichten tauchen im Ordner *Postausgang* auf. Irgendwann einmal möchten Sie bestimmt nicht mehr benötigte Nachrichten löschen, den Inhalt einer E-Mail ausdrucken oder wichtige Nachrichten in getrennten Ordnern ablegen. Diese Aufgaben können Sie auf verschiedene Arten lösen. Nachfolgend möchte ich Ihnen kurz einige Techniken der Handhabung von E-Mails zeigen, die ich selbst benutze.

Um die Nachrichten zu bearbeiten, müssen Sie als Erstes den Inhalt des gewünschten Ordners rechts in der Nachrichtenleiste abrufen.

1 Hierzu klicken Sie in der Outlook-Leiste oder in der Ordnerleiste auf das gewünschte Symbol (z.B. *Posteingang, Postausgang, Gelöschte Objekte, Entwürfe*).

Hier sehen Sie das Fenster mit dem Posteingang. Auf ähnliche Weise können Sie auch die anderen Optionen wie den Postausgang anwählen.

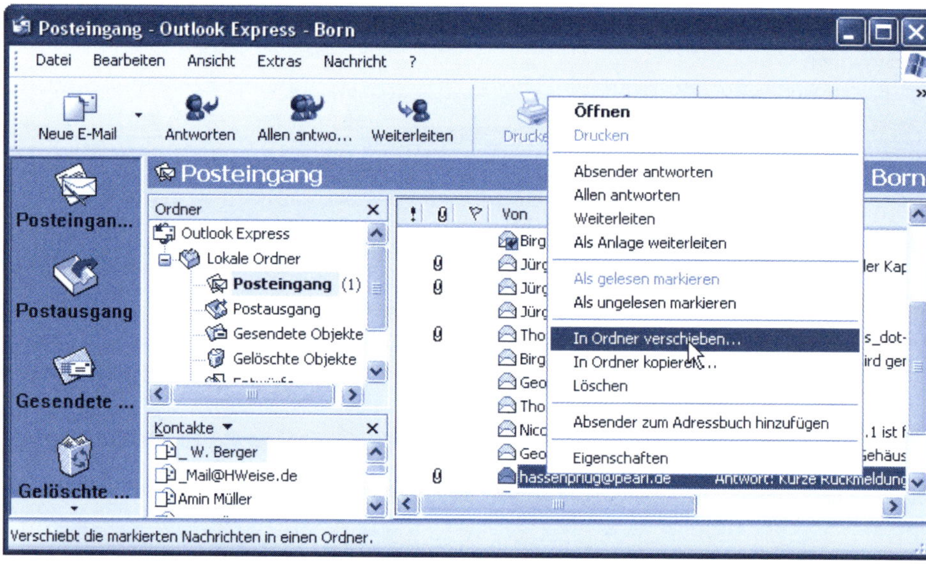

2 Dann markieren Sie per Mausklick die zu bearbeitende Nachricht in der Nachrichtenliste.

Und nun haben Sie verschiedene Möglichkeiten zur Bearbeitung der einzelnen Einträge in der Nachrichtenleiste.

- Sie können die gewünschten Funktionen (z.B. Drucken oder Löschen) über Schaltflächen in der Symbolleiste des Outlook-Fenster abrufen.
- Oder Sie öffnen die Menüs der Menüleiste und wählen den gewünschten Befehl (z.B. *Drucken* im Menü *Datei*).
- Ich arbeite auch häufig mit so genannten Kontextmenüs – Sie klicken einfach mit der rechten Maustaste auf den markierten Eintrag und Outlook Express zeigt daraufhin in einem Menü die gerade verfügbaren Befehle an. Dann müssen Sie nur noch einen Befehl im Kontextmenü anwählen.

Welche Variante Sie verwenden, bleibt Ihnen überlassen. Die Schaltflächen der Symbolleiste bieten sich beispielsweise zum Drucken oder Löschen von Nachrichten an.

- Zum Drucken der markierten Nachricht klicken Sie auf diese Schaltfläche. Oder Sie drücken die Tastenkombination Strg+P bzw. wählen den Befehl *Drucken* im Menü *Datei*. In einem Dialogfeld *Drucken* können Sie die verfügbaren Druckoptionen wählen und dann den Ausdruck über die *OK*-Schaltfläche starten.

- Klicken Sie in der Symbolleiste auf die Schaltfläche *Löschen*. Outlook Express verschiebt die markierte Nachricht in den Ordner *Gelöschte Objekte*.

TIPP

Natürlich können Sie die betreffenden Befehle *Drucken* und *Löschen* auch über das Kontextmenü abrufen. Wird eine Nachricht mit einem Doppelklick in einem eigenen Fenster geöffnet, stehen Ihnen die gleichen Schaltflächen auch in diesem Fenster zur Verfügung.

Möchten Sie eine neue Nachricht nicht sofort versenden, sondern erst einmal zur Überarbeitung als Entwurf aufheben? Oder soll eine eingetroffene Nachricht als Entwurf aufgehoben werden? Kein Problem.

1 Markieren Sie die gewünschte Nachricht in der Nachrichtenleiste.

2 Klicken Sie mit der rechten Maustaste auf die markierte Nachricht und wählen Sie im Kontextmenü den Befehl *In Ordner verschieben* oder *In Ordner kopieren*.

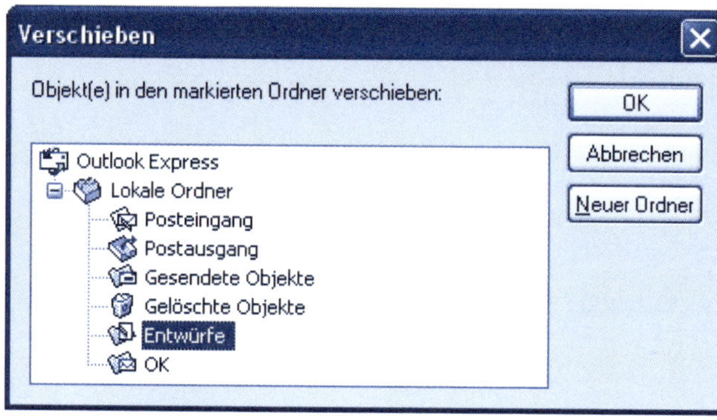

3 Anschließend wählen Sie im Dialogfeld *Verschieben* bzw. *Kopieren* den Zielordner und klicken auf die *OK*-Schaltfläche.

HINWEIS

Über die Schaltfläche *Neuer Ordner* können Sie Ihre eigenen Ordner in Outlook anlegen.

Das Programm verschiebt bzw. kopiert anschließend die Nachricht in den gewählten Ordner.

TIPP

Das Verschieben geht in den meisten Fällen sogar noch einfacher.

Ziehen Sie eine markierte Nachricht einfach bei gedrückter linker Maustaste aus der Nachrichtenleiste zum gewünschten Ordnersymbol der Ordnerleiste oder der Outlook-Leiste.

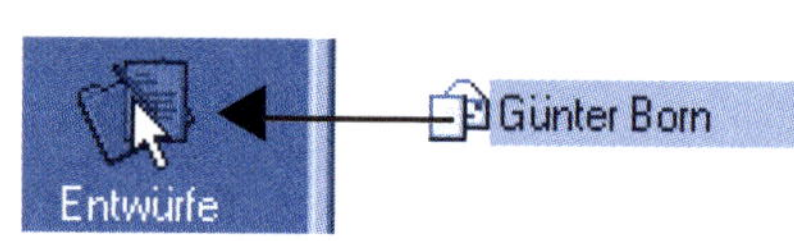

Sobald Sie die linke Maustaste über dem betreffenden Ordnersymbol loslassen, verschiebt Outlook Express die Nachricht in diesem Ordner.

HINWEIS

Gesendete Nachrichten werden in der Grundeinstellung von Outlook-Express als Kopie im Ordner *Gesendete Nachrichten* abgelegt. Somit können Sie immer mal wieder nachsehen, ob und welche E-Mails Sie verschickt haben. Wenn dieser Ordner aber zu voll und daher unübersichtlich wird, löschen Sie einfach die Kopien (wie oben beschrieben), die Sie nicht mehr brauchen.

Outlook Express verschiebt alle gelöschten Nachrichten (gelegentlich auch als Objekte bezeichnet) in den Ordner *Gelöschte Objekte.* Dieser Ordner dient als eine Art Papierkorb. Sie können eine irrtümlich gelöschte Nachricht übrigens wieder aus dem Papierkorb zurückholen – klicken Sie auf das Ordnersymbol des Papierkorbs und »schieben« Sie die betreffenden Nachrichten wie oben gezeigt aus der Nachrichtenleiste in einen der Ordner zurück.

Da Outlook Express die gelöschten Nachrichten im Ordner *Gelöschte Objekte* aufbewahrt, sollten Sie diesen Papierkorb gelegentlich leeren, um freien Speicherplatz auf der Festplatte zu schaffen.

1 Um den Ordner *Gelöschte Objekte* zu leeren, klicken Sie mit der rechten Maustaste auf das Ordnersymbol.

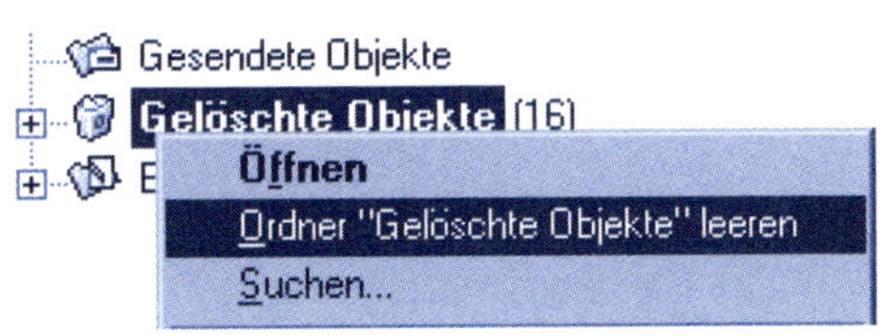

2 Wählen Sie im Kontextmenü den Befehl *Ordner "Gelöschte Objekte" leeren.*

Jetzt wird der betreffende Ordner geleert und die Nachrichten werden endgültig von der Festplatte entfernt.

Sicherheitsfragen

E-Mail stellt eine bequeme und schnelle Möglichkeit der Kommunikation dar. Sie haben auf den vorhergehenden Seiten die wichtigsten Funktionen zum Verschicken von E-Mails kennen gelernt und werden dieses Medium sicherlich bald zu schätzen wissen. Nun kennen wir alle aus dem täglichen Leben Nepp und Schlimmeres – warum sollte es im Internet im Allgemeinen und bei E-Mail im Besonderen anders sein? Nun gut, wir werden zwar nicht ständig betrogen, geneppt oder überfallen, trotzdem kann eine gewisse Vorsicht nicht schaden. Damit Sie zukünftig unbeschwert elektronische Post nutzen können, möchte ich Ihnen noch einige Hinweise zum Thema Sicherheit mit auf den Weg geben. Einiges kennen Sie schon aus Kapitel 4.

Achtung! Viren, Trojanische Pferde und mehr

Der Fall ist zwar höchst unwahrscheinlich, aber ein missliebiger Zeitgenosse könnte Ihnen durchaus eine Briefbombe per Post zukommen lassen. Im Internet ist es nicht anders: Es gibt Leute, die sich mit krimineller Energie daran machen, so genannte Viren – also Programme, die Computerfunktionen blockieren – zu schreiben und zu verbreiten. Solche Virenprogramme werden mittlerweile gerne als Anhang zu einer E-Mail verschickt. Unbekümmerte Anwender öffnen einen solchen Anhang und führen dadurch automatisch das Programm aus. Schon ist der eigene PC geschädigt!

HINWEIS

Es gibt sogar Viren, die das Adressbuch des PCs auslesen und sich selbst automatisch an alle gefundenen Einträge per E-Mail versenden. Der im Mai 2000 in die Schlagzeilen gekommene Virus I LOVE YOU fiel in diese Kategorie.

Ich hatte bereits an anderer Stelle darauf hingewiesen: mit etwas Umsicht können Sie sich als Nutzer recht wirksam gegen Viren schützen. Hier noch einmal einige Verhaltensregeln:

- Erhalten Sie eine E-Mail von einem unbekannten Absender mit einem Anhang, öffnen Sie diesen Anhang auf keinen Fall. Ich selbst lösche solche Nachrichten rigoros (im Übrigen ist es ein Unding, einem Fremden ungefragt einen Anhang zu schicken, der zur Übertragung vielleicht mehrere Minuten benötigt).
- Erhalten Sie von bekannten Absendern Nachrichten mit Anhängen, öffnen Sie niemals die Anhänge (z.B. Programme), bevor diese nicht durch ein Virenprüfprogramm getestet und für einwandfrei erklärt wurden.

Ich hatte es bereits erwähnt, Virenprüfprogramme gibt es im Fachhandel zu kaufen und im Internet lassen sich solche Programme herunterladen (siehe Kapitel 4).

HINWEIS

Es wird immer beliebter, Weihnachts- oder Neujahrsgrüße als E-Mail zu versenden. Manche Zeitgenossen meinen dann, einen zusätzlichen Anhang in Form eines Programms mitschicken zu müssen. Wird das Programm ausgeführt, zeigt es eine Art »Postkarte« oder spielt Musik ab – und kann still und heimlich einen Virus enthalten, der dabei Ihren PC schädigt. Ich lösche solche Anhänge konsequent. Wer mir einen solchen Gruß senden möchte, soll dies in Textform tun – das ist sicherer, geht schneller und birgt keine Gefahren.

Neben Viren, die den PC schädigen, sind Trojanische Pferde (Trojaner) das zweite Risiko, welches in Programmen lauern kann. Trojanische Pferde spiegeln Ihnen eine meist nützliche Programmfunktion vor, spionieren aber im Hintergrund Ihren Computer aus. So können beispielsweise Benutzernamen und Kennwörter ins Internet übertragen werden (fatal bei Homebanking). Was für den Schutz vor Viren gesagt wurde, gilt auch für Trojanische Pferde: Öffnen Sie niemals E-Mail-Anhänge, die nicht auf Viren geprüft sind.

Spam-Mails, Kettenbriefe und mehr

Wir kennen das alle von unserem Briefkasten – regelmäßig quillt er von Gewinngutscheinen, Prospekten und anderen unerbetenen Werbesendungen über. Das ist ärgerlich, kostet Zeit und vielleicht auch noch Ihr Geld, wenn Sie diesen Müll entsorgen müssen. Leider ist das bei der elektronischen Post nicht anders. Wenn Sie schon einige Zeit im Internet unterwegs sind und über eine E-Mail-Adresse verfügen, bleiben solche »Belästigungen« nicht aus. Sie leeren Ihr Postfach und finden plötzlich Nachrichten vor (meist in englischer Sprache), die riesige Gewinnchancen, tolle russische Sexseiten und anderes versprechen. Diese Art von E-Mail wird auch als »Spam-Mail« bezeichnet. Spam ist die Bezeichnung für ein amerikanisches (ziemlich unappetitliches) Dosenfleisch. Irgendwann hat sich dieser Begriff für unerwünschte Werbung per E-Mail eingebürgert. Und auch Spam-Mail kostet Ihr Geld, schließlich zahlen Sie für die Onlinezeit. Hier einige Hinweise und Anregungen:

- **E-Mail-Kettenbriefe**, die Sie auffordern die Nachricht an mindestens fünf weitere Empfänger zu schicken, **sollten Sie sofort löschen**! Drohungen, dass bei Missachtung der Anweisungen im Brief Krankheit oder Ungemach drohen, sind natürlich blanker Unsinn. Schieben Sie diesen Mist ungelesen in den Papierkorb und leeren Sie ihn anschließend.
- Manchmal erhält man auch **E-Mails**, in denen **um Unterstützung für** eine schwer kranke **Person** gebeten wird und Sie werden aufgefordert, eine Webseite zu besuchen oder Ihre E-Mail-Adresse zur Solidarität in einem Formular zurückzuschicken. Auch hier gilt: **Ungelesen** in den **Papierkorb**! Gerade der Trick mit der E-Mail-Adresse führt dazu, dass diese »schmutzigen« Kanäle mit Adressmaterial gefüttert werden.
- In einer so genannten **Hoax**-E-Mail (Hoax heißt Falschmeldung) wird vor angeblichen Gefahren wie Viren gewarnt. Eine solche Nachricht ist aber Unsinn oder gefälscht, wird allerdings von wohlmeinenden Zeitgenossen gerne an Bekannte weitergeschickt. Löschen Sie solche Nachrichten umstandslos.

TIPP

Taucht ein neuer Virus oder Trojaner auf, findet sich auf vielen Webseiten von Webportalen ein Hinweis. Sie können aber auch mit einer Suchmaschine nach dem Stichwort »Viren« bzw. »Trojaner« suchen lassen.

Bekommen Sie solche unerbetenen E-Mails? Sie müssen vor solchen Problemen nicht kapitulieren. Lassen Sie sich stattdessen einige Ratschläge mit auf den Weg geben. Zuerst einmal die Frage: Wie kommen die Leute an Ihre E-Mail-Adresse heran?

- Es gibt Verzeichnisse für E-Mail-Adressen (z.B. *www.bigfoot.de*). Privatleute sind aber selten in diesen Verzeichnissen ausgeführt, es sei denn, Sie tragen sich selbst ein. Verzichten Sie lieber auf einen entsprechenden Eintrag.
- Beim Surfen hinterlassen Sie Spuren! Das stellt normalerweise kein Problem dar, da dabei keine E-Mail-Adresse mitgegeben wird. Wenn Sie aber auf Webseiten Gewinnspiele nutzen, auf die oben erwähnten Kettenbriefe etc. hereinfallen oder sich für andere Sachen anmelden, wird häufig nach einer E-Mail-Adresse gefragt. Geben Sie in Webseiten nur dann Ihre E-Mail-Adresse an, wenn Sie von der Seriosität der Anbieter überzeugt sind!
- Bei manchen Webseiten wird eine E-Mail-Adresse benötigt, um Zugang zu den Angeboten zu erhalten. Für solche Fälle habe ich eine zweite kostenlose E-Mail-Adresse, die ich angebe. Diese Adresse wird nicht für private oder geschäftliche Korrespondenz genutzt und das Postfach leere ich nur bei Bedarf oder lösche die Nachrichten bereits auf dem Server.

Erhalten Sie ungebetene Werbung, antworten Sie auf keinen Fall (auch nicht, um sich zu beschweren). Häufig schicken die Versender Millionen E-Mails »ins Blaue«, um zu prüfen, ob die angegebenen E-Mail-Postfächer noch existieren oder benutzt werden. Kommt eine Antwort zurück, weiß der Versender, dass das Konto in Benutzung ist – Ihre Adresse wird dann erst recht mit solchen Mails überflutet. Besser ist es so genannte SPAM-Filter zu aktivieren, die den Müll bereits auf dem E-Mail-Server löschen (siehe unten).

ACHTUNG

Lesen und bearbeiten Sie E-Mails in Outlook Express immer offline. Fragt Outlook Express, ob eine Lesebestätigung verschickt werden darf, lehnen Sie dies ab! Über die Funktion der Lesebestätigung (ist ab Outlook Express Version 5 als Option nutzbar) erhält der Absender eine kurze Rückmeldung, wenn Sie die Nachricht lesen (also quasi ein Einschreiben mit Rückschein). Versucht Outlook Express beim Lesen einer E-Mail Verbindung zum Internet aufzunehmen, ist der Absender aber unbekannt, sollten Sie die Nachricht sofort löschen. Dadurch verhindern Sie, ausgetrickst zu werden! Manche Versender verstecken ein kleines Bild unsichtbar in der Nachricht. Outlook Express überträgt beim Lesen des Bildes verschiedene Daten Ihres Rechners ins Internet (die der Versender zum Ausspionieren nutzen kann). Sind Sie offline, fällt so etwas auf und Sie können eine solche Nachricht schnell löschen. In Outlook Express 6 verhindern die Werkseinstellungen, dass Bilder bei der Anzeige der E-Mail hochgeladen werden.

HINWEIS

Manche Webseiten (z.B: *www.bundestag.de*) bieten Ihnen als besonderen Service die Teilnahme an **Mailinglisten** oder das Zusenden von **Newslettern** an. Bei Newslettern informiert Sie der Betreiber einer Seite per E-Mail über Neuerungen. Mailinglisten verteilen eine E-Mail an alle Teilnehmer der Liste. Dadurch können bestimmte Themen per E-Mail diskutiert werden. Bei beiden Angeboten müssen Sie Ihre E-Mail-Adresse hinterlassen. Achten Sie daher darauf, dass Sie nur bei seriösen Anbietern Abonnements eingehen. Die Modalitäten zum Abbestellen eines Abonnements finden Sie auf den Webseiten des Anbieters. Interessierte Leser(innen) möchte ich auf den von mir beim Verlag Markt+Technik publizierten Titel »Windows XP Sicherheit« aus der Buchreihe »Leichter Einstieg für Senioren« verweisen. Dieses Buch befasst sich mit Sicherheitsfragen und zeigt, wie sich der Computer sicher nutzen lässt.

Spam-Filter setzen

Wenn es mal passiert ist und Sie erhalten eine SPAM-Mail, löschen Sie diese einfach. Kommt von diesem Absender häufiger Post, können Sie dessen Nachrichten blockieren. Dies gilt natürlich auch, falls Sie sich einmal von einem penetranten Zeitgenossen belästigt fühlen, der Ihnen immer wieder unerwünschte E-Mails schickt.

1 Wählen Sie in Outlook Express im Menü *Extras* den Eintrag *Regeln* (bzw. *Nachrichtenregeln*) und klicken Sie im dann geöffneten Untermenü auf *E-Mail*.

Outlook Express öffnet ein Dialogfeld, in dem Sie E-Mail-Regeln aufstellen können. Outlook Express wendet diese Regeln an, sobald Post aus Ihrem E-Mail-Postfach abgeholt wird.

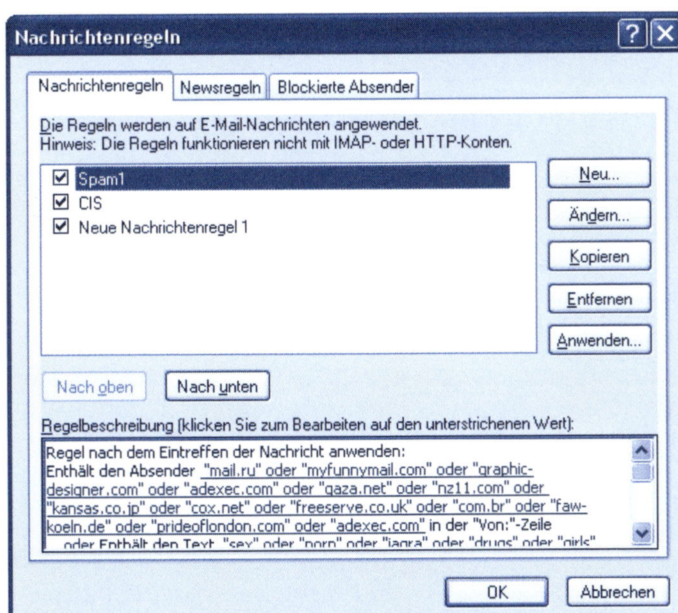

2 Klicken Sie auf die Schaltfläche *Neu*, um eine neue Regel zu definieren.

Über die restlichen Schaltflächen des Dialogfelds können Sie markierte Regeln bearbeiten, kopieren, löschen oder anwenden. Eine Regel, deren Kontrollkästchen nicht markiert ist, wird nicht angewandt.

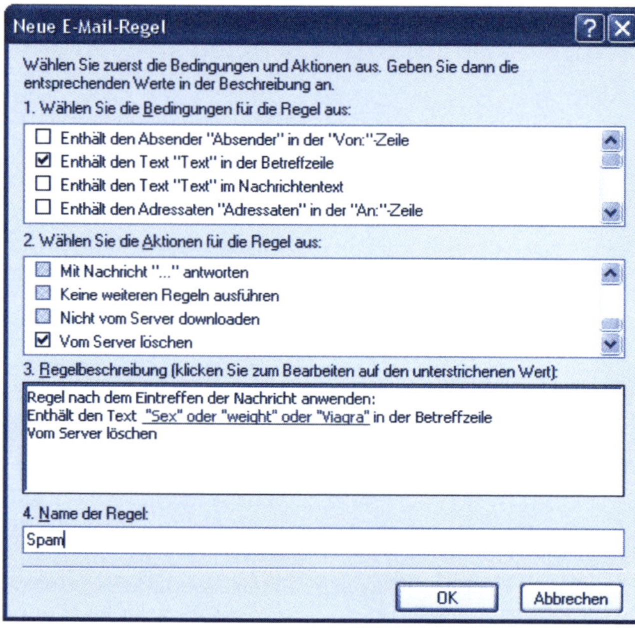

3 Markieren Sie im dann geöffneten Dialog das Kontrollkästchen mit der Bedingung, die anzuwenden ist.

Outlook Express zeigt diese Regel anschließend im 3. Feld *Regelbeschreibung* an.

4 Markieren Sie im 2. Feld *Aktionen* das Kontrollkästchen mit der auszuführenden Aktion.

Hier wurde »Vom Server löschen« markiert. Trifft die Regel also zu, wird die Nachricht bereits vor dem Herunterladen gelöscht. Bei den meisten Regeln müssen Sie das Filterkriterium noch verfeinern.

5 Klicken Sie im 3. Feld *Regelbeschreibung* auf den dort angezeigten Hyperlink (hier ist das der Hyperlink hinter »Enthält den Text ...«).

Outlook Express öffnet ein weiteres Dialogfeld, in dem Sie Wörter, die in solchen Spam-Mails vorkommen, eintragen können.

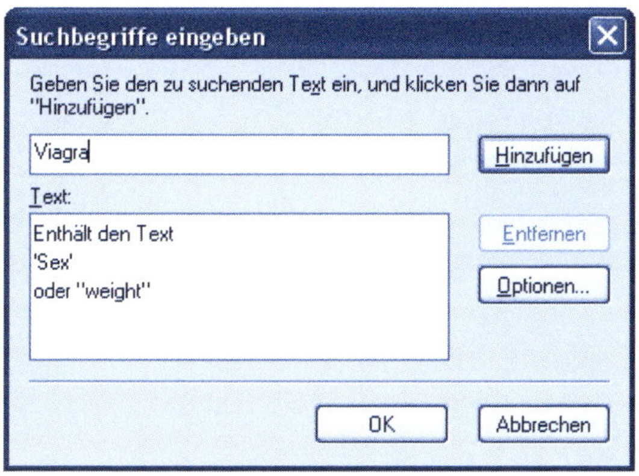

6 Tippen Sie die Bedingungen (hier die zu filternden Wörter) ein und klicken Sie auf die Schaltfläche *Hinzufügen*.

Bei Bedarf können Sie diese Schritte wiederholen und mehrere Adressen angeben.

7 Schließen Sie dann das Dialogfeld über die *OK*-Schaltfläche, vergeben Sie im Dialog mit der E-Mail-Regel noch einen Namen im 4. Feld *Name der Regel* und klicken Sie dann auf *OK*.

Dann werden die Regel(n) definiert und beim nächsten Abholen der Post angewandt. Mit etwas Überlegung lassen sich Regeln aufstellen, mit denen sich der meiste Werbemüll herausfiltern lässt. Allerdings besteht auch die Gefahr, dass Sie ungewollt nützliche Mails herausfiltern – hier müssen Sie also den goldenen Mittelweg finden. Zudem sollten Sie bedenken: Je mehr Nachrichtenregeln Sie definieren, umso länger dauert das Starten von Outlook Express.

HINWEIS

Viele Anbieter von E-Mail-Konten setzen bereits automatisch Spam-Filter ein, in denen Adressen bekannter unerwünschter Versender enthalten sind. Bei manchen E-Mail-Konten können Sie auch auf der Webseite des Kontos die Liste mit dem Spam-Filter anpassen.

An dieser Stelle möchte ich die Einführung in Outlook Express beenden. Sie haben eine Reihe grundlegender und auch professioneller Funktionen des Programms kennen gelernt. Es bietet Ihnen aber noch viele andere Optionen. Stöbern Sie einfach mal in der Programmhilfe, die sich über das Hilfemenü abrufen lässt!

Lernkontrolle

- **Wie können Sie einen E-Mail-Anhang ansehen?**
  (Nachricht öffnen und im Menü *Datei* den Befehl *Anlagen speichern* wählen.)
- **Wie erstellen Sie selbst einen Anhang zu einer E-Mail?**
  (Ziehen Sie die zu versendende Datei aus einem Ordnerfenster in den Dokumentbereich der gerade geschriebenen Nachricht.)
- **Wie löschen Sie eine E-Mail?**
  (Nachricht in der Nachrichtenleiste anklicken und dann die Schaltfläche *Löschen* betätigen.)
- **Wie können Sie Ihrem Adressbuch eine neue Adresse hinzufügen?**
  (Öffnen Sie das Adressbuch. Klicken Sie auf die Schaltfläche *Neu* und im Menü auf den Befehl *Neuer Kontakt*).

Chat, Foren und mehr

Websurfen und E-Mail beherrschen Sie jetzt schon. Aber das Internet hält noch mehr für Sie bereit. In diesem Kapitel möchte ich mit Ihnen einen kurzen Streifzug durch andere Funktionen unternehmen. Möchten Sie einfach mal wieder mit anderen Menschen »plaudern«, können aber aus verschiedenen Gründen das Haus nicht (mehr) verlassen? Oder möchten Sie ganz einfach unabhängig von Raum und Zeit mit anderen Menschen Kontakt aufnehmen? Dann ist »Chatten« vielleicht genau das Richtige für Sie. Oder Sie besuchen ein Forum. Brauchen Sie gelegentlich Zugang zu einem Fax? Bevor Sie sich ein solches Gerät zulegen, mit einem WEB.DE-E-Mail-Konto verfügen Sie bereits über eine solche Funktion. Wollten Sie Ihren Enkeln nicht längst mal eine SMS aufs Handy schicken? Die Kids werden Augen machen, wenn Oma oder Opa Geburtstagsgrüße aufs Handy »beamen«. Auch das ist per Internet möglich.

Das lernen Sie in diesem Kapitel **7**

- Chat – Smalltalk im Internet
- Gedankenaustausch in Foren
- Faxen Sie doch mal
- Auch Sie können SMS
- Meine Fotos im Internet
- Telefonieren per Internet

Chat – Smalltalk im Internet

Die Welt ist durch das Internet mittlerweile zu einem globalen Dorf geworden. Daher ist es nur folgerichtig, dass man sich gelegentlich zum Plaudern an bestimmten (virtuellen) Treffpunkten in diesem Dorf trifft.

Da im Internet alles mit englischen Begriffen belegt wird, hält man keine »Kaffekränzchen« oder »Plauderstunden« ab, sondern »chattet«. Die virtuellen Treffpunkte im Internet werden als **Chatraum** bezeichnet. Die Teilnehmer eines Chatraums tippen, wenn sie sich unterhalten wollen, kurze Texte per Tastatur ein, die dann in einem Fenster allen Teilnehmern der »Konferenz« angezeigt werden. Dieses **Chatten** erfolgt in Echtzeit, d.h., die Teilnehmer müssen zur gleichen Zeit an ihrem Computer sitzen und online sein. Um ein heilloses Durcheinander zu verhindern (wenn sich weltweit plötzlich Tausende von Chattern treffen) und das Ganze etwas zu strukturieren, gibt es die genannten Chaträume. Chaträume werden dabei nach Themengebieten geordnet, um Leute mit gleichen Interessen zusammenzubringen. Nachfolgend möchte ich Ihnen zeigen, wie auch Sie an solchen Chatrunden teilnehmen können.

HINWEIS

Ob das Chatten für Sie persönlich interessant ist, vermag ich nicht zu beurteilen. Ich weiß aber, dass es eine wachsende Fangemeinde gibt. Im Rahmen dieses Buchprojekts habe ich verschiedene Chatrunden besucht und sehr nette Leute getroffen. Es ist schon interessant, wenn sich Reni aus Kalifornien meldet und mit Leuten aus der alten Schweizer Heimat plaudert. Oder Bella berichtete mir, dass Sie gerade zwei Monate in Australien und einen Monat in Neuseeland verbracht hat. Dann gab es da noch die Seniorin, die sich von einem jungen Studenten Tipps zum Einrichten ihres Computers geben ließ. Für Leute, die ans Haus gebunden sind, kann das Chatten auch den Weg aus der Einsamkeit bilden. Sie bestimmen, ob und wann Sie an solchen Runden teilnehmen. Niemand kennt Ihre wahre Identität, Ihr Alter, Ihr

Aussehen und so weiter, wenn Sie dies nicht von sich aus preisgeben. Sie können einen Chatraum »betreten« und einfach nur »zuhören«, was die Leute so erzählen. Wenn Sie sich einen Überblick verschafft haben, tippen Sie einfach Ihre Wortbeiträge ein. Das ist kinderleicht und kann großen Spaß machen. Gerade im Seniorenbereich gibt es lokal organisierte Chatrunden, deren Teilnehmer sich auch im realen Leben an Stammtischen treffen. Also, was hält Sie davon ab, die ganze Sache einmal selbst zu probieren?

Was braucht man zum Chatten?

Chats werden von verschiedenen Anbietern über Internetseiten wie *webchat.freenet.de*, *www.oldies.ch*, *www.seniorentreff.at*, *www.seniorentreff.ch*, *www.seniorentreff.de* oder *www.feierabend.com* bereitgestellt. Zur Teilnahme an Chats brauchen Sie nur einen Internetzugang sowie einen Browser. Sie können also auch in einem Internetcafé an einem Chat teilnehmen. Eventuell benötigte Chatfunktionen werden bei Bedarf (als Java-Modul) im Browser installiert.

In der Regel ist zur Nutzung der (meist kostenfreien) Chaträume aber **eine Registrierung erforderlich**. Dabei werden Benutzername und Kennwort sowie ein Spitzname (Nickname) vergeben. Auf der Anmeldeseite finden Sie auch die Geschäftsbedingungen zur Teilnahme am Chat.

Um an einem Chat teilzunehmen, rufen Sie die Webseite des Anbieters auf und geben dann den Benutzernamen sowie das Kennwort ein. Nach dieser als Login bezeichneten Anmeldung gelangen Sie zur Auswahlseite des betreffenden Anbieters. Meist stellen die Anbieter mehrere so genannte **Chaträume**, geordnet nach Themen, bereit. Sie können dann einen Hyperlink mit dem gewünschten Thema anklicken. Nachdem der Browser Sie in den Chatraum weitergeleitet hat, tauchen Sie dort unter Ihrem Nicknamen (z.B. Katze24) auf. Sie können nun die »Unterhaltung« der Chatteilnehmer verfolgen und selbst Beiträge in den Chatraum stellen. Wie dies geht, wird nachfolgend an einem Beispiel gezeigt.

Mein erster Chat?

Haben Sie noch nie gechattet? Sorge, dass es nicht klappt? Brauchen Sie nicht zu haben. In Bezug aufs Chatten war ich auch mal ein blutiger Anfänger. Ich habe es trotzdem versucht, es hat Spaß gemacht und mir ist nur Gutes widerfahren. Unternehmen wir doch einfach mal einen Ausflug in einen solchen Chatraum.

TIPP

Damit Sie in einem Chatraum nicht allein auf weiter Flur sind, sollten Sie ihn zu bestimmten Uhrzeiten besuchen. Tagsüber ist meist nichts oder wenig los. So ab 18:00 werden die Telefontarife billiger und ab 20:00 kann es dann ziemlich voll werden. Wenn Ihnen dann die Sache zu bunt wird, können Sie sich ja wieder zurückziehen.

Fangen wir also einfach mit unserem Abstecher in einen Chatraum an. Hier sehen Sie, wie der Besuch in einem bestimmten Chatraum abläuft; bei Chaträumen anderer Betreiber ist der Ablauf ähnlich.

1 Rufen Sie im Browser die Website *www.oldies.ch* auf und klicken Sie auf der angezeigten Seite auf den Hyperlink *Chat*.

Nachdem die Seite und ein Java-Programm, welches die Funktionen bereitstellt, (automatisch aus dem Internet) geladen wurden, erscheint ein Begrüßungsbildschirm, in dessen Formular Sie sich jetzt anmelden müssen.

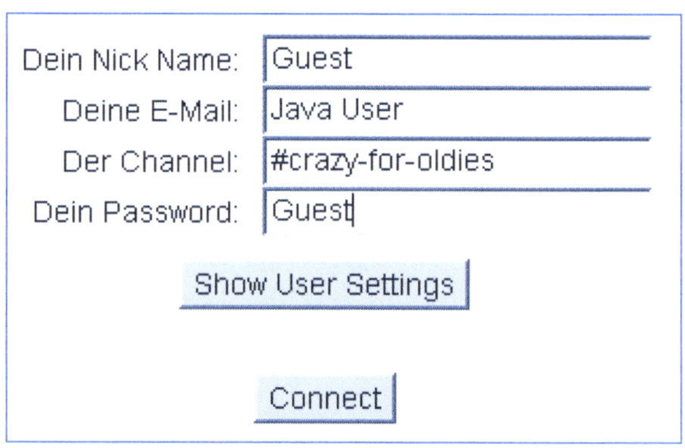

2 Geben Sie im Formular unter *Nick Name* »Guest« sowie das Password »Guest« ein und klicken Sie auf die Schaltfläche *Connect*, um den Chat als Gast zu betreten.

HINWEIS

Einen Nickname (engl. für Spitzname) mit Kennwort erhalten Sie in den meisten Chaträumen bei der Anmeldung. Beim hier gezeigten Angebot blättern Sie in der Anmeldeseite einfach zum Seitenende. Dort finden Sie ein Formular, in dem Sie diesen Namen ändern und ein Kennwort vergeben können. Bei der nächsten Anmeldung werden Sie dann nach dem Kennwort gefragt. Das verhindert einen Missbrauch des Nickname durch andere.

Nach der Anmeldung und dem Laden des Java-Programms (kann beim ersten Mal einige Minuten dauern) zeigt der Browser die verfügbaren Chaträume (linke Spalte), den gerade besuchten Chatraum (mittlere Spalte) sowie die im Raum anwesenden Besucher (rechte Spalte). Hier bin ich als »Guest36817« im Raum vertreten. Anwesende wie »ChanBot« und »chatoldie« sind durch das vorangestellte @-Zeichen als Operatoren oder Roboter zu erkennen.

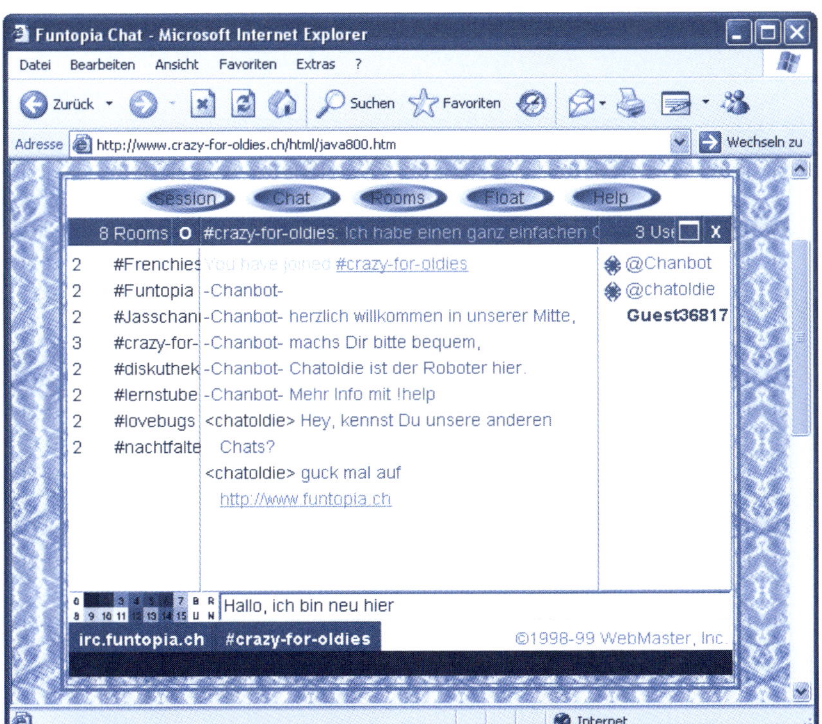

Wenn Sie den Chatraum »betreten«, werden Sie üblicherweise durch einen Channelroboter (das ist ein Programm) begrüßt. Manchmal kommen auch Operatoren (dies sind Menschen) in den Chatraum und greifen helfend bei Problemen ein.

Im mittleren Teil sehen Sie dann die Mitteilungen der einzelnen Chatter. Vor jedem Text wird der Name des Teilnehmers in spitze Klammern <...> gesetzt. Sie können die »Unterhaltung« im Chatraum erst einmal mitverfolgen.

3 Möchten Sie selbst einen Beitrag liefern, klicken Sie in das Textfeld im unteren Teil des Chatfensters, tippen den gewünschten Text ein und drücken dann die ↵-Taste. Der Text wird dann im Chatbereich erscheinen.

HINWEIS

Chatten lebt von den einzelnen Menschen, die den Chatraum betreten. Im **Chat wird** zwar **gedutzt**, **aber gutes Benehmen** und die Einhaltung gewisser Umgangsformen gelten **natürlich** auch im Chatraum. Für Chats gibt es die schon erwähnte **Netiquette**, die einige Grundregeln – eigentlich Selbstverständlichkeiten – beschreibt. Höfliches und freundliches Benehmen wird vom Gegenüber erwartet, Beleidigungen, Verletzungen religiöser, weltanschaulicher oder ethischer Art, rassistische Äußerungen etc. sind tabu!

Beim Betreten eines Chatraums sollte der Neuankömmling die Teilnehmer begrüßen (z.B. »Hallo an alle«). Ist vielleicht etwas schwierig, wenn man noch ganz neu und etwas ängstlich ist. Aber ein »Guten Tag« oder ein »Hallo« kriegt eigentlich jeder zustande. Sagen Sie notfalls: »Hallo, ich bin neu hier und möchte erst einmal zuhören.« Das wird von den meisten Teilnehmern akzeptiert. Wenn Sie sich sicherer geworden sind, können Sie ja aktiv am Chat teilnehmen.

Auch das Verlassen des Chatraums sollte mit einer netten Geste angekündigt werden (z.B. »ich muss jetzt gehen – bis bald«). Warten Sie dann noch eine Minute, um die Antworten der anderen Chatter zu lesen.

TIPP

Zum Verlassen des Chatraums schließen Sie nicht einfach das Browserfenster. Vielmehr benutzen Sie das entsprechende Symbol oder die dafür vorgesehene Schaltfläche. Im hier gezeigten Chatraum klicken Sie auf die Schaltfläche, die sich in der rechten oberen Ecke des Chatbereichs befindet.

Ähnlich wie bei E-Mails kursieren auch in Chaträumen einige Abkürzungen. Am Anfang ist es sicherlich ungewohnt (geht mir zumindest so), die vielen Abkürzungen richtig zu deuten. Glücklicherweise gehen Menschen höheren Alters mit solchen Kürzeln sparsam um. Die folgende Tabelle zeigt Ihnen einige der häufigsten verwendeten Kürzel.

:-)	Lächeln, Freude	:-(	Traurigkeit
;-)	Augenzwinkern	:-o	Erstaunen
.-*	Küsschen	:-V	Flüstern
bbb	Bye bye baby	**g *gg***	Grinsen
cu	See you (Tschüss)	**cul**	See you later (Bis bald)
hand	Have a nice day (Schönen Tag noch)	**hant**	Have a nice time (Viel Spaß)
lol	Laughing out loud (lautes Lachen)	**thx**	Thanks (Danke)

HINWEIS

Häufig werden Abkürzungen durch zwei Sternchen *cu* vom restlichen Text abgesetzt. Die meisten Chatseiten bieten im Eingangsbereich Links, über die Sie Informationen zur Handhabung des Chats, zur Netiquette und auch zu den Smileys und den Abkürzungen abrufen können.

TIPP

Mein persönlicher Tipp: Gehen Sie sparsam mit Smileys um, Missverständnisse passieren leicht (das Symbol :-x bedeutet »Schweigen wie ein Grab«, während .-x für ein Küsschen stehen kann). Mit *g*, *lol* und *cu* kommen Sie eigentlich ganz schön weit.

Privates und flüstern

Mit der Zeit lernen Sie einige Chatter besser kennen und dann möchten Sie vielleicht mit einer bestimmten Person privatere Dinge austauschen, ohne dass alle Teilnehmer des Chatraums die Mitteilungen mitlesen können. Oder im Chatraum ist zu viel los und es wird schwierig, die Beiträge zu verfolgen. Für diesen Zweck gibt es in den meisten Chaträumen die Funktion des »Flüsterns« (manchmal auch als »Whisper« bezeichnet). Meist genügt ein Doppelklick auf den betreffenden Nickname, um ein eigenes Chatfenster zu öffnen.

Darin können Sie eine private Unterhaltung mit Ihrem »Gegenüber« führen. Ihre Nachrichten werden dann ausschließlich dem Chatter/der Chatterin angezeigt, mit dem/der Sie flüstern, und umgekehrt.

HINWEIS

Solches Flüstern kann aber auch als »Nötigung« empfunden werden. Sie sollten die Teilnehmer daher schon etwas besser kennen, auf jeden Fall sehr behutsam anfragen. Jemand, der neu im Chat ist und nur beobachtet, wird für das Flüstern nicht zu gewinnen sein.

Hier sehen Sie eine solche private Sitzung, die zwischen Billy und Bella stattfindet. Die Beiträge von Bella im Privatchat werden durch Sternchen (*bella*) gekennzeichnet.

Wie die Funktionen zum Flüstern in den jeweiligen Chaträumen aussehen, wie die Fenster der Chaträume gestaltet sind etc., hängt vom jeweiligen Betreiber ab.

An dieser Stelle möchte ich die Einführung zum Chatten beenden. Sie haben den grundsätzlichen Ablauf kennen gelernt. Suchen Sie sich einen Chatbereich aus, in dem Sie sich registrieren lassen. Zunächst können Sie ja nur einmal beobachten – mit Sicherheit werden Sie aber schnell aktiv mitmachen, nette Leute kennen lernen und viel Spass haben! Hilfe zu den Funktionen der jeweiligen Chaträume bieten die meisten Seiten über Hilfe-Links an.

Gedankenaustausch mit Foren

Beim Chat müssen alle Teilnehmer zur gleichen Zeit anwesend sein, um Gedanken auszutauschen. Bei E-Mail gehen die Nachrichten vom Absender zu vorgegebenen Empfängern. Beides hat Vor- und Nachteile. Bevorzugen Sie einen Gedankenaustausch mit Dritten, ohne vorgegebene Empfänger und Zeiten? Dann sind Foren vielleicht das Richtige für Sie. Ein Forum ist so etwas wie ein »schwarzes Brett«. Ein registrierter Benutzer kann einen Textbeitrag ins Forum stellen. Dieser Beitrag bleibt auf der Webseite des Forums stehen und kann von Dritten gelesen und von angemeldeten Benutzern beantwortet werden. Der Besuch eines Forums ist recht einfach, seit die betreffenden Funktionen über Webseiten zugänglich sind. Die hier gezeigte Forumsseite erreichen Sie, indem Sie auf der Webseite *www.feierabend.com* auf den Hyperlink *Forum* klicken. Auf der Übersichtsseite mit den einzelnen Foren klicken Sie auf einen Forumsnamen, um die Seite mit den Beiträgen abzurufen.

Die Forumeinträge werden durch einen als Hyperlink ausgeführten Titeltext in einer Liste geführt. Sie sehen das Pseudonym des Verfassers bzw. der Verfasserin, die Zahl der Antworten zum Beitrag und ein Datum. Beiträge lassen sich auch von unregistrierten Benutzern durch einen Klick auf die betreffende Titelzeile abrufen und ansehen. Zur Beantwortung eines Beitrags ist in vielen Fällen aber eine Anmeldung im Forum erforderlich. Näheres finden Sie auf der betreffenden Forumsseite.

HINWEIS

Es gibt eine Vielzahl an Foren, die ich hier nicht alle vorstellen kann. Unter *www.seniorentreff.de*, *www.seniorentreff.at* oder *www.seniorentreff.ch* erreichen Sie ebenfalls ein Forumsangebot. Vielleicht geben Sie auf der Webseite *www.web.de* die Stichwörter »Foren + Senioren« ein. Sie werden eine umfangreiche Liste mit Foren erhalten.

Faxen Sie doch mal

Faxgeräte spielen vor allem im Geschäftsbereich zur schnellen Übermittlung von Nachrichten (noch) eine gewisse Rolle. Ein Fax schlägt einen Brief, was Schnelligkeit, Bequemlichkeit und Kosten betrifft. Auch wenn der Austausch von Faxnachrichten im Zeitalter von E-Mail zurückgeht, braucht man so etwas gelegentlich auch als Privatperson. Vor vielen Jahren habe ich ein solches Faxgerät für viel Geld für mein Büro gekauft. Zwischenzeitlich ist das Fax allerdings defekt. Da ich nur noch wenige Faxe versenden oder empfangen muss, habe ich auf den Kauf eines Ersatzgeräts verzichtet und benutze Alternativen. Einmal lässt sich ein Computer mit Modem oder ISDN-Karte über spezielle Faxprogramme zum Versenden und Empfangen von Faxnachrichten nutzen. Entsprechende Software liegt oft den Modems bzw. ISDN-Karten bei. Diese Lösung nutze ich nun teilweise im Büro. Allerdings ist der Faxempfang kritisch, da mein Computer oft abgeschaltet ist.

Für Privatpersonen gibt es aber eine einfachere Möglichkeit: Die betreffenden Funktionen stehen auch im Internet zur Verfügung. Wer sich ein kostenloses E-Mail-Konto bei WEB.DE einrichtet, erhält automatisch eine Faxnummer zugewiesen. Wie sich die Faxfunktionen von WEB.DE nutzen lassen, möchte ich nachfolgend zeigen.

So geht's – ein Fax versenden

Das Versenden von Faxnachrichten kann nur auf der Webseite Ihres E-Mail-Kontos bei WEB.DE erfolgen – eine Vorbereitung in Outlook Express ist leider nicht möglich.

1 Melden Sie sich per Browser an Ihrem WEB.DE-E-Mail-Konto an (*freemail.web.de* als Adresse eintippen und dann mit Benutzernamen und Kennwort anmelden).

2 Klicken Sie in der linken Spalte des Browserfensters auf den Eintrag *Fax* der Gruppe »Neu«.

Im Browser wird Ihnen jetzt die Webseite mit dem Formular zum Entwurf eines Faxes gezeigt. Im Kopf der Seite erscheinen bereits Ihre Absenderangaben samt Adresse, E-Mail-Adresse und Ihrer Faxnummer bei WEB.DE.

3 Tippen Sie in den betreffenden Feldern die Faxnummer des Empfängers sowie dessen Namen und den Text der Nachricht ein.

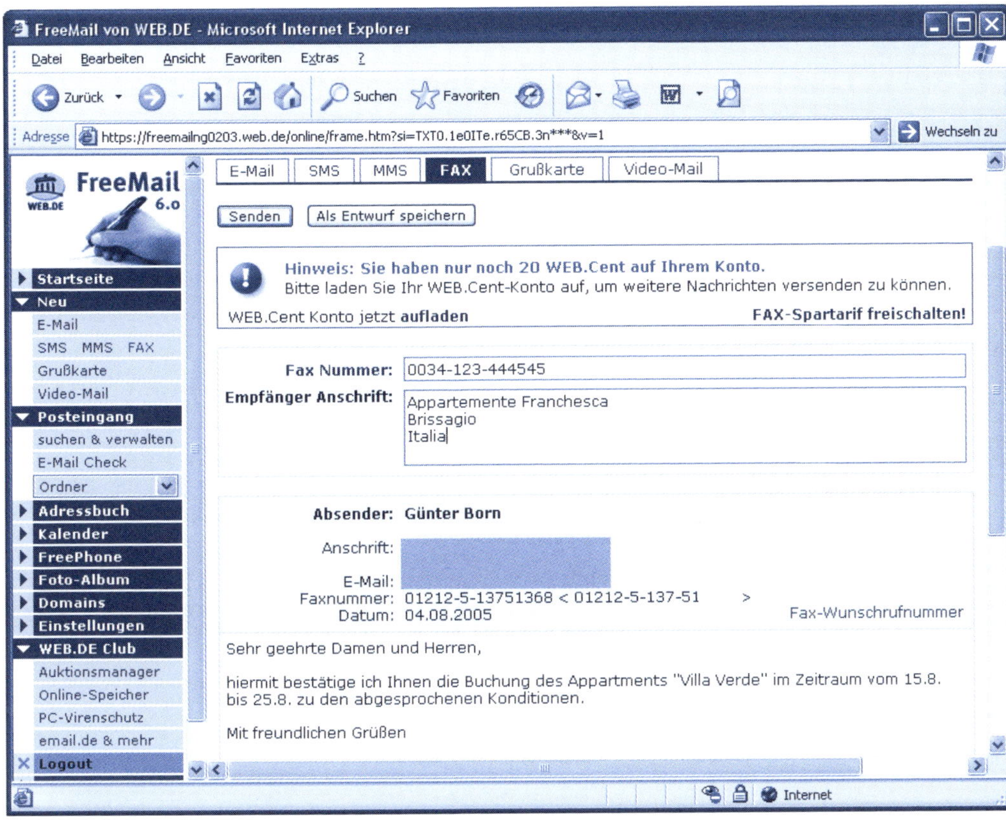

4 Bei Bedarf können Sie den Text der Nachricht auf Tippfehler überprüfen, indem Sie im Listenfeld am Seitenende eine Sprache einstellen und dann auf die Schaltfläche *Rechtschreibung* klicken.

5 Klicken Sie dann auf die Schaltfläche *Senden*.

Die Seite mit dem Faxentwurf verschwindet. Sie erhalten dann den Hinweis, dass das Fax für den Versand vorbereitet wurde. Ein erfolgreicher Versand wird Ihnen über eine entsprechende E-Mail mitgeteilt.

HINWEIS

Der Versand der Faxnachrichten ist ein kostenpflichtiger Dienst von WEB.DE, dass zugehörige WEB.DE-Konto muss ein entsprechendes Guthaben aufweisen. Dann können Sie FAX- und SMS-Nachrichten versenden. Jedes Mal wird ein entsprechender Betrag vom WEB.DE-Konto abgebucht. Ein leeres WEB.DE-Konto können Sie jederzeit (wie eine Geldkarte) neu aufladen. Im Kopf des FAX-Formulars finden Sie hierzu den Verweis *aufladen*. Über den betreffenden Hyperlink gelangen Sie zu einer Seite, auf der Sie Guthaben mit festen Eurobeträgen (10, 20 Euro etc.) nachladen können. Die Abbuchung der betreffenden Beträge erfolgt per Kreditkarte, Abbuchung oder Überweisung. Details entnehmen Sie der betreffenden Webseite. Die Kosten pro FAX oder SMS sind in den Preislisten des Anbieters WEB.DE zu finden (abrufbar über die betreffenden Webseiten).

ACHTUNG

Verzichten Sie auf die Nutzung von Internetseiten, die das kostenlose Versenden von FAX- oder SMS-Nachrichten anpreisen. Einige Seiten versuchen heimlich, einen (als Zugangssoftware getarnten) 0900-Dialer einzuschmuggeln, der dann die teure Zugangsnummer dieses Anbieters bei jeder Internetverbindung anwählt. Oder die Anbieter verlangen die Angabe Ihrer E-Mail-Adresse, ohne jedoch eine Verpflichtung zum Versenden der Nachricht einzugehen. Im besten Fall kommt Ihre Nachricht nie an, im schlimmsten Fall geben die Anbieter Ihre E-Mail-Adresse an obskure Adresshändler weiter. Dann brauchen Sie sich nicht mehr zu wundern, wenn Ihr Postfach zukünftig durch Spam-Mails verstopft ist.

Und der Faxempfang – wie geht der?

Sobald Sie bei WEB.DE ein E-Mail-Konto beantragen, wird Ihnen auch eine Faxnummer zum Empfang zugeordnet. Diese Faxnummer sehen Sie beim Schreiben einer Faxnachricht im Kopfteil der Seite. Zudem finden Sie nach der Anmeldung auf der Startseite des WEB.DE-Kontos Ihre persönliche Faxnummer.

An diese (gebührenpflichtige) Nummer kann Ihnen jeder ein Fax schicken. Mit diesen Gebühren kann WEB.DE einen Teil der Kosten für das Postfach finanzieren.

Das unter dieser Nummer eintreffende Fax wird dann in eine Grafikdatei im so genannten TIFF-Format umgewandelt und im E-Mail-Posteingang gespeichert. Zum Ansehen des Faxes können Sie den Posteingang der Webseite verwenden. Eleganter ist aber folgendes Vorgehen:

1 Benutzen Sie wie gewohnt das Programm Outlook Express zum Herunterladen der Post (siehe vorhergehendes Kapitel).

2 Öffnen Sie den Posteingang, um die Nachrichtenleiste anzeigen zu lassen.

Ein Fax wird in der Nachrichtenleiste entsprechend dargestellt und mit dem Zeichen für einen Anhang versehen.

3 Klicken Sie auf die betreffende Zeile und speichern Sie den Anhang wie in Kapitel 6 gezeigt mit dem Befehl *Anlagen speichern* des Menüs *Datei*.

Ein Fax besteht aus zwei Anlagen, einer Datei *fax.tif* und einer Protokolldatei *FaxLogFile.txt*. Den Inhalt der Datei *fax.tif* lassen Sie in einem Grafikprogramm, das TIFF unterstützt, anzeigen. Oft reicht es schon, die TIFF-Datei im Ordnerfenster per Doppelklick anzuwählen, um deren Inhalt in einem Programmfenster anzuzeigen.

TIPP

Viele Windows-Versionen werden mit dem Programm *Kodak Imaging* ausgeliefert, das TIFF-Dateien anzeigen kann. Das Programm lässt sich über die Registerkarte *Windows Setup* in der Gruppe *Zubehör* nachträglich installieren. Die Registerkarte öffnen Sie über das Symbol *Software* im Ordner der Systemsteuerung (im Startmenü auf *Einstellungen/Systemsteuerung* klicken). Ab Windows XP steht die Bild- und Faxanzeige für diesen Zweck bereit.

HINWEIS

Unter der für den Faxempfang aufgeführten Nummer können Ihnen auch Sprachnachrichten übermittelt werden. Sie können dann den Anhang als Audiodatei speichern und über die Soundkarte Ihres PCs anhören. Das ist aber eine technische Spielerei, die ich hier nicht weiter beschreiben möchte

Auch Sie können SMS

Bei Handybesitzern, insbesondere bei den Kids, sind sie ja sehr beliebt: SMS, die kurzen Nachrichten (»Was machst Du gerade?«), die zwischendurch ausgetauscht werden. Das Kürzel SMS steht für **S**hort **M**essage **S**ervices, einen Dienst, mit dem kurze Textzeilen an bestimmte Geräte wie Handys verschickt werden können.

Entstanden ist SMS aus der Überlegung heraus, dass mit dem Handy kurze geschriebene Texte (z.B. »Termin findet bereits um 14:00 statt - Hugo«) preiswerter als mit einem Telefonat übermittelt werden können. Irgendwann wurde die Kommunikation per SMS dann zum Kult und viele Eltern erblassen regelmäßig, wenn sie die horrenden Rechnungen, die ihre Kinder für das Versenden von SMS-Nachrichten auf dem Handy verursachen, sehen.

Möchten Sie Ihre Enkel und Kinder mal mit einer SMS überraschen? Ist Ihnen das Ganze per Handy viel zu kompliziert oder besitzen Sie gar kein Handy? Wollen Sie selbst auch per SMS erreichbar sein?

HINWEIS

Der Versand von SMS-Nachrichten ist mittlerweile bei den meisten Anbietern kostenpflichtig oder erfordert zumindest eine Registrierung. Auf der Website *www.xonio.com* finden Sie unter der Rubrik »Tipps & Ratgeber« auch eine Liste mit Angeboten zum SMS-Versand per Internet. Allerdings bin ich sehr zurückhaltend bei Anbietern kostenloser SMS-Dienste, da ich befürchte, dass die Handynummer an Adresshändler weitergegeben wird. Der arme Handybesitzer wird dann künftig mit Werbe-SMS bombardiert, die im ungünstigsten Fall noch den Rückruf einer teuren 0900er oder 0190er Nummer fordern. Besitzen Sie beim Anbieter WEB.DE ein E-Mail-Konto, können Sie dieses auch zum Verschicken von SMS nutzen. Wie bei FAX-Nachrichten muss Ihr WEB.DE-Konto ein entsprechendes Guthaben aufweisen.

Eine SMS verschicken

Sie werden es schon geahnt haben: Um eine SMS zu verfassen und kostenlos zu verschicken, benötigen Sie wieder Zugang zu den Webseiten Ihres E-Mail-Kontos bei WEB.DE.

1 Rufen Sie im Internet Explorer die WEB.DE-Webseite Ihres E-Mail-Kontos ab (*freemail.web.de* als Adresse eintippen und dann mit Benutzernamen und Kennwort anmelden).

2 Klicken Sie in der linken Spalte des Browserfensters auf den Link *SMS* der Gruppe »Neu«.

Im Browser wird Ihnen jetzt die Webseite mit dem Formular zum Verfassen der SMS gezeigt.

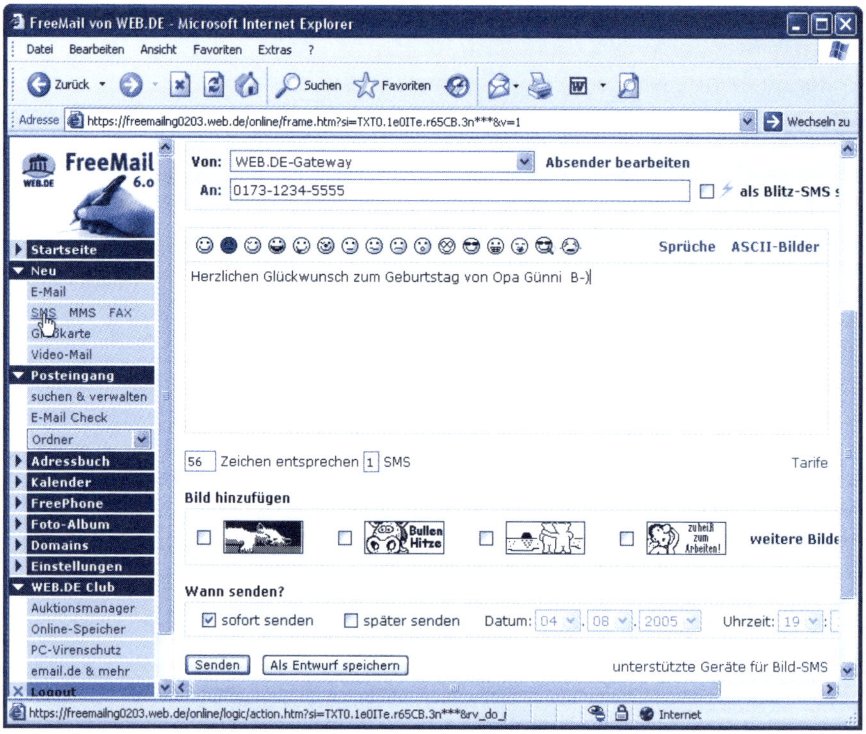

3 Tippen Sie im betreffenden Feld die Nummer des Mobiltelefons (die Handynummer) ein.

4 Tippen Sie anschließend die bis zu 160 Zeichen lange Nachricht im entsprechenden Feld ein. Längere Texte werden auf mehrere SMS verteilt.

5 Klicken Sie auf die am Seitenende oder im Seitenkopf gezeigte Schaltfläche *Senden*.

Anschließend wird die SMS verschickt. In Ihrem E-Mail-Postfach wird Ihnen der Versand bestätigt. Die SMS wird schnellstmöglich an den Empfänger zugestellt.

Voraussetzung zum Versand von SMS- oder anderer Nachrichten ist aber, dass Ihr Konto bei WEB.DE noch ein Guthaben aufweist. Dieses Konto lässt sich wie im Abschnitt zum Faxversand erläutert, per Überweisung oder Abbuchung auffüllen.

Ist doch ganz einfach, oder? Was hält Sie davon ab, selbst einmal SMS auszuprobieren? Ihre Enkel werden Augen machen, wenn ganz unerwartet der Gruß von Oma oder Opa erscheint.

Der Clou – auch Sie können SMS empfangen

SMS soll für Sie, auch wenn Sie kein Handy besitzen, nicht zur Einbahnstrasse werden. Ein Empfänger kann eine von Ihnen verschickte SMS natürlich beantworten. Mangels Handynummer verwendet der Sender dabei Ihre E-Mail-Adresse bei WEB.DE, die gleichzeitig als SMS-Adresse dient.

- Erhält die betreffende Person eine SMS, muss sie zur Rückmeldung lediglich die Option *Antworten* an ihrem Gerät wählen. Dann gibt sie Ihre WEB.DE-E-Mail-Adresse, gefolgt von einem Leerzeichen und dem Antworttext ein. Dabei darf sie anstelle des Zeichens @ auch ein Sternchen * verwenden (z.B. hbach*web.de).
- Alternativ können Ihre Bekannten Ihnen eine SMS über Ihre E-Mail-Adresse bei WEB.DE zukommen lassen. Hierzu schreibt der Absender die SMS gemäss obigen Angaben mit vorangestellter WEB.DE-E-Mail-Adresse (z.B. *hbach*web.de Treffen wir uns um 14 Uhr zum Kaffee - Heidi*). Dann ist abhängig vom Mobilfunknetz eine der in folgender Tabelle aufgeführten Nummern zu wählen.

Nummer	Mobilfunknetz
73206	D1-Netz
82899	D2-Netz
0163-3432944 0163-3432943	E-Plus
9323	O2

Die SMS wird Ihnen dann als E-Mail zugestellt. Sie können die Nachricht wie gehabt in Outlook Express aus dem Postfach herunterladen und wie eine E-Mail ansehen.

HINWEIS

SMS lässt sich natürlich nicht nur für Grüße an Kinder oder Enkel, sondern auch für die Kommunikation mit Bekannten nutzen. Eine kurze SMS aufs Handy und schon ist die Verabredung fürs Kino oder zum Kaffee getroffen.

Bei WEB.DE gibt es zudem die Möglichkeit, Blitz-SMS und POP3-SMS zu nutzen. Blitz-SMS werden direkt auf dem Handy angezeigt, der Empfänger braucht keine Tasten zu drücken. POP3-SMS erlaubt Ihnen die SMS direkt in Outlook Express zu verfassen, Sie sparen sich den Umweg über das Freemail-Postfach im Web. Weiterhin können Sie auch Bildnachrichten (MMS) an Handys schicken, die dieses Format unterstützen. Details zu diesen Funktionen finden Sie in den Hilfeseiten von WEB.DE, die Sie aus den betreffenden Formularen abrufen können. Die WEB.DE-Freemail-Seite bietet darüber hinaus weitere nette Funktionen wie die Möglichkeit zum Versenden von Grußkarten, das Veröffentlichen von Fotoalben etc.

Neben WEB.DE gibt es viele weitere Anbieter (z.B. GMX), die SMS-Versand als kostenpflichtige Leistung anbieten. Leser aus der Schweiz oder aus Österreich sollten prüfen, welche Mobilfunkanbieter mit SMS-Versand verfügbar sind. Geben Sie in einer Suchmaschine das Stichwort »SMS« ein. Dann werden mit Sicherheit entsprechende Anbieter ausgeworfen.

Meine Fotos im Internet

Viele Benutzer besitzen zwischenzeitlich Digitalkameras. Zudem kann man auch Filme bei der Entwicklung im Labor auf eine Foto-CD abziehen lassen. Statt nun Papierbilder der letzten Feier rund zu schicken oder Abzüge zu bestellen, können Sie ausgesuchte Fotos auch im Internet veröffentlichen. Kennen Freunde und Bekannte die Internetadresse, können diese die Fotos ansehen und gegebenenfalls auf den eigenen Computer herunterladen. Einige Fotolabors bieten dies als Zugabe bei der Filmentwicklung an. Wer aber ein E-Mail-Konto bei WEB.DE besitzt, kann seine Fotoalben kostenlos über diesen Anbieter ins Internet stellen.

1 Melden Sie sich im Browser an Ihrem E-Mail-Konto unter *freemail.web.de* an und klicken Sie auf der Startseite den Hyperlink *Fotoalbum* an.

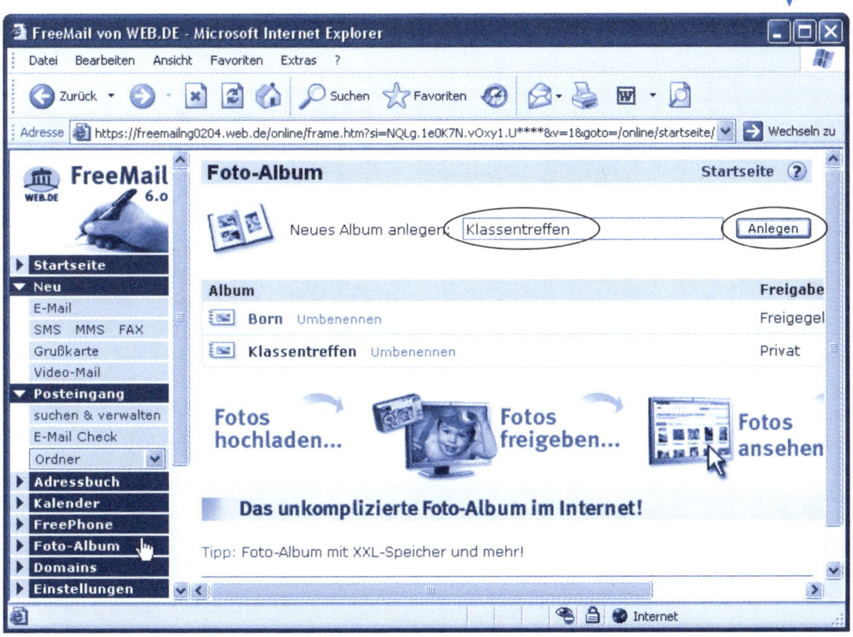

2 Klicken Sie im dann angezeigten Formular auf das Textfeld *Neues Album anlegen*, tippen Sie einen Namen für das Album ein und klicken Sie danach auf die Schaltfläche *Anlegen*.

WEB.DE erzeugt dann ein Album unter dem betreffenden Namen und blendet dieses auf der Seite in der Liste *Album* als Hyperlink ein. Jetzt können Sie Fotos von Ihrem Computer in das betreffende Album laden. Hierzu gehen Sie folgendermaßen vor:

1 Klicken Sie auf den Hyperlink des betreffenden Albums, um zur Detailseite zu gelangen. Diese Detailseite ist als Formular gestaltet.

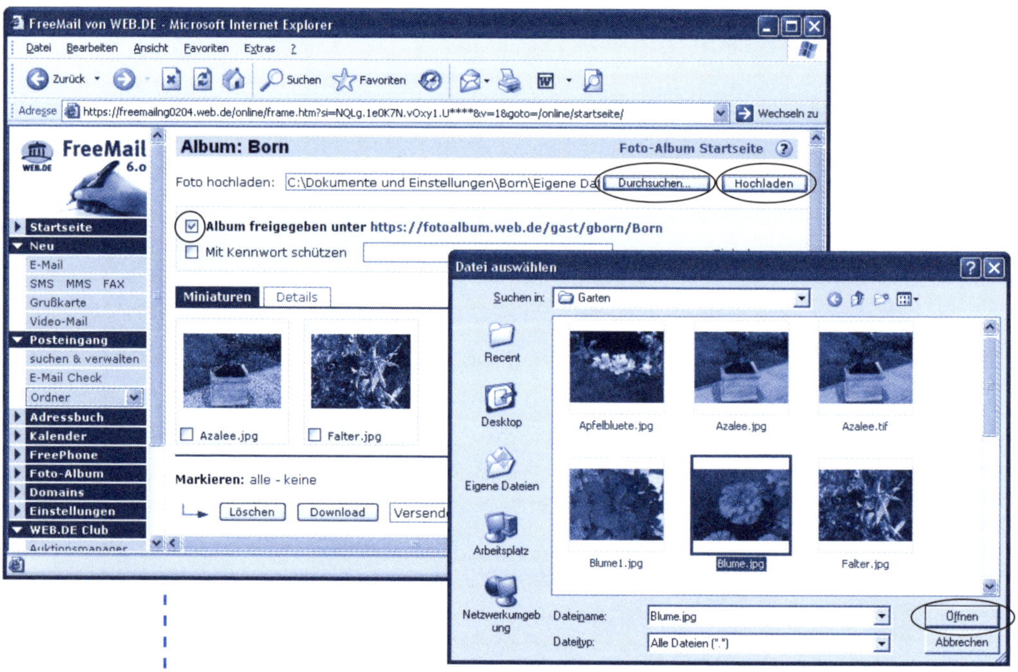

2 Klicken Sie im Formular auf die Schaltfläche *Durchsuchen*, wählen Sie im dann eingeblendeten Dialogfeld *Datei auswählen* den Fotoordner mit den gewünschten Fotodateien.

3 Klicken Sie auf die gewünschte Fotodatei und bestätigen Sie dies über die Schaltfläche *Öffnen* des Dialogfelds.

4 Sobald das Dialogfeld verschwunden ist, wählen Sie die Schaltfläche *Hochladen* in der Formularseite des Albums.

Der Browser beginnt nun mit dem Hochladen der Fotodatei in das Fotoalbum, welches auf einem WEB.DE-Server eingerichtet wurde. Dieses Hochladen kann, je nach Größe der Fotodatei und der Übertragungsgeschwindigkeit Ihres Internetzugangs einige Minuten dauern. Nach dem Hochladen wird ein Miniaturabbild des Fotos im Formular angezeigt. Sie können auf diese Weise mehrere Fotodateien hochladen. Bisher haben aber nur Sie Zugriff auf die Fotos. Möchten Sie, dass Freunde und Bekannte die Fotos im Internet ansehen können?

5 Markieren Sie im Formular das Kontrollkästchen *Album freigeben unter*. Bei Bedarf können Sie das Album noch durch ein Kennwort schützen, indem Sie das Kontrollkästchen *Mit folgendem Kennwort geschützt* markieren und ein Kennwort im zugehörigen Textfeld eintippen.

WEB.DE blendet nach der Freigabe die Internetadresse, unter der die Fotos hinterlegt sind, als Hyperlink im Formular ein. Klicken Sie auf den Hyperlink, wird das Album in einem neuen Fenster des Browsers angezeigt. Sofern ein Kennwort vereinbar wurde, muss der Benutzer dieses beim Aufrufen der Seite im Browser eintippen.

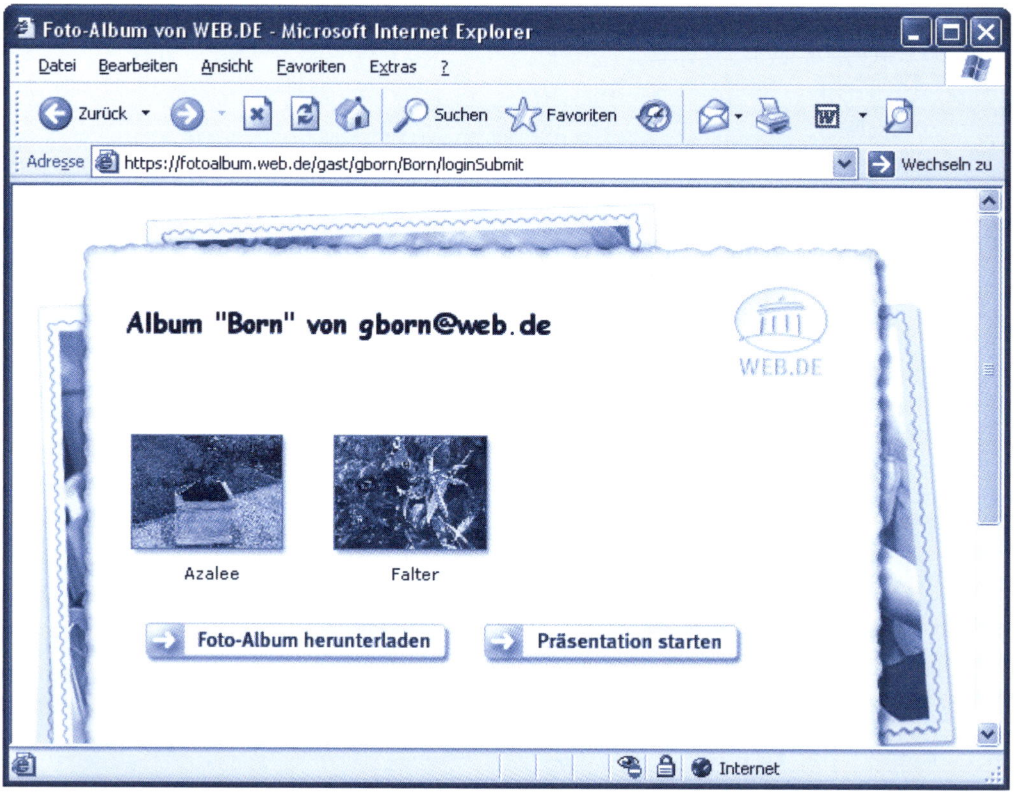

Anschließend lassen sich die im Album hinterlegten Fotos als Präsentation abrufen. Zudem kann der Benutzer sich die Fotos als Dateien auf den eigenen Computer herunterladen. Dies ist oft günstiger als der Versand per E-Mail.

Telefonieren per Internet

Besitzer eines schnellen DSL-Internetzugangs haben die Möglichkeit, über das Internet zu telefonieren (auch als Voice-over-IP-Telefonie, oder kurz **VoIP**, bezeichnet). Das funktioniert nicht nur zu anderen Teilnehmern im Internet. Über eine Vermittlungsstelle (Gateway) des Anbieters kann aber auch jede beliebige Nummer im Festnetz oder auf dem Handy (Inland oder Ausland) angerufen werden. Gespräche zwischen Internetteilnehmern sind meist kostenlos. Verbindungen ins Festnetz werden bei den meisten Anbietern um ein Vielfaches preiswerter als bei den lokalen Telefongesellschaften angeboten. Wer bereits einen DSL-Volumentarif oder gar eine Flatrate besitzt, für den ist dieses Gebührenmodell sehr interessant. Erkundigen Sie sich ggf. beim Anbieter Ihres DSL-Anschlusses bzw. auf dessen Webseiten (1&1: *www.1und1.de*, Freenet: *www.freenet.de* etc.), ob dieser das Telefonieren per Internet unterstützt.

Es geht aber auch anders. Besitzen Sie ein kostenloses E-Mail-Konto bei WEB.DE? Dann können Sie das Konto zum Telefonieren über Internet freischalten, auch wenn der DSL-Anschluss bei einem anderen Anbieter besteht.

1 Starten Sie den Browser und melden Sie sich mit Ihren Zugangsdaten unter *freemail.web.de* an.

2 Klicken Sie auf der Startseite des E-Mail-Kontos auf den Hyperlink *FreePhone*.

3 Sie gelangen zu den Webseiten, auf denen Sie die Telefonfunktionen freischalten und die benötigten Angaben tätigen.

Bei der Freischaltung (die übrigens kostenlos ist und auch keine laufenden Gebühren verursacht) wird Ihnen auch eine Telefonnummer, unter der Sie per Internet erreichbar sind, zugewiesen. Da aber bei Gesprächen ins Mobilfunk- oder Festnetz Telefongebühren anfallen, müssen Sie bei der Anmeldung angeben, wie die anfallenden Telefongebühren zu begleichen sind. Näheres findet sich auf den FreePhone-Anmeldeseiten.

Wie funktioniert jetzt das Telefonieren im Internet, bzw. welche Geräte braucht man dafür? Das NonPlusUltra in Punkto Komfort und Benutzbarkeit stellen die von der Firma AVM hergestellten Lösungen FRITZ!Box Fon bzw. FRITZ!Box WLAN dar. Diese enthalten bereits ein DSL-Modem, welches über Kabel mit dem DSL-Splitter verbunden wird (siehe Kapitel 1).

Über einen Netzwerkanschluss oder ein Funknetz (bei FRITZ!Box WLAN) kann der Computer mit dem DSL-Modem Daten austauschen. Dies funktioniert also alles wie gewohnt.

(Quelle: AVM)

Je nach FRITZ!Box-Variante können Sie aber über zusätzliche RJ 45-Buchsen zwei analoge Telefone oder eine ISDN-Anlage anschließen. Zusätzlich muss über ein Kabel eine Verbindung zwischen dem bisherigen Telefonanschluss und der FRITZ!Box hergestellt werden. Und jetzt kommt der Clou: Werden Sie über das normale Telefonnetz angerufen, erkennt die FRITZ!Box dies und leitet das Gespräch an die angeschlossenen Telefone weiter. Das Gleiche passiert, falls ein Anruf über das Internet zu Ihrer VoIP-Telefonnummer hereinkommt. Möchten Sie selbst jemanden anrufen, können Sie jeweils wählen, ob dieses Gespräch über das Festnetz oder über das Internet erfolgen soll. In allen Fällen braucht der PC nicht eingeschaltet zu werden. Es hat sich also gegenüber der bisherigen Lösung zum Telefonieren eigentlich nichts geändert – nur dass die Telefonate über das Internet viel preiswerter als über Festnetz sind.

TIPP

Lassen Sie sich ggf. im Handel beraten, welche Lösung für Sie in Frage kommt. Einige Anbieter wie 1und1, Freenet, GMX etc. subventionieren die FRITZ!Box Fon (oder ähnliche Geräte) bei der Beantragung eines neuen DSL-Anschlusses, so dass Sie diese kostenlos oder für einige Euro erwerben können.

Besitzen Sie schon einen DSL-Anschluss und ist Ihnen die FRITZ!Box (noch) zu teuer? Möchten Sie ggf. erst VoIP-Telefonie per Internet testen? Dies ist mit wenig Aufwand auch per Computer möglich. Im einfachsten Fall benutzen Sie ein so genanntes Headset (Kopfhörer mit Mikrofon), welches an der Soundkarte des Computers angeschlossen wird (Kosten 10 bis 20 Euro). Zusätzlich brauchen Sie noch ein Telefonprogramm (z.B. SIPPS von Nero, *www.nero.com*, oder Skype, *www.skype.com/intl/de/*). Sobald Sie das Telefonprogramm starten, erscheint bei SIPPS anschließend ein kleines Symbol im Infobereich der Taskleiste. Stellen Sie eine DSL-Verbindung her und wählen Sie das SIPPS- oder Skype-Symbols per Doppelklick an, erscheint das Fenster des Telefonprogramms.

Hier sehen Sie das SIPPS-Programmfenster. Die gewünschte Telefonnummer des Teilnehmers lässt sich per Maus oder über die Tastatur »eintippen«. Danach stellen Sie die Verbindung über die betreffende Taste des Fensters her.

Anschließend können Sie über das Mikrofon und den Kopfhörer des Headset Gespräche führen.

Wesentlich komfortabler als ein Headset sind Handgeräte, dies sich ggf. über ein USB-Kabel am Computer anschließen lassen. Hier sehen Sie ein solches Handgerät (ConnecTec VoIP USB-Telefon), welches für knapp 30 Euro bei Pearl (*www.pearl.de*) angeboten wird. Ist das Programm Skype installiert, brauchen Sie das Telefon nur in eine USB-Buchse des Computers einzustöpseln und eine DSL-Verbindung herzustellen. Dann kann direkt über die Tasten des Telefons gewählt werden. Verwenden Sie das Programm SIPPS, müssen Sie dessen Fenster zum Wählen der Teilnehmernummer und zum Herstellen der Verbindung verwenden. Auch dies ist kein Problem. Sie können also für wenige Euro und mit wenig Aufwand das Telefonieren per Internet ausprobieren und später immer noch auf die komfortablere FRITZ!Box-Lösung umsteigen.

Lernkontrolle

- **Was bedeutet der Nickname beim Chat?**
  (Dies ist ein Spitzname und dient als Pseudonym, unter dem Sie im Chatraum geführt werden.)
- **Wie können Sie ein Fax versenden?**
  (Sie benötigen einen Anbieter, z.B. WEB.DE, der Ihnen diese Funktion auf einer Webseite anbietet.)
- **Kann man eine SMS ohne Handy versenden?**
  (Ja, Sie benötigen nur einen Anbieter, der Ihnen diese Funktion auf einer Webseite anbietet.)

Anhang A: Kleine Hilfe bei Problemen

Öffnen der Systemsteuerung

Da Sie auf den folgenden Seiten häufiger gebeten werden, das Ordnerfenster der Systemsteuerung zu öffnen: hier ist der Weg.

1 Klicken Sie auf die Schaltfläche *Start* (links unten in der Taskleiste).

2 Klicken Sie im Startmenü (ggf. auf *Einstellungen* und im Untermenü) auf *Systemsteuerung*.

Im Ordnerfenster der Systemsteuerung sehen Sie Symbole zur Verwaltung der Windows-Optionen. Durch einen Doppelklick auf ein solches Symbol öffnen Sie das Eigenschaftenfenster, auf dessen Registerkarten sich die Optionen anzeigen bzw. anpassen lassen.

TIPP

Je nach Windows-Version (z.B. Windows Millennium, Windows XP) werden einige Symbole standardmäßig ausgeblendet. Fehlt eines der nachfolgend angesprochenen Symbole? Dann suchen Sie in der linken Spalte des Ordnerfensters den Hyperlink »zeigen Sie alle Optionen der Systemsteuerung an« (bzw. »zur klassischen Ansicht wechseln« bei Windows XP) und klicken Sie darauf. Windows schaltet dann zur Detaildarstellung um, in der alle verfügbaren Symbole angezeigt werden. Beachten Sie auch, dass einige der nachfolgend gezeigten Registerkarten im Aufbau von der Windows-Version abhängen.

Probleme beim Rechnerstart

Nach dem Einschalten tut sich nichts

Prüfen Sie bitte folgende Punkte:

- Sind alle Stecker an Steckdosen angeschlossen?
- Ist der Bildschirm eingeschaltet?
- Fließt überhaupt Strom?

Der Rechner meldet: Keyboard Error, Press <F1> Key

Prüfen Sie bitte folgende Punkte:

- Ist die Tastatur angeschlossen?
- Liegt ein Gegenstand auf der Tastatur?
- Klemmt vielleicht eine Taste der Tastatur?

Drücken Sie anschließend die Funktionstaste [F1].

Der Rechner meldet: Kein System oder Laufwerksfehler...

Vermutlich enthält das Diskettenlaufwerk A: noch eine Diskette. Entfernen Sie die Diskette und starten Sie den Rechner neu.

Probleme mit Tastatur und Maus

Nach dem Start funktionieren die Tasten auf der numerischen Tastatur nicht richtig

Am rechten Rand enthält die Tastatur einen Tastenblock (den so genannten **Zehnerblock**), über den Sie **Zahlen eingeben** können. Lassen sich mit diesen Tasten keine Zahlen eingeben, drücken Sie die Taste [Num]. Diese wird auch **NumLock**-Taste genannt und befindet sich in der linken oberen Ecke des Zehnerblocks. Sobald die Anzeige *Num* auf der Tastatur leuchtet, können Sie Zahlen eintippen. Ein weiterer Tastendruck auf die [Num]-Taste schaltet die Tastatur wieder um und Sie können die Cursortasten dieses Tastenblocks nutzen.

Beim Drücken einer Taste erscheinen plötzlich mehrere Zeichen

Die Tastatur besitzt eine Wiederholfunktion. Drücken Sie eine Taste etwas länger, wiederholt der Rechner das betreffende Zeichen. Vielleicht drücken Sie die Taste zu lange. Sie können die Zeit, bis die Wiederholfunktion von Windows aktiviert wird, ändern.

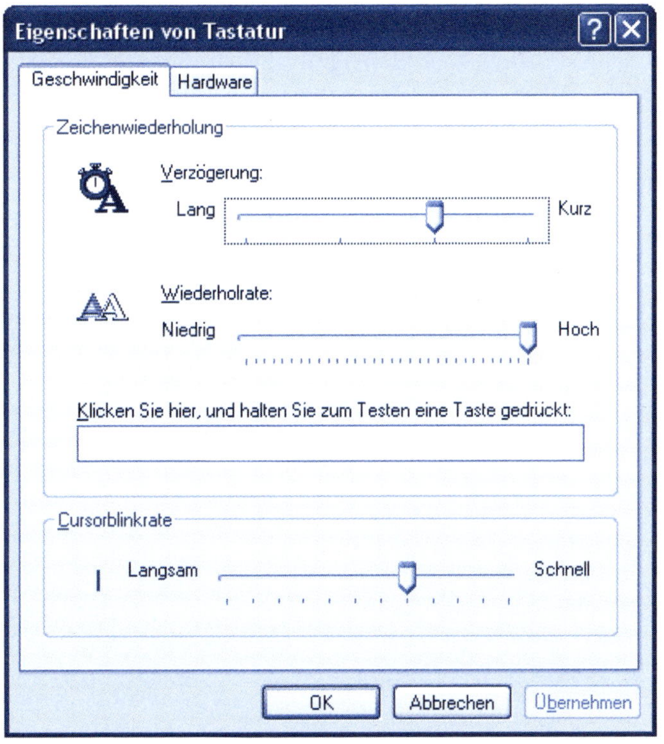

1 Doppelklicken Sie im Fenster der Systemsteuerung auf das Symbol *Tastatur*.

2 Aktivieren Sie die Registerkarte *Geschwindigkeit* und ändern Sie die Einstellungen für *Verzögerung* und *Wiederholrate*.

Sie können die Einstellungen im Testfeld überprüfen und anschließend das Fenster über die *OK*-Schaltfläche schließen. Lässt sich das Problem auf diese Weise nicht beheben, prüfen Sie bitte, ob vielleicht eine Taste klemmt oder die Tastatur beschädigt ist.

Die Tasten Y und Z sind vertauscht und die Umlaute fehlen

Sie haben keinen deutschen **Tastaturtreiber** (dies ist das Programm zum Steuern der Tastatur) installiert.

1 Doppelklicken Sie im Fenster der Systemsteuerung auf das Symbol *Tastatur*. In Windows XP wählen Sie das Symbol *Regions- und Sprachoptionen*.

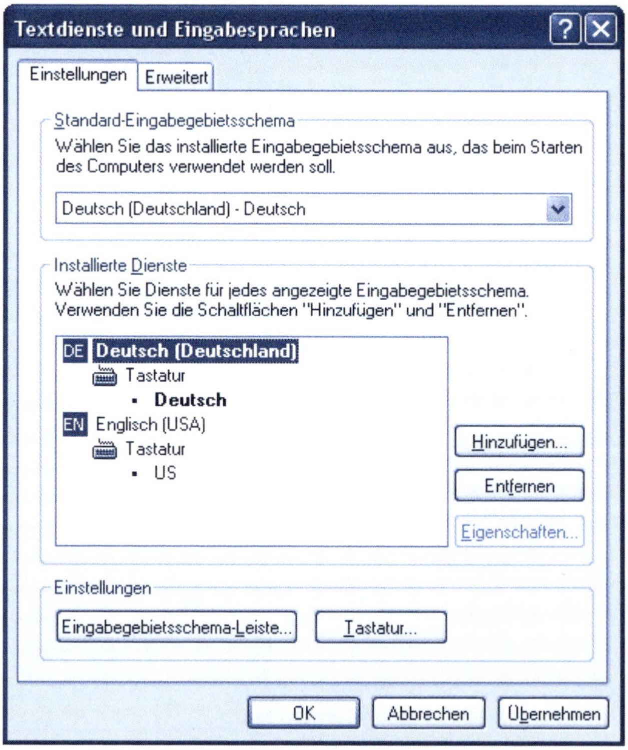

2 Aktivieren Sie die Registerkarte *Sprache* (und ggf. die Schaltfläche *Details*).

Hier muss die installierte Tastatursprache und das -layout auf *Deutsch* eingestellt sein. Sind mehrere Sprachen verfügbar, wählen Sie *Deutsch* und schließen das Fenster. Fehlt der Eintrag *Deutsch*, müssen Sie diesen über die Schaltfläche *Hinzufügen* installieren. Windows führt Sie durch die notwendigen Schritte.

HINWEIS

Sind Sie in der Motorik eingeschränkt und können die Tastatur (z.B. Tastenkombinationen wie [Alt]+[Strg]+[Entf]) nur schwer bedienen? In Windows lässt sich über die Systemsteuerung (Symbol *Software*, Registerkarte *Windows Setup*) die optionale Komponente *Eingabehilfen* installieren. Dann finden Sie in der Systemsteuerung das Symbol *Eingabehilfen*. Doppelklicken Sie auf das Symbol, öffnet sich ein Eigenschaftenfenster, auf dessen Registerkarten Sie Optionen zur alternativen Bedienung von Windows einstellen können. Über die Direkthilfe des Eigenschaftenfensters (rechts oben zuerst auf die Schaltfläche mit dem Fragezeichen und dann auf die Option klicken) können Sie zusätzliche Informationen zu den einzelnen Optionen abrufen.

Der Mauszeiger bewegt sich gar nicht oder nicht richtig

Prüfen Sie bitte folgende Punkte:

- Ist die Maus korrekt am Rechner angeschlossen?
- Liegt die Maus auf einer Mausunterlage (Mauspad)?
- Ist die Kugel an der Maus vielleicht verschmutzt?

Bei längerem Gebrauch der Maus verschmutzt der Teil zum Erkennen der Mausbewegungen. Entfernen Sie die Kugel an der Unterseite der Maus. Dann sehen Sie einige kleine Rädchen. Sind sie schmutzig, säubern Sie sie (z.B. mit einem Wattestäbchen). Sie sollten die Maus auch nicht auf eine glatte Unterlage stellen, da dann die Kugel nur schlecht rollt.

Maustasten vertauscht, Doppelklicks klappen nicht

Es ergibt sich folgendes Fehlerbild: Klicken Sie mit der linken Maustaste, erscheint ein Kontextmenü, die rechte Taste markiert dagegen etwas. Die Wirkung der linken und der rechten Taste ist also vertauscht.

1 Doppelklicken Sie in der Systemsteuerung auf das Symbol *Maus*.

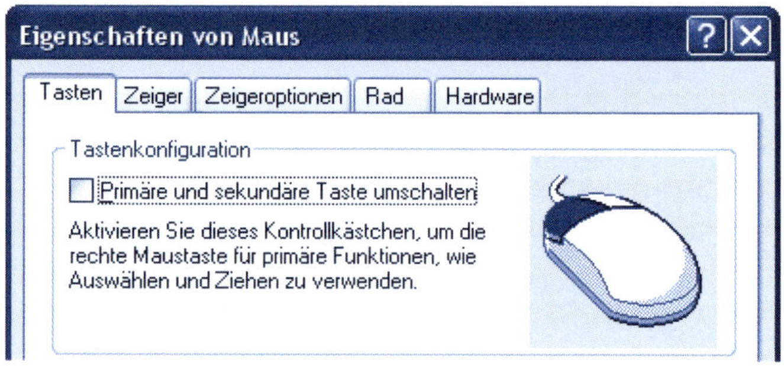

2 Aktivieren Sie die Registerkarte *Tasten* und stellen Sie die *Tastenkonfiguration* auf *Rechtshändig* ein. In Windows XP markieren Sie das Kontrollkästchen *Primäre und sekundäre Taste umschalten.*

Sobald Sie das Fenster schließen, sollten die Maustasten wieder richtig funktionieren.

Haben Sie **Probleme mit** dem **Doppelklick**?

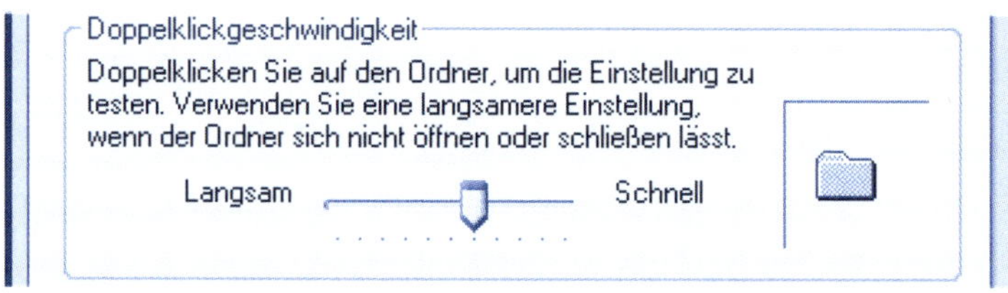

3 Passen Sie im selben Fenster über den Schieberegler die Doppelklickgeschwindigkeit an.

Ziehen Sie den Regler je nachdem zu *Langsam* oder *Schnell*. Sie können anschließen die Einstellung durch Doppelklicken auf das Testfeld rechts neben dem Regler testen. Beim Doppelklick öffnet sich die kleine Schachtel bzw. schließt sich wieder.

TIPP

Arbeiten Sie mit einem Laptop oder haben Sie Schwierigkeiten, den Mauszeiger zu erkennen? Dann aktivieren Sie die Registerkarte *Zeigeroptionen* und markieren Sie das Kontrollkästchen *Mausspur anzeigen*. Weiterhin können Sie auf dieser Registerkarte auch einstellen, wie schnell sich der Mauszeiger bewegt. Auf der Registerkarte *Zeiger* können Sie über das Listenfeld *Schema* einen anderen Satz an Mauszeigern wählen. Sind Ihnen die normalen Zeiger zu klein, setzen Sie das Schema beispielsweise auf »Windows-Standard (extragroß)«.

Probleme mit dem Windows-Desktop

Die Symbole lassen sich auf dem Desktop nicht verschieben

Falls die Desktop-Symbole nach dem Verschieben per Maus automatisch an die alte Position zurückspringen, führen Sie folgende Schritte aus:

1 Klicken Sie mit der rechten Maustaste auf eine freie Stelle des Desktop und wählen Sie im Kontextmenü den Befehl *Symbole anordnen*.

2 Heben Sie die Markierung des Befehls *Automatisch anordnen* im Untermenü mit einem Mausklick auf.

Jetzt können Sie die Symbole verschieben.

Die Windows-Elemente sind zu klein und schlecht zu erkennen

Haben Sie Schwierigkeiten die Symbole auf dem Windows-Desktop gut zu erkennen? Können Sie die Texte in Menüs oder unter Symbolen nur schlecht lesen? Vielleicht ist die Grafikauflösung für den Bildschirm zu hoch gesetzt. Dann passt zwar viel auf den Bildschirm, aber das Arbeiten am Computer strengt die Augen ziemlich an. Probieren Sie, ob eine andere Grafikauflösung hilft.

1 Klicken Sie mit der rechten Maustaste auf eine freie Stelle des Desktops und wählen Sie im Kontextmenü den Befehl *Eigenschaften*.

Windows öffnet das Eigenschaftenfenster der Anzeige mit verschiedenen Registerkarten.

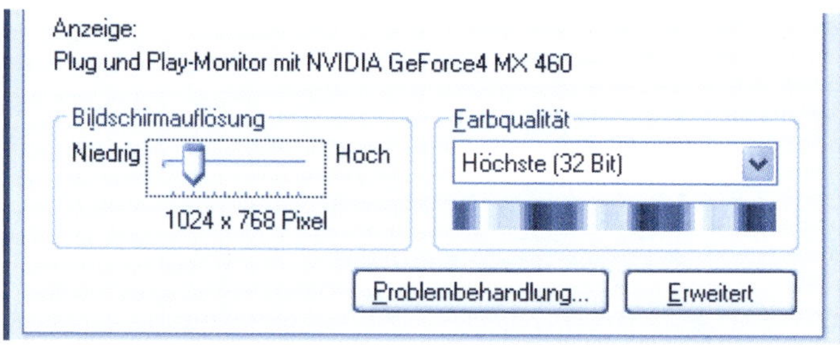

2 Ziehen Sie den Schieberegler *Bildschirmbereich* bzw. *Bildschirmauflösung* auf der Registerkarte *Einstellungen* zum Wert *Niedrig*.

Der Regler kann auf unterschiedliche Stufen gesetzt werden, die die Grafikauflösung in Punkten (Pixel) festlegt. Die Einstellung hängt von der Größe des verwendeten Monitors ab; große Bildschirme können mit höherer Auflösung betrieben werden, ohne dass die Erkennbarkeit leidet.

Sobald Sie die Registerkarte über die *OK*-Schaltfläche schließen, schaltet Windows die Auflösung um. Das wird durch verschiedene Dialoge begleitet, in denen Sie jeden Schritt bestätigen. Bleibt der Bildschirm nach der Änderung der Auflösung dunkel, warten Sie 15 Sekunden. Dann kehrt Windows einfach zur alten Auflösung zurück.

HINWEIS

Für Personen mit starker Beeinträchtigung der Sehkraft gibt es die so genannte Bildschirmlupe. Dieses Programm wird mit den optionalen Windows-Eingabehilfen installiert (in der Systemsteuerung auf das Symbol *Software* doppelklicken und die optionale Komponente *Eingabehilfen* auf der Registerkarte *Windows Setup* einstellen lassen). Sie finden das Programm *Bildschirmlupe* anschließend im Startmenü unter *Programme/Zubehör/Eingabehilfen*. Sobald das Programm gestartet wird, teilt sich der Desktop und im oberen Bereich wird ein vergrößerter Ausschnitt des Bildschirms als Kopie in der Lupe angezeigt. Bewegen Sie den Mauszeiger in der unteren Hälfte des Desktops, passt Windows automatisch den betreffenden Ausschnitt in der Bildschirmlupe an. Über ein Dialogfeld können Sie die Anzeigeoptionen einstellen.

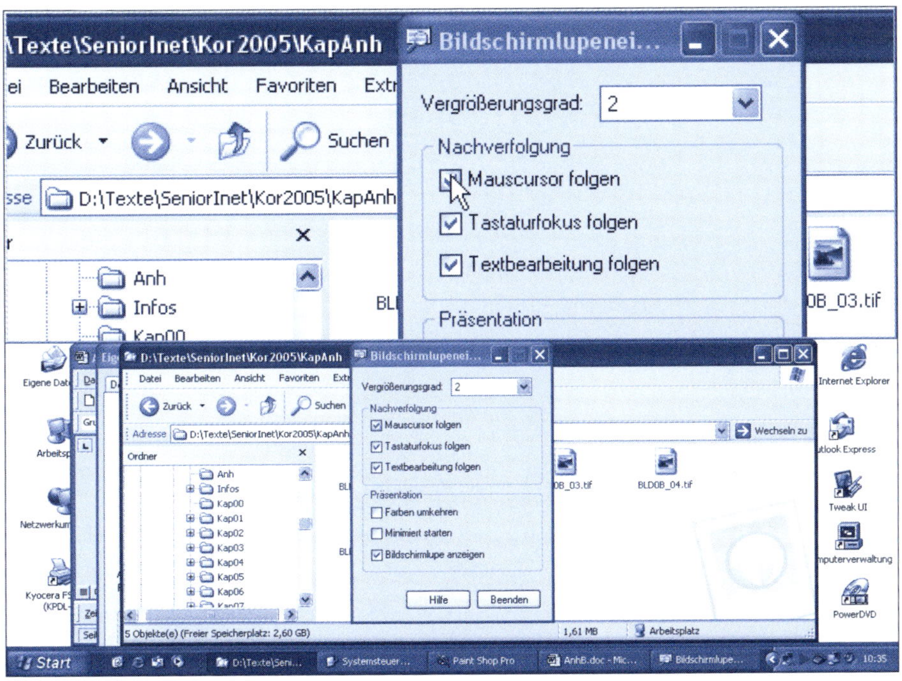

Die Texte in der Browseranzeige sind zu klein

Manchmal geraten die Texte in Webseiten so klein, dass sie selbst mit Brille nur schwer zu lesen sind. Sie können im Browser aber die Vorgaben für die zur Textanzeige benutzte Schriftgröße ändern.

1 Öffnen Sie im Browser das Menü *Ansicht* und wählen Sie den Befehl *Schriftgrad.*

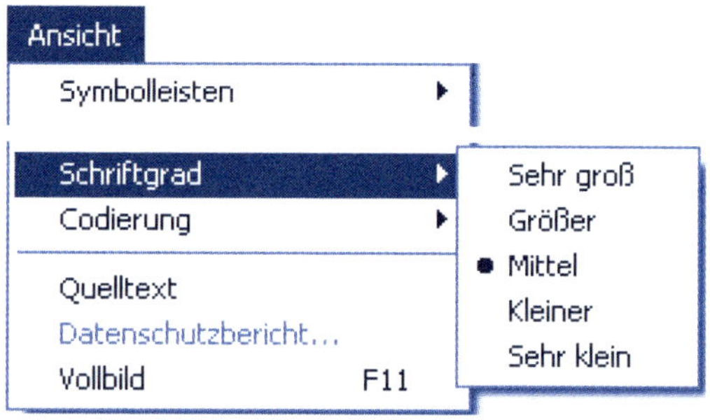

2 Im dann eingeblendeten Untermenü müssen Sie den Befehl *Sehr groß* oder *Größer* (Internet Explorer) bzw. *Vergrößern* (Firefox) wählen.

Der Browser wird dann den Text der meisten Webseiten in etwas größerer Schrift darstellen. Über den Befehl *Mittel* (Internet Explorer) bzw. *Normal* (Firefox) des gleichen Menüs gelangen Sie zu den Standardeinstellungen zurück. Möchten Sie, dass der Internet Explorer die Formatierung (Textfarbe, Schriftgrad etc.) einer Webseite ignoriert?

1 Wählen Sie im Menü *Extras* des Browsers den Befehl *Optionen* und holen Sie die Registerkarte *Allgemein* in den Vordergrund.

2 Klicken Sie auf der Registerkarte *Allgemein* auf die Schaltfläche *Eingabehilfen*.

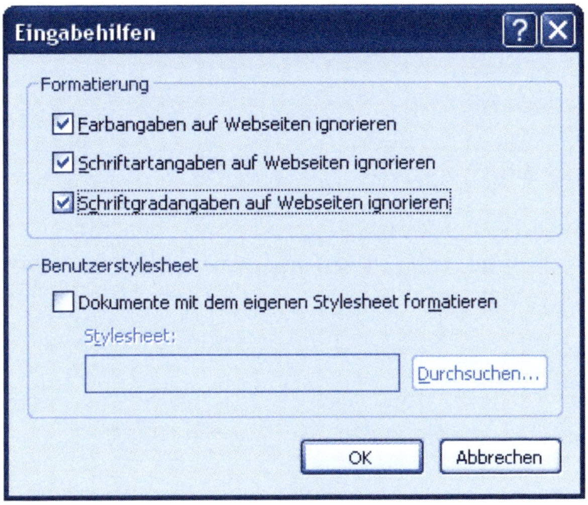

3 Markieren Sie im Dialogfeld *Eingabehilfen* in der Gruppe *Formatierung* die drei Optionen durch Anklicken der Kontrollkästchen.

Sobald die Kontrollkästchen mit Häkchen versehen sind und Sie das Dialogfeld bzw. die Registerkarte über die Schaltfläche *OK* schließen, ignoriert der Internet Explorer die Vorgaben der Webseite.

Die Taskleiste fehlt, ist verschoben oder zu groß

Die Taskleiste lässt sich auf dem Desktop verschieben. Sie können sie mit der Maus an eine der vier Seiten des Bildschirms ziehen. Weiterhin lässt sich die Taskleiste an den Rand schieben. Dann sehen Sie nur noch einen grauen Strich. Ziehen Sie die Taskleiste per Maus an die gewünschte Position. Manchmal verschwindet die Taskleiste, sobald Sie ein Fenster auf volle Bildschirmgröße setzen. Sie können diese Einstellungen der Taskleiste über den Befehl *Einstellungen/Taskleiste und Startmenü* im Startmenü anpassen. Markieren Sie auf der Registerkarte *Allgemein* das Kontrollkästchen *Immer im Vordergrund*. In Windows XP klicken Sie mit der rechten Maustaste auf die Taskleiste und wählen im Kontextmenü den Befehl *Eigenschaften*. Auf der Registerkarte *Taskleiste* ist das Kontrollkästchen *Taskleiste immer im Vordergrund halten* zu markieren, während das Kontrollkästchen *Taskleiste automatisch ausblenden* nicht markiert sein darf.

Die Symbolleiste fehlt im Programmfenster

Bei vielen Programmen können Sie Symbol- und Statusleisten über das Menü *Ansicht* (Befehl *Symbolleisten*) ein- und ausblenden.

Ein Programm lässt sich nicht mehr bedienen

Manchmal kommt es vor, dass sich ein Programm nicht mehr bedienen lässt. Es reagiert weder auf Tastatureingaben noch auf Mausklicks.

1 Drücken Sie gleichzeitig die Tastenkombination Strg+Alt+Entf.

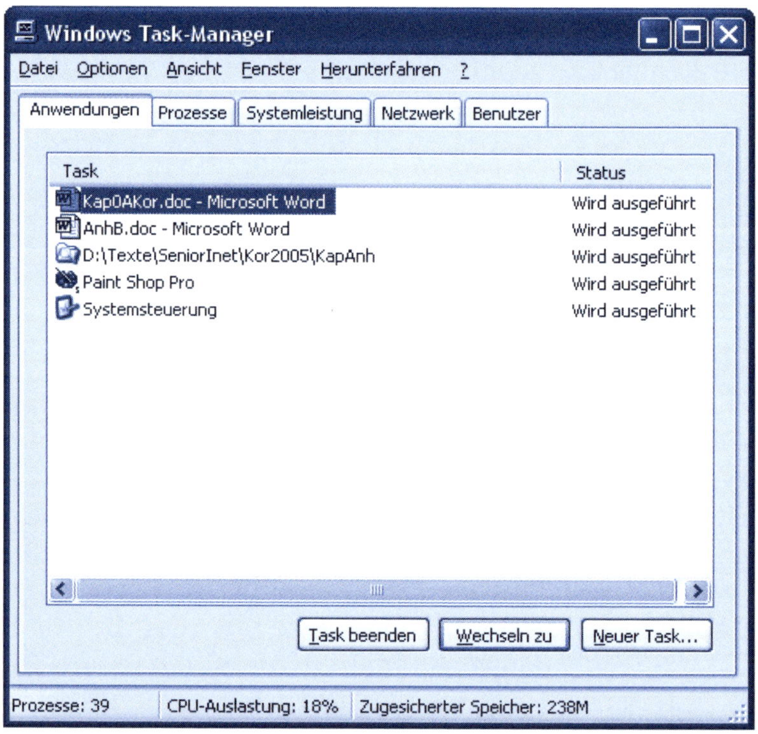

2 Klicken Sie im Fenster *Anwendung schließen* auf die betreffende Anwendung. In Windows XP heißt das Fenster *Windows Task-Manager* und die Anwendung ist auf der Registerkarte *Anwendungen* zu markieren.

3 Klicken Sie anschließend auf die Schaltfläche *Task beenden*.

Windows versucht jetzt, das Programm zwangsweise zu beenden. Geht das nicht, erscheint ein weiteres Fenster mit dem Hinweis, dass das Programm nicht reagiert. Sie müssen dann die Schaltfläche zum Beenden des Programms wählen.

Ordner und Dateien

Dateierweiterungen erscheinen nicht

Fehlen in den Ordnerfenstern oder im Explorer die Erweiterungen für einige Dateinamen?

1 Wählen Sie im Menü *Extras* den Befehl *Ordneroptionen* (bei einigen Windows-Versionen finden Sie den Befehl auch im Menü *Ansicht*).

2 Auf der Registerkarte *Ansicht* löschen Sie die Markierung des Kontrollkästchens *Dateinamenerweiterung bei bekannten Dateitypen ausblenden* (bzw. *Erweiterungen bei bekannten Dateitypen ausblenden*).

3 Schließen Sie die Registerkarte über die *OK*-Schaltfläche.

Diskette oder CD-ROM lässt sich nicht lesen

Beim Doppelklicken auf das Symbol des Laufwerks erscheint ein Meldungsfeld mit dem Hinweis, dass das Laufwerk nicht bereit ist. Überprüfen Sie in diesem Fall die folgenden Punkte:

- Befindet sich eine Diskette oder eine CD-ROM im Laufwerk?
- Bei einer CD-ROM öffnen und schließen Sie das Laufwerk und warten einige Sekunden. Meist erkennt Windows dann den Wechsel der CD.
- Ist die Diskette auch mit der richtigen Seite in das Laufwerk eingelegt? Sehen Sie notfalls in Anhang A nach, wie eine Diskette in das Laufwerk eingelegt wird.

Auf eine Diskette lässt sich nichts speichern

Beim Versuch, eine Datei auf eine Diskette zu speichern, erscheint ein Fenster mit der Fehlermeldung, dass die Diskette schreibgeschützt ist.

Entfernen Sie die Diskette aus dem Laufwerk und deaktivieren Sie den Schreibschutz (siehe Anhang A).

Eine Datei lässt sich nicht ändern

Sie haben eine Dokumentdatei in einem Programm geladen, den Inhalt geändert und die Funktion *Speichern* gewählt. Das Programm öffnet jedoch das Dialogfeld *Speichern unter* und schlägt einen neuen Dateinamen vor. Geben Sie den Namen der alten Datei ein, meldet das Programm, dass die Datei schreibgeschützt ist. Bei den Dateien einer CD-ROM ist das immer so, da Sie den Inhalt einer CD-ROM nicht ändern können. Werden Dateien von CD-ROM kopiert, erhalten die Dateien einen Schreibschutz. Sie können diesen Schreibschutz bei solchen Dateien aufheben.

1 Klicken Sie mit der rechten Maustaste auf das Symbol der Datei.

2 Klicken Sie im Kontextmenü auf den Befehl *Eigenschaften*.

3 Entfernen Sie die Markierung des Kontrollkästchens *Schreibgeschützt*.

4 Schließen Sie das Dialogfeld über die *OK*-Schaltfläche.

Probleme beim Drucken

Der Drucker funktioniert nicht

Beim Ausdruck erscheint vielleicht die hier gezeigte Meldung. Die Druckausgabe ist gestört. Beheben Sie die Störung und wählen Sie die Schaltfläche *Wiederholen*.

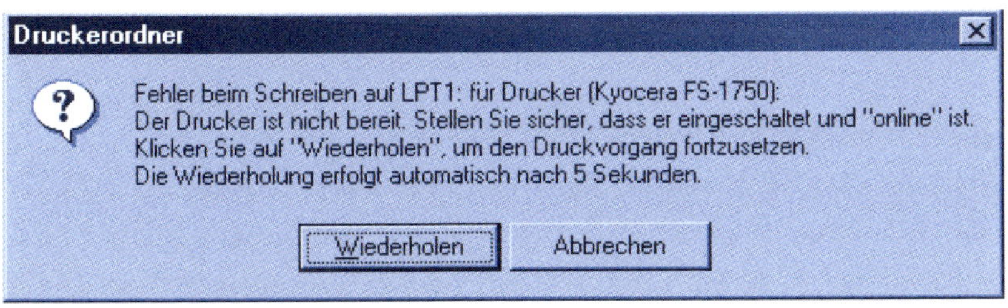

Sie können den Ausdruck auch über die Schaltfläche *Abbrechen* beenden. Zum Beheben der Druckerstörung sollten Sie die folgenden Punkte überprüfen:

- Ist der Drucker eingeschaltet und erhält er Strom?
- Ist das Druckerkabel zwischen Rechner und Drucker richtig angeschlossen?
- Ist der Drucker auf online gestellt?
- Hat der Drucker genügend Papier, Toner, Tinte?
- Gibt es eine Störung am Drucker (z.B. Papierstau)?

Prüfen Sie bei einem neuen Drucker oder bei Änderungen an Windows, ob der Druckertreiber richtig eingerichtet ist.

Querdruck beheben

Die Druckausgaben erfolgen quer auf dem Blatt. In diesem Fall müssen Sie die Druckoptionen von Querformat auf Hochformat umstellen. Sie können dies auf der entsprechenden Registerkarte umstellen, die Sie aus dem Dialogfeld *Drucken* über die Schaltfläche *Eigenschaften* erreichen.

Onlineprobleme

Die Verbindung zum Internet klappt nicht

Überprüfen Sie die folgenden Punkte:

- Sind alle Kabel richtig angeschlossen und ist das Modem eingeschaltet?
- Ist die DFÜ-Verbindung richtig konfiguriert?
- Ist der Browser auf online gestellt?

Die angewählte Webseite wird nicht geladen

Prüfen Sie, ob der Internet Explorer online ist (Menü *Datei*). Überprüfen Sie, ob die Adresse richtig geschrieben ist – geben Sie ggf. die Adresse einer anderen Webseite zum Test ein. Wird diese Seite angezeigt, liegt eine Störung im Internet vor; probieren Sie es zu einem späteren Zeitpunkt nochmals mit der Adresse.

Der Internet Explorer versucht beim Start online zu gehen

Sie haben vermutlich eine Webseite als Startseite eingestellt. In Kapitel 4 wird gezeigt, wie Sie das ändern.

JAVA oder Flash fehlt

Bemängelt der Browser, dass keine JAVA-Software vorhanden ist oder der Macromedia Flash-Player fehlt? Die meisten Browser können den Macromedia Flash-Player automatisch aus dem Internet nachladen. Sie müssen dieser Installation aber zustimmen. Bei JAVA ist es so, dass Microsoft beim Internet Explorer die JAVA-Bibliothek nicht mitliefert. Sie können die JAVA-Software aber von der Webseite *www.java.com/de* herunterladen und installieren. Danach sollten Webseiten mit JAVA-Anwendungen funktionieren.

Outlook Express versucht beim Start online zu gehen

Korrigieren Sie die Einstellungen gemäß Kapitel 5, damit Outlook Express die E-Mails sammelt.

Die Post kann nicht abgeholt oder ausgeliefert werden

Prüfen Sie, ob das E-Mail-Konto in Outlook Express richtig eingetragen ist (siehe Kapitel 5). Bei einigen Anbietern kann die Post nur verschickt werden, nachdem das Postfach geleert wurde. Dann müssen Sie die Funktion *Senden/Empfangen* zweimal nacheinander aufrufen.

TIPP

Lesen Sie ggf. in den entsprechenden Kapiteln nach, was es bei bestimmten Schritten zu beachten gibt.

Lexikon

Access

Microsoft Access ist der Name für eine Windows-**Datenbank**.

Account (Zugang)

Berechtigung, sich an einen Computer per Datenleitung anzumelden und z.B. im Web zu surfen.

Adresse

Speicherstelle im Adressbereich (Hauptspeicher) des Computers oder Angabe zur Lage einer **Webseite** bzw. zum Empfänger einer **E-Mail**.

ANSI-Zeichen

ANSI ist die Abkürzung für American National Standards Institute. ANSI-Zeichen definieren die unter Windows verwendeten Zeichen.

Anwendungsprogramm

Programme, die zum Arbeiten am Computer benutzbar sind (z.B. Word für die Textverarbeitung, Excel für die Tabellenkalkulation etc.).

Arbeitsspeicher

Dies ist der Speicher (RAM) im Computer. Die Größe wird in Megabyte angegeben.

ASCII-Zeichen

ASCII ist die Abkürzung für American Standard Code for Information Interchange. Der ASCII-Zeichensatz legt 127 Zeichen (Buchstaben, Ziffern und einige Sonderzeichen) fest, enthält jedoch keine Umlaute (ä, ö, ü und ß).

AT (@)

Name für das in E-Mail-Adressen verwendete Zeichen @.

Ausgabeeinheit

Gerät, das Ausgaben des Computers vornehmen kann (z.B. Bildschirm, Drucker).

Backslash

Der Schrägstrich \ (wird z.B. zum Trennen von Ordnernamen benutzt).

Backup
Bezeichnung für die Datensicherung (Dateien werden auf Diskette/Band gesichert).

Baud
Geschwindigkeitsangabe bei der Datenübertragung über serielle Leitungen.

Befehl
Eine Anweisung an den Computer.

Benutzeroberfläche
Darunter versteht man die Art, wie der Rechner Informationen vom Benutzer annimmt und seinerseits Informationen anzeigt. Windows besitzt zum Beispiel eine grafische Oberfläche mit Symbolen und Fenstern.

Betriebssystem
Dies ist das Betriebsprogramm (z.B. Windows Me bzw. Millennium, Windows 2000), das sich nach dem Einschalten des Computers meldet.

Bildauflösung
Dieses Maß gibt die Zahl der Punkte zum Aufbau einer Grafik an (die als Punktreihen angeordnet sind). Die Bildauflösung bestimmt die Zahl der Punkte pro Zeile und die Zeilen pro Bild, es gilt: je höher, desto besser.

Bildschirmschoner
Programm, das ein »Einbrennen« des Bildschirminhalts in den Monitor verhindert, wenn man den Rechner gerade nicht benutzt.

Bit
Dies ist die kleinste Informationseinheit in einem Computer (kann die Werte 0 oder 1 annehmen). 8 Bit werden zu einem Byte zusammengefasst.

Bitmap
Format, um Bilder oder Grafiken zu speichern. Das Bild wird wie auf dem Bildschirm in einzelne Punkte aufgeteilt, die zeilenweise gespeichert werden.

Booten
Starten des Computers.

Browser
Dies ist das Programm, mit dem der Computer die Seiten im World Wide Web anzeigt.

Bug

Englische Bezeichnung für einen Softwarefehler in einem Programm.

Byte

Ein Byte ist die Informationseinheit, die aus 8 Bit besteht. Mit einem Byte lassen sich Zahlen von 0 bis 255 darstellen.

Cache

Schneller Zwischenspeicher, in dem Daten zwischengespeichert werden.

Chat

Englischer Ausdruck für »schwatzen« oder »plaudern«. Bezeichnet einen Internetdienst, bei dem sich Teilnehmer in so genannten Chaträumen unterhalten können.

Chip

Allgemeine Bezeichnung für einen elektronischen Baustein.

Client

Rechner oder Programm, die mit einem Server Kontakt aufnehmen und Daten austauschen.

COM

Name der seriellen Schnittstellen des Computers (z.B. COM1:).

CPU

Englische Abkürzung für Central Processing Unit, die Recheneinheit des Computers.

Cursor

Dies ist der Positionszeiger auf dem Bildschirm (Symbol: Pfeil, Hand, senkrechte Linie, Sanduhr etc.).

Datei

In einer Datei (englisch File) werden Daten auf Disketten oder Festplatten gespeichert.

Datenbank

Programme zur Speicherung, Verwaltung und Abfrage von Daten.

Desktop Publishing (DTP)

Aufbereitung von Dokumenten (Prospekte, Bücher etc.) am Rechner.

DFÜ

Abkürzung für Datenfernübertragung.

Dialogfeld

Fenster in Windows, in dem Eingaben abgefragt werden.

Download

Herunterladen von Daten per Modem z.B. aus dem Internet auf Ihren Rechner.

Editor

Programm zum Erstellen und Bearbeiten einfacher Textdateien.

E-Mail (Electronic Mail)

Nachrichten, die auf elektronischem Wege verschickt werden.

Error

Englische Bezeichnung für einen Programmfehler.

Ethernet

Technik zur Übertragung von Daten in Netzwerken.

Excel

Name eines Tabellenkalkulationsprogramms von Microsoft.

FAT

Englische Abkürzung für File Allocation Table. Besagt, wie Windows Dateien auf der Diskette oder Festplatte ablegt.

Floppy-Disk

Dies ist ein anderer Name für eine Diskette.

Font

Englischer Name für eine Schriftart.

Freeware

Software, die kostenlos benutzt und nur kostenlos weitergegeben werden darf.

FTP

FTP steht für File Transfer Protocol. Dies ist eine Funktion im Internet, mit der sich Dateien zwischen Computern übertragen lassen.

Gbyte

Abkürzung für Gigabyte (entspricht 1.024 Megabyte).

GIF

Grafikformat, das für Grafiken in Webseiten benutzt wird.

Gopher

Name für einen Suchdienst im Internet.

Grafikkarte

Steckkarte in einem PC zur Ansteuerung des Bildschirms.

Hardware

Als Hardware werden alle Teile eines Computers bezeichnet, die sich anfassen lassen (das Gegenteil ist Software).

Homepage

Startseite einer Person/Firma im World Wide Web. Von der Startseite führen Hyperlinks zu weiteren Webseiten.

HTML

Steht für Hypertext Markup Language, dem Dokumentformat im World Wide Web.

HTTP

Akürzung für Hypertext Transfer Protocol, ein Standard zum Abrufen von Webseiten.

Hyperlink

Verweis in einem HTML-Dokument zu einer anderen Webseite.

IMAP

Standard (wie POP3) zur Verwaltung von E-Mail-Konten.

Internet

Weltweiter Verbund von Rechnern in einem Netzwerk.

Joystick

Ein Joystick ist eine Art Steuerknüppel zur Bedienung von Spielprogrammen.

JPEG

Grafikformat, das für Grafiken in Webseiten benutzt wird.

Junk-Mail

Unerwünschte E-Mail, die meist Müll enthält.

Kbyte

Abkürzung für Kilobyte (entspricht 1.024 Byte).

LAN

Abkürzung für Local Area Network; bezeichnet ein Netzwerk innerhalb einer Firma.

LCD

Spezielle Anzeige (Liquid Crystal Display) auf Laptop-Computern.

Linux

Unix-Betriebssystem, das von einer internationalen Gemeinde weiterentwickelt wird und frei verfügbar ist. Konkurrenz bzw. Alternative zu Microsoft Windows.

Mailbox

Englischer Name für einen elektronischen Briefkasten.

Mbyte

Abkürzung für Megabyte (1 Million Byte).

Modem

Zusatzgerät, mit dem ein PC Daten über eine Telefonleitung übertragen kann. Wird z.B. zum Internetzugriff benötigt.

MP3

Standard zur Komprimierung und Speicherung von Musik in Dateien.

MS-DOS

Von Microsoft vertriebenes älteres Betriebssystem.

Multimedia

Techniken, bei denen auf dem Computer Texte, Bilder, Video und Sound integriert werden.

Netzwerk

Verbindung zwischen Rechnern, um untereinander Daten austauschen zu können.

Newsgroups

Diskussionsgruppen zu bestimmten Themen im Internet.

Onlinedienst

Dienste für den Zugang zum Internet wie T-Online, AOL oder CompuServe.

Outlook Express

Windows-Programm zum Erstellen, Versenden, Lesen und Empfangen von E-Mails.

Parallele Schnittstelle

Anschluss zwischen einem Computer und einem Gerät (meistens einem Drucker).

Path (Pfad)

Gibt den Weg von einer Festplatte zu einer Datei in einem bestimmten Ordner an (z.B. C:\Text\Briefe).

Prozessor

Anderer Name für die CPU.

Public Domain

Public Domain ist Software, die öffentlich zugänglich ist und mit Erlaubnis des Autors frei kopiert oder weitergeben werden darf (siehe auch Freeware).

QWERTY-Tastatur

Dieser Name bezeichnet eine englische Tastatur (die ersten sechs Tasten der zweiten Reihe ergeben QWERTY).

RAM

Abkürzung von Random Access Memory; bezeichnet die Bausteine, aus denen der Hauptspeicher eines Rechners besteht.

Scanner

Ein Zusatzgerät, mit dem sich Bilder oder Schriftstücke in den Computer einlesen lassen.

Schriftgrad

Größe eines Buchstabens in einem Text.

Serielle Schnittstelle

Schnittstelle zur Anschaltung eines Geräts (Modem, Maus).

Server

Hauptrechner in einem Netzwerk.

Shareware

Software, die kostenlos weitergegeben und zum Prüfen ausprobiert werden darf. Bei einer weiteren Benutzung muss die Software beim Programmautor gegen eine meist geringe Gebühr registriert werden. Damit hat der Benutzer die Möglichkeit, die Software vorher ausgiebig zu testen. Der Autor kann auf aufwändige Vertriebswege verzichten und daher die Software meist preiswert anbieten.

Software

Das ist ein anderer Name für Programme.

Tabellenkalkulation

Das sind Programme, mit denen sich Berechnungen in Tabellenform sehr einfach vornehmen lassen.

Textverarbeitung

Das sind Programme für das Schreiben von Briefen, Berichten, Büchern (z.B. WordPad oder Microsoft Word).

Trojaner

Programme zum Ausspionieren eines Rechners. Gaukeln im Vordergrund dem Benutzer eine Funktion vor und übertragen im Hintergrund Kennwörter an eine Internetadresse.

Unix

Unix ist ein Betriebssystem, das insbesondere für Großrechner (Mainframes) eingesetzt wird.

URL

Abkürzung für Uniform Resource Locator (Adresse einer Webseite).

USB

Universal Serial Bus, Technik zum Anschließen von Geräten (Maus, Modem etc.) über eine serielle Leitung.

VGA

Grafikstandard (16 Farben und 640 x 480 Bildpunkte). Heute wird Super-VGA mit mehr Farben und Bildpunkten benutzt.

Viren

Programme, die sich selbst verbreiten und in andere Programme kopieren, wobei häufig Schäden an anderen Programmen, an Daten oder an der Hardware auftreten. Meist wird die Verbreitung von Viren durch ein bestimmtes Ereignis ausgelöst (z.B. an einem bestimmten Tag).

VOIP

Abkürzung für Voice over IP, eine Technik zum Telefonieren über das Internet.

Webseite

Dokument im HTML-Format.

WLAN

Abkürzung für Wireless LAN, also ein Funknetzwerk.

WWW

World Wide Web, auch Web genannt, Teil des Internets, über den sich Texte und Bilder mit einem Browser sehr leicht abrufen lassen.

XML

Abkürzung für Extended Markup Language, eine Spezifikation zur Speicherung von Daten in Webseiten.

Zeichensatz

Die Zeichencodes, die auf dem Rechner zur Verfügung stehen (ASCII, ANSI).

Zertifikat

Dient im Web zur Bestätigung der Echtheit eines Dokuments.

Stichwortverzeichnis

C

D

E

L

M

N

O

P

R

S